Leon Jacob, Dr. Thomas Schutz

Die Kunst, Talente talentgerecht zu entwickeln

Talentmanagement 2.0
als organisch-mathetisches Talententfaltungsmanagement

Die Deutsche Nationalbibliothek verzeichnet diese Publikation in der Deutschen Nationalbibliografie; detaillierte bibliografische Daten sind im Internet über dnb.d-nb.de abrufbar.

1. Auflage, August 2011

ISBN 978-3-8423-7595-6

© 2011 Leon Jacob, Thomas Schutz. Alle Rechte, auch die des auszugsweisen Nachdrucks, der fotomechanischen Wiedergabe und der Übersetzung, vorbehalten. Dies betrifft auch die Vervielfältigung und Übertragung einzelner Textabschnitte durch alle Verfahren wie Speicherung und Übertragung auf Papier, Transparente, Filme, Bänder und digitale Speichermedien, soweit es nicht §§53 und 54 URG ausdrücklich gestatten.

Herstellung und Verlag: Books on Demand GmbH, Norderstedt.

Coverfoto, Umschlaggestaltung, Satz und Layout: Leon Jacob.

LEON JACOB, DR. THOMAS SCHUTZ

# Die Kunst, Talente talentgerecht zu entwickeln

Talentmanagement 2.0 als organisch-mathetisches Talententfaltungsmanagement

# Danksagung

Herrn Prof. Stefan Laske und Herrn Prof. Gerhard Graf sowie Herrn Joachim Czichos und den Unternehmensberatungen Capgemini und Boston Consulting Group danken wir für die freundliche Erlaubnis für den Abdruck von Grafiken.

Ferner gilt unser Dank den Interviewpartnern, welche dazu beigetragen haben, dass wir Kapitel fünf und sechs mit praxisnahen Beispielen illustrieren konnten. Insbesondere möchten wir uns bei Herrn Armin von Falkenhayn und Herrn Heiko Fischer bedanken.

Zuletzt möchten wir uns für die zahlreichen Anregungen und die konstruktive Kritik bedanken, welche wir von unseren Familien und Freunden erhalten haben und die dieses Buch maßgeblich geprägt haben.

Unser besonderer Dank gilt dabei Professor John Erpenbeck für seine aufschlussreichen und herzlichen Ratschläge.

Leon Jacob & Thomas Schutz, August 2011

# Inhaltsverzeichnis

Vorwort .................................................................................. 1

**KAPITEL 1**
**Einführung und Anschunkerle: Talent ist das neue „sexy"** .... 7

**KAPITEL 2**
**10 Jahre „war for talent"** ...................................................... 13
   Zu den Waffen: Das Buhlen um die Besten hat schon
   wieder begonnen! .................................................................. 14
   Der globale Arbeitsmarkt des 21. Jahrhunderts ....................... 15
      Demographischer Wandel: „Generation Y" übernimmt
      und „Gen Z" lauert schon ................................................. 16
      Wertewandel: „Purpose" geht über Profit .......................... 18
      Talent Mobility: Die Besten sind überall gefragt ................ 22
   Der Blick in die Glaskugel oder:
   „The future is coming sooner than You think" ........................ 25
      Das Induktionsproblem und die Rache des schwarzen
      Schwans – zukünftige Gegenwart oder gegenwärtige Zukunft? .. 27
      Ex post, ex ante? – egal. Hauptsache ex (oder billig)! ........... 32
      Logically, ... die Erde ist doch eine Scheibe! ...................... 37
      Das Warten auf den großen Kürbis ................................... 44
   The dash for the cash: Talentmanagement – ewiger Trend? .......... 45

**KAPITEL 3**
**Was Werte mit Talenten verbindet** ......................................... 51
   Begriffliche Klärungen ............................................................ 52
      Kompetenzen als Selbstorganisationsdispositionen ............. 52
      Werte als Kompetenzkerne ................................................ 55

Talente als Leistungsveranlagungen ..................................... 57
„Talente" als Führungskräftenachwuchs ............................. 60
Talente im eigentlichen Sinne und was man
mit ihnen machen sollte .......................................................... 61
Talentmanagement als Kompetenzmanagement ....................... 63
Kompetenzmanagement als Wertemanagement ........................ 64

## KAPITEL 4
## Talent schützt nicht vor Lernen ........................................... 67
Lernbiologische Klärungen ..................................................... 68
    Eine kleine Geschichte der Gehirnentwicklung:
    Amöben sind doof, Aplysia ist cool ..................................... 68
    Gestresste Gehirne lernen anders: der kürzeste Weg zur
    erfrischenden Lernvermeidung ............................................ 74
    Aufmerksamkeit ist der Ausschluss uninteressanter
    Information, doch zum Glück gibt's ja Ritalin ................... 78
    Gesprächskomatöse Wachzustände: das didaktische
    (Mitarbeiter-)Gespräch als inszenierter Monolog ................ 79
    MMM – Die Macht mentaler Muster:
    Erwartung dominiert Wahrnehmung .................................. 82
    Reden ist Schweigen, Silber ist Gold:
    Es gibt nur eine Richtigkeit – die eigene .............................. 83
Learner-driven education: ein Paradigmenwechsel ..................... 86
    Fakten, Fakten, Fakten:
    nur Blütendiagramme können uns noch retten! ................. 86
    „ ...and then I left" – Prof. Mitras „child-driven education" ........ 88
    That's it. Sir Ken Robinsons „Changing Education Paradigms" .. 91
    Für den Lehrenden:
    Comenius lebt – Didaktik UND Mathetik .......................... 94
    Für den Lernenden:
    Selbstorganisiertes Lernen – Kompetenz der Zukunft ......... 97

## KAPITEL 5
### „Möhrchen-driven" Talentmanagement 1.0 Angriff der Klonkrieger ............ 101

Talentmanagement als Stellenbesetzungs- und Nachfolgemanagement ............ 101

Der Reifegrad von Talentmanagement im deutschsprachigen Raum ............ 103

Talentmanagement in der Praxis ............ 109

Nachwuchsprogramme für Senior Leadership bei einem mittelständischen IT-Dienstleister ............ 109

Das „Organisational Talent Review" eines global agierenden Pharma-Konzerns ............ 111

Herausforderungen für Talentmanagement 1.0 ............ 113

## KAPITEL 6
### Talentmanagement 2.0: organisch-mathetisches Talententfaltungsmanagement ............ 119

Vier Faktoren für die Entfaltung von Talenten in Unternehmen .... 120

Anpassung – Ja, Assimilation – Nein: Das Borg-Paradoxon ...... 121

Talente langweilen sich nicht lange – sie ziehen weiter ............ 123

Talentführungs(inkompetenzkompensations)kompetenz: Wie führt man Menschen, die nicht gemanagt werden wollen? . 125

Alleine ein Talent – im Team ein Star ............ 129

Lebenslanges Entfaltungs- und Ermöglichungsmanagement ........ 132

Talententfaltungsmanagement in der Praxis ............ 132

Talententfaltung bei der Deutschen Bank AG ............ 133

„Resourceful Humans" bei der Crytek GmbH ............ 135

Wertebasiertes Talententfaltungsmanagement ............ 138

Organisch-mathetisches Talententfaltungsmanagement als nicht-kopierbares Alleinstellungsmerkmal und Wettbewerbsvorteil der Zukunft ............ 140

## KAPITEL 7
**Die Lernende Organisation – reloaded and refreshed** ........ 153
    Was bislang geschah... ........................................................... 153
        Theories of Action .......................................................... 157
        Modell I und Modell II ................................................... 162
        Die fünf Kerndisziplinen zum Aufbau einer
        lernenden Organisation ................................................. 169
        Organisationskultur und die lernende Organisation ............. 172
        ... und warum es nicht geklappt hat. ..................................... 174
    Individuelles und organisationales Lernen:
    specialize in the unpredictable! ............................................ 189
    Strategieumsetzende Lernarchitekturen:
    „Culture eats strategy for breakfast." .................................... 194
    Grundzutaten für gesunde und leckere Lernkulturen ................. 200

## KAPITEL 8
**„Turn and burn" – Nicht leiden, machen!** .......................... 205

Literaturverzeichnis ............................................................ 209

Abbildungsverzeichnis ....................................................... 221

Tabellenverzeichnis ............................................................. 223

# Vorwort

*„Ich glaube felsenfest, dass wir alle mit außerordentlichen natürlichen Talenten geboren werden, aber zu einem Großteil von ihnen den Kontakt verlieren, je länger wir in dieser Welt sind. [...] Die Folge? Viel zu viele Menschen finden nie den Kontakt zu ihren wahren Begabungen und wissen nicht, zu welchen Leistungen sie fähig sind. Insofern wissen sie nicht, wer sie sind"*
(Robinson & Aronica, 2010, S. 9).

Setzen wir dieses Zitat neben eines von Peter Drucker – seines Zeichens Erfinder des modernen Managements und weltweit erster Inhaber eines entsprechenden Lehrstuhls. Drucker schreibt in dem 1999 erschienenen und 2011 als einer der zehn meistgelesenen Beiträge im Harvard Business Review neu aufgelegten Artikel „Managing Oneself" (2011, S. 53):

*„To work in an organization whose value system is unacceptable or incompatible with one's own condemns a person both to frustration and to nonperformance. [...] To be effective in an organization, a person's values must be compatible with the organization's values. [...] Otherwise, the person will not only be frustrated but also will not produce results."*

Anhand beider Zitate ist die Bedeutung der Begriffe „Talent" und „Begabung", „Leistung" und „Erfolg" sowie „Werte" und „Kompetenzen" für den Einzelnen sowie für jedwede gemeinsame Unternehmung zu erahnen. Schaut man aber in die multi-medialen und „highly super-sophisticated"[1] Wunderwelten unseres täglichen Lebens, so wird man mit einer Unzahl von begrifflichen Unklarheiten, gewollten und nicht gewollten, bombardiert. Die auf

---

1 Verwandte Anglizismen und der opulente Gebrauch von Fremdwörtern greifen hier Trends und, selbstredend, Mikro-Trends auf, die hier jedoch nicht, wie sooft, die Wissenschaftlichkeit der Aussagen erhöhen, sondern im Sinne eines wahrgenommenen Live-Kabaretts den geneigten Leser beim Lesen erfreuen sollen.

diesen Unklarheiten aufbauenden Lern- und Arbeitssysteme vermögen, bei aller Liebe zu linearen Detaillösungen, die Herausforderungen unserer Zeit nicht zu meistern.

Um nicht in weitere Leidensabgesänge über unsere Beste aller Welten zu verfallen – in Deutschland wird schließlich schon genug gelitten: natürlich gemeinsam, nachhaltig und lebenslang – versuchen wir den Grund für diese Entwicklung in einem einseitigen Talent- und Kompetenzbegriff und den daraus folgenden Konsequenzen aufzuzeigen und einen möglichen Ausweg aus dem Dilemma durch ein wertebasiertes organisch-mathetisches[2] Talententfaltungsmanagement darzustellen. Unsere Analyse stützt sich dabei auf eine ausführliche Literaturrecherche, die Auswertung ausgewählter Studien im Personalwesen aus den vergangen 15 Jahren sowie auf unsere eigenen langjährigen Erfahrungen sowohl auf Seite des Lernenden bzw. des Talents als auch auf Seite des Lehrenden bzw. des Arbeitgebers, Mentors, Beraters, etc.. Darüber hinaus wurden persönliche Interviews auf qualitativer Basis mit Human Resource- bzw. Talentmanagement-Verantwortlichen der Crytek GmbH und der Deutschen Bank AG sowie eines mittelständischen IT-Dienstleisters und eines global agierenden Pharma-Konzerns geführt. Die Ergebnisse dieser Interviews werden in Form von Praxisbeispielen in den Kapiteln fünf und sechs verwendet. Ferner ist dieses Buch gespickt von persönlichen Anmerkungen und den Erzählungen und Erfahrungen etlicher Gesprächspartner aus allen vier Generationen, welche sich derzeit in der Arbeitswelt tummeln sowie auf der ihnen nachfolgenden.

Wir sind der Meinung, „ [...], dass solche wahren Geschichten die Zuhörer mindestens ebenso sehr wie Statistiken und Expertenmeinungen davon überzeugen, dass wir zu uns und dem, was wir mit unserem Leben machen, eine andere Einstellung brauchen; dass wir die Erziehung und Ausbildung unserer Kinder überdenken müssen und ebenso die Art, wie wir unsere Firmen führen" (Robinson & Aronica, 2010, S.10).

---

2 Jawohl, es heißt „mathetisch" und nicht „mathematisch" und ist kein Schreibfehler; nein, kein Schreibfehler!

Außerdem blenden wir mehrere Exkurse ein, die das Beschriebene aus anderer Perspektive illust auf den Punkt bringen. Es handelt sich hierbei jedoch nicht um ein Arsenal an Best-Practice Beispielen, deren Herangehensweise eins zu eins auf anderweitige Problemstellungen übertragbar und im Checklisten-Format abzuarbeiten ist. Ein solches Vorgehen wäre dem Thema nicht angemessen [3]. Mustervorlagen für Verhaltensweisen können mitunter Mentale Modelle generieren, welche die unternehmerische Handlungslogik prägen und somit den Unternehmenserfolg maßgeblich beeinflussen. „The greatest danger in times of turbulence is not the turbulence, but acting with yesterday's logic" (Drucker, 1993, S. 22).

Um ferner unsere Gedankengänge nicht zu sehr vom Thema Talententfaltung abschweifen zu lassen, seien die Leser mit tiefergehendem Interesse an individuellem Lernen auf die kommende Publikation „Lern Dich Glücklich vs. Lernen erfolgreich vermeiden" verwiesen. Der darauf folgende Titel „Lernen kann jeder, Nicht-Lernen will gelernt sein: Lernprozesse erfolg- und sinn-frei gestalten" widmet sich der Gestaltung von Lernarchitekturen für kollektives und organisationales [4] Lernen.

„Einführung und Anschunkerle: Talent ist das neue sexy", „Fakten, Fakten, Fakten: nur Blütendiagramme können uns noch retten!" und „Anpassung – Ja, Assimilation – Nein: Das Borg-Paradoxon" – einige Vorbemerkungen zur in diesem Buch verwendeten Ausdrucksweise:

Anpassung – Ja, Assimilation – Nein. Das gilt auch für die hier verwendete Sprache und Darstellung. Als Wissenschaftler stellen wir einerseits die betreffenden Sachverhalte im wissenschaftlichen Kontext entsprechend exakt und „state of the art" dar, hegen aber andererseits keinen wissenschaftlichen Anspruch auf Vollständigkeit.

---

3 Kopiervorlagen oder Checklisten sind für den Vorlesungs- und Seminarbetrieb und bei einfachen bis hin zu komplizierten organisatorischen Abläufen ein sinnvolles Hilfsmittel. In der Praxis führen sie bei wiederholter Anwendung jedoch oft dazu, dass man nicht mehr darüber nachdenkt, ob und, wenn ja, welche Punkte überflüssig bzw. zu ergänzen sind. Prof. Dr. Peter Kruse mahnt davor, komplexe Systeme als kompliziert zu trivialisieren: Dies zerstöre vielmehr den komplexen Charakter solcher Systeme. Die Entfaltung von Talenten in Unternehmen ist dabei zweifelsohne komplex und nicht bloß kompliziert.

4 Jawohl, auch hier heißt es „organisational" und nicht „organisatorisch".

Hier verweisen wir exemplarisch auf die reichhaltige Fach- und Ratgeberliteratur, wobei diese Verweise natürlich auch nicht vollständig sein können, sondern stets eine Empfehlung der Autoren darstellen.

In der begrifflichen und lernbiologischen Klärung stellen wir zunächst die sprachliche Vielfalt und mitunter irreführende Mehrdeutigkeit von Begriffen dar. Beispielsweise hat der Begriff „Kompetenz" in verschiedenen Wissenschaftsdisziplinen unterschiedliche Bedeutungen. Es gibt sogar den Begriff der „Kompetenz-Kompetenz", welcher im Zeitalter des „FilmFilms" eher irritiert, aber dennoch wohldefiniert ist, also kein Scherz und auch kein Schreibfehler. Ebenso erschließt sich durch Lesen der entsprechenden Kapitel, was sich beispielsweise hinter der Überschrift „Fakten, Fakten, Fakten: nur Blütendiagramme können uns noch retten!" verbirgt oder mit „das Borg-Paradoxon" konkret gemeint ist. Insbesondere zeitoptimierenden Schnell- und Querlesern – immer multi-medial und multi-tasking versteht sich – empfehlen wir neben einer Internetforum-Anmerkung zum Borg-Paradoxon[5] die kurzen Einleitungen der Kapitel zum vollständigen Lesen. Hier haben wir uns an Henry Mintzberg – einem der bekanntesten Strategie-Experten und Management-Autoren der Welt – orientiert, der im Vorwort seines 2010 erschienenen Buches „Managen" folgende Lese-Vorschläge macht:

„Kapitel 1: Managen – vorwärts marsch! Hier gebe ich eine Einführung und stelle meine Sicht des Managers vor. Ich schlage vor, Sie lesen es ganz.

Kapitel 5: Dieses Kapitel zu schreiben, hat mir besonders großes Vergnügen bereitet, und ich nehme an, dass es Ihnen bei der Lektüre ähnlich gehen wird [...]; Manager, und insbesondere solche, die an die Existenz irgendwelcher Wundermittel glauben, sollten es aufmerksam lesen" (Mintzberg, 2010).

Wir sind der Überzeugung, dass neben der notwendigen Wissenschaftlichkeit auch die Lesbarkeit von hoher Bedeutung ist. Aber nicht in der Form, dass illustre Kriegsrhetorik zum Einsatz kommt: Die Überschrift „Zu den Waffen: Das Buhlen um die Besten hat schon wieder begonnen!" mag hier eine ironisch-zynische Anspielung auf Publikationen und Denkweisen sein, die wir eben nicht zur Gänze teilen, aber durchaus darstellen wollen, da sie inhaltlich bedeutsam sind. In diese Rubrik fällt auch der gemischte Gebrauch der

---

5 „ah I see you don't get it, yet [...] - read my posting again, slowly not hasty" (KrazeeXXL, 2009).

deutschen und englischen Sprache: in beiden Teilen korrekt, in der Summe phantastisch. Viele Beispiele aus der realen Wirtschaft, wie Job- und Stellenbezeichnungen, Zitate und Anzeigen aus Tageszeitungen, englische „Fach"-Termini und weitere Schmankerl, sprechen für sich und pointieren den Frohsinn im Alltag in ihrer schlichten Schönheit.

Einen Überblick über die Entwicklungen, welche das Thema Talentmanagement haben aufkommen und an Bedeutung gewinnen lassen, gibt nach einer kurzen Einführung das zweite Kapitel. Kapitel drei widmet sich der Fragestellung, worin die Verknüpfung zwischen Werten und Talenten besteht, und enthält zu Beginn eine begriffliche Klärung der Kernbegriffe „Talente", „Kompetenzen" und „Werte". Ferner wird es hier auch um die Herausforderungen gehen, welche sich für den Menschen im Umgang mit Zukunft und Komplexität ergeben. Die sich im vierten Kapitel anschließende lernbiologische Klärung erhellt den Zusammenhang zwischen Gehirn und Lernen, Erwartung und Wahrnehmung, realen und wünschenswert-gehirnfreundlichen Lernarchitekturen und bereitet den allgemeinen und konkreten Paradigmenwechsel hin zu einem organisch-mathetischen Talententfaltungsmanagement vor. Das folgende fünfte Kapitel widmet sich dem Reifegrad der Talentmanagement-Programme im Jahr 2010 und hinterfragt zum einen deren Wirksamkeit, zum anderen deren Sinnhaftigkeit vor dem Hintergrund der obigen Begriffsklärung. Kapitel sechs behandelt die Fragestellung, was ein auf dem Talentbegriff im eigentlichen Sinne fußendes Talentmanagement-Programm leisten muss, warum es vor dem Hintergrund der beschriebenen globalen Herausforderungen umgesetzt werden sollte und welche langfristigen Vorteile ein solches werte- und kompetenzbasiertes, organisch-mathetisches Talententfaltungsmanagement bietet. Unsere Konzeption eines wertebasierten, organisch-mathetischen Talententfaltungsmanagements diskutieren wir schließlich im siebten Kapitel im Kontext existierender Arbeiten zur lernenden Organisation.

„Was hat nun die Unternehmung davon, wenn seine Mitarbeiter lernen?" „Jaja", mag man denken, „die Lernende Organisation, I know, alles schon da gewesen, hat alles nicht geklappt: schön in der Theorie, aber leider nichts für die Praxis." Mit den besten Vorurteilen hierzu und Betonung auf die Wirtschaftlichkeit der lernenden Organisation geht Kapitel sieben über deren Wiederentdeckung in der jüngsten Vergangenheit hinaus.

Organisationale, strategieumsetzende Lernarchitekturen werden mit dem dargestellten Talententfaltungsmanagement organisch und mathetisch erfrischt und für das Unternehmen umfassend nutzbar.

Was bleibt? Kapitel acht: „Turn and burn": Nicht leiden, machen!"[6]

---

[6] Wer doch lieber leiden will, dem sei Paul Watzlawicks „Anleitung zum Unglücklichsein" (Watzlawick, 2009) empfohlen, welche bereits in der 15. Auflage verfügbar ist.

# KAPITEL 1
# Einführung und Anschunkerle: Talent ist das neue „sexy"

Ein Talent müsste man sein. Einmal gekrönt, geht es ab sofort steil nach oben. Diesen Eindruck könnte man dieser Tage zumindest beim Blick auf die einschlägigen Karriereportale und Jobbörsen gewinnen. Das Beste ist: So schwer ist das gar nicht! Der CEO einer der weltweit führenden Strategieberatungen begrüßte jüngst die Teilnehmer eines Recruiting-Events mit den Worten: „Sie sind alle ganz tolle Talente!" Hm... Das ging aber jetzt doch ein bisschen sehr einfach. Bei genauerer Betrachtung gewinnt man den Eindruck, dass „Talent" das neue „sexy" zu sein scheint. Der nächste Modebegriff in einer Reihe von Bezeichnungen für die so hochbegehrten Arbeiter der Wissensökonomie. Obgleich keiner so genau sagen kann, wer oder was ein Talent eigentlich auszeichnet, ist zumindest eines klar: Jeder Arbeitnehmer will selbst ein Talent sein – Jeder Arbeitgeber am besten nur noch Talente beschäftigen.

In den Neunzigerjahren des vergangenen Jahrhunderts beschäftigten sich mehrere McKinsey Partner mit dem zunehmenden Wettbewerb um hochqualifizierte Arbeitskräfte und prägten dabei den Begriff des „war for talent" (Chambers et al., 1998, S. 44). Der Rat der Consulting-Unternehmen war damals wie heute: Talentmanagement muss zur Chefsache werden (Chambers et al., 1998, S. 48; Heidrick & Struggles, 2007, S. 9; Martin & Schmidt, 2010, S. 35). Nur wer es schafft, die besten Talente anzuwerben und an sich zu binden, wird auch in Zukunft noch erfolgreich sein. Talente wurden als kritische Ressource identifiziert, die Versorgung des Unternehmens mit Nachwuchstalenten auf die gleiche Stufe gestellt, wie die Versorgung mit Rohstoffen und Kapital: „Talent is the new oil and just like oil, demand far outstrips supply" schrieb 2007 die internationale Beratungsfirma Heidrick & Struggles (2007, S. 2). Die Aufgabe, dieser Herausforderung entgegen zu treten, wurde von Chambers et al. 1998 als zentral für die kommenden Jahre herausgestellt. Infolgedessen entwickelten und implementierten Großkonzerne ebenso wie mittelständische Unternehmen so genannte „Talentmanagement"-Programme und zogen mehr oder minder gut gerüstet in den Krieg um die Talente.

Wirft man heute, gut zehn Jahre nach den Arbeiten von Chambers et al., einen Blick auf das Schlachtfeld des Talente-Krieges, so offenbart sich ein buntes Treiben. Firmen werben mit schier undenklichen Maßnahmen um die Gunst der Talente: Studenten konnten beispielsweise nach dem alljährlichen Skifahren mit McKinsey & Company in Kitzbühel im Januar 2011 zunächst zehn Tage im Rahmen der so genannten „Mission America" von KPMG auf Schnitzeljagd in den USA gehen und im Anschluss mit Deloitte einige Tage in Athen über Fallstudien brüten (Mehr dazu im zweiten Kapitel).

Doch damit nicht genug. Unternehmen beschwören auf ihren Karriere-Webseiten eine Kultur der Harmonie und der Wertschätzung und locken junge Bewerber mit Entwicklungsprogrammen und Aufstiegschancen. Doch so sehr dieses unter Personalmarketing laufende „Buhlen um die Besten" floriert, so trist sieht danach oftmals die Realität aus. Was als „individuelles Entwicklungsprogramm mit kontinuierlichem Feedback und Coaching" beworben wird, stellt sich in vielen Fällen als langweilig standardisiertes, lediglich der Stellenbesetzung dienendes Verfahren heraus, welches mitunter sogar dieses Ziel verfehlt: „Fast 40 Prozent der internen Stellenbesetzungen mit High Potentials erweisen sich im Nachhinein als Fehlgriffe" (Martin & Schmidt, 2010, S. 28). Zudem ist das, was Hochschulabsolventen und Young Professionals im Zuge des Talentmanagements geboten wird, in hohem Maße austauschbar. Lineare und auf Konformität ausgelegte Entwicklungspfade stellen die Großzahl der vorhandenen Entwicklungsprogramme in Firmen dar. Dabei besteht das Ziel nicht in der Entwicklung des individuellen Mitarbeiters und der Entfaltung des mühsam angeworbenen Talents. „Talentmanagement" ist vielmehr das Label für einen institutionalisierten „Stellenbesetzungszirkus", bei dem die Talente der Talente allzu oft unterschätzt werden. Hier geht es um das Trainieren extern vorgegebener Fähigkeiten wie spezielle „Leadership Skills" und das Absolvieren des jährlichen Parcours aus Mitarbeitergespräch, Performance Review, Talent Talk, Peer Reviews, et cetera. Während das Topmanagement und die HR Abteilungen alle Hände voll zu tun haben, ihren Talenten einen gewissen Mindeststandard an Förderung zu bieten, bleibt die Frage nach dem Alleinstellungsmerkmal einer Karriere bei „Firma X" in der Regel unbeantwortet. Echte Bemühungen, sich von den Talentmanagement-Programmen anderer Firmen zu differenzieren, sucht man allzu oft vergebens.

Infolgedessen bleibt ein Großteil des Potentials der eigenen Mitarbeiter ungenutzt und womöglich sogar unentdeckt. Im schlimmsten Fall lassen Firmen sogar Talente, welche sich bereits mitten in ihrer Entfaltung befinden, verkümmern. Die resultierende Situation ist für beide Seiten unbefriedigend: Die Angestellten – firmeninterner Talentstatus hin oder her – haben kaum die Möglichkeit, ihr Potential vollständig zu entdecken und zu entfalten, während die Arbeitgeber sich eine Armee von Angestellten heranzüchten, deren Potential der Firma in großem Maße unerschlossen bleibt. Das durch das System induzierte Ohnmachtsgefühl ruft bei den Mitarbeitern die Überzeugung hervor, dass die beste Chance darin läge, sich dem System zu fügen und sich von Mitarbeitergespräch zu Mitarbeitergespräch, von Talent-Pool zu Talent-Pool durchzuwurschteln. Die Entfaltung der eigentlich vorhandenen Talente erfolgt dabei nach dem Prinzip Hoffnung[1]. Nicht selten hängt es von der Gunst des direkten Vorgesetzten ab, ob Talente die Möglichkeit haben, sich zu entfalten, oder ob sie sich in einer Sackgasse befinden.

Diese Form von „industriellem" Talentmanagement, bei dem am Ende eines dreijährigen Programms die Nachwuchsführungskräfte vom Fließband plumpsen, bezeichnen wir im folgenden als „Talentmanagement 1.0" oder kurz: „TM 1.0". Aus unserer Sicht bietet TM 1.0 vier entscheidende Nachteile, welche die Suche nach einer neuen Form von Talentmanagement erforderlich machen:

Mitarbeiter werden zunehmend zum limitierenden Faktor nahezu jeder Unternehmung. Der hohe „Verbrauch" an Human Resources von TM 1.0 wird damit mittelfristig zum Problem. Gleichzeitig drängen Generationen – Gen Y[2] und Gen Z[3] – auf den Arbeitsmarkt, die sich in ihren Ansprüchen, Erwartungen und Fähigkeiten von allen vorherigen unterscheiden. Ziel muss es daher sein, die „Ausbeute" der unternehmensinternen Entwicklungsprogramme zu erhöhen und jeden Einzelnen besser zu fördern.

---

1 siehe John Erpenbeck und Lutz von Rosenstiel: „Talent – das ist das Prinzip Hoffnung im Personalwesen" (Steinweg, 2009, S. IX).
2 „Gen Y" steht für Generation Y, manchmal auch „Millennials" oder „Net-Generation" genannt und umfasst die Geburtenjahrgänge von ca. 1980 bis ca. 1993 (Hewlett et al., S.73). Mehr zu Generation Y findet sich in Kapitel 2.
3 „Gen Z" steht für Generation Z, die Geburtenjahrgänge von ca. 1993 bis ca. 2006 (Hewlett et al., S.73). Mehr dazu in Kapitel 2.

Bei vorhandenen Programmen im Stile von TM 1.0 liegt der Fokus auf den zu besetzenden Stellen. Dabei wird oftmals mit einem einseitigen Talentbegriff gearbeitet. Um die darüber hinaus in der Belegschaft vorhandenen Potentiale zu nutzen, bedarf es eines umfassenden Talentbegriffs und eines breiten Verständnisses von Talenten als Leistungsveranlagungen.

TM 1.0 orientiert sich bei der Besetzung von Stellen allzu oft an den gegenwärtigen Schlüsselpositionen im Unternehmen und den dafür benötigten Kompetenzen. Ein solches Personalbestands-orientiertes Talentmanagement hinkt der Realität zwangsläufig immer mindestens einen, öfter auch zwei Schritte hinterher. In einer Umgebung, in der es unmöglich ist zu sagen, wie die Wirtschaft von morgen aussehen wird, ist dies nicht gut genug. Zukunftsorientiertes Talentmanagement muss daher das Lernen in Organisationen umfangreich und allumfassend fördern. Es muss möglich sein, heute Kompetenzen zu trainieren, von denen das Unternehmen morgen abhängig sein wird, ohne heute zu wissen, welche das morgen genau sind.

Bei der Frage, wie man die einmal gefundenen Talente an das eigene Unternehmen bindet, verlassen sich viele Unternehmen auf so genannte „Hygienefaktoren" wie Gehaltserhöhungen, Dienstwagen, Bonuszahlungen oder Weiterbildungen in 5-Sterne-Ressorts. Ein solches Vorgehen macht die Firma jedoch im hohem Maße austauschbar: Wer den 7er BMW bezahlt, kann dem Talent ja im Prinzip egal sein. Echte Loyalität baut hingegen auf gemeinsamen Werten und einer geteilten Vision auf. Talentmanagement sollte daher auf den Unternehmenswerten basieren und die Identifikation mit Mission und Kultur der Organisation fördern.

In Anbetracht dieser Beobachtungen ist klar, dass sich etwas ändern muss im Talentmanagement. Die Ursache für die hier angemerkten Nachteile von TM 1.0 liegt dabei nicht in der mangelhaften Umsetzung der Grundidee von Talentmanagement. Im Gegenteil: Viele Firmen haben ihre Talentmanagement-Programme sukzessive optimiert und sind heute außerordentlich leistungsfähig in der internen Nachfolgeplanung. Was es bedarf, ist keine weitere Optimierung der bestehenden Systeme als vielmehr ein Paradigmenwechsel in der zugrunde liegenden Talentmentalität.

Wir möchten in diesem Buch eine neue Form von Talentmanagement vorstellen: ein wertebasiertes, organisch-mathetisches Talententfaltungsmanagement. Unser Ziel ist es zu zeigen, was sich hinter dieser Bezeichnung genau verbirgt, welche Vorteile ein solches „Talentmanagement 2.0" bietet und wie man es konkret umsetzen kann. Es geht uns ausdrücklich nicht darum, ein Unterhaltungsprogramm für die besten 1 bis 2% zu entwerfen. In Gegenteil: Erfolgreiches Talententfaltungsmanagement erstreckt sich über die gesamte Organisation und zielt auf die Förderung der Lern- und Leistungsfähigkeit des Unternehmens als Ganzes ab. Es muss dabei aus der Unternehmenskultur entwachsen und eng verwoben sein mit der unternehmerischen Gesamtstrategie.

# KAPITEL 2
# 10 Jahre „war for talent"

Das vorliegende Kapitel dient als Überblick über den „war for talent" und des Schlachtfelds, auf welchem dieser stattfindet. Verknüpft wird diese Bestandsaufnahme mit einem Blick auf die menschliche Eigenart, die Zukunft in ihrer Unsicherheit beherrschen zu wollen. Überlegungen über die unordentliche Realität, den Umgang mit gegenwärtiger und zukünftiger Komplexität und die menschliche Reaktion auf den „planbaren" Zufall werden vor dem Hintergrund der beschleunigten Talentschlacht einführend beleuchtet. Prinzipiell empfehlen wir dieses Kapitel allen Lesern als Einstieg in das Buch. Wer mit der Materie des „war for talent" bereits gut vertraut ist, mag kurz die „Rache des schwarzen Schwans" (an)lesen. Wer den schwarzen Schwan schon ausgiebig gejagt hat, kann hurtig zu den Begrifflichen und Lernbiologischen Klärungen weiterziehen.

> *„Tell me again: Why would someone really good want to join your company? And how will you keep them for more than a few years?"*
> *(Chambers et al., 1998, S. 45).*

Der Krieg um die Talente ist nichts Neues. Seit seiner Ausrufung durch Chambers et al. im Jahr 1998 sind mittlerweile gut zehn Jahre ins Land gegangen. Zehn Jahre, in denen Firmen ausgiebig Zeit hatten, Antworten auf die von Chambers et al. formulierten Fragen zu geben. Das heisst, Programme zur Identifikation, Anwerbung, Entwicklung und langfristigen Bindung von Talenten zu entwickeln und diese zu erproben.

Es wird im Folgenden nicht darum gehen, was hinter den Kulissen passiert ist, d.h. wie die Talentmanagement-Programme der Unternehmen aufgebaut sind und angewandt werden. Eine entsprechende Analyse ist in Kapitel fünf zu finden. Zunächst soll es vielmehr um einen Bericht vom Schauplatz des Talente-Krieges selbst aus der Perspektive eines externen Beobachters gehen.

Neben einer Übersicht über die Recruiting-Aktivitäten international tätiger Firmen wird ein Blick auf die gegenwärtige Situation des globalen Arbeitsmarktes geworfen und die Verhaltenslogik der Akteure einer genauen Untersuchung unterzogen.

## Zu den Waffen: Das Buhlen um die Besten hat schon wieder begonnen!

Firmen haben in den vergangenen Jahren ihre Recruiting-Aktivitäten massiv ausgeweitet. Nahezu jede Universität veranstaltet mittlerweile Karrieremessen, viele mehrfach im Jahr. Darüber hinaus gibt es unzählige „Kennenlern-Veranstaltungen", Workshops, Business-Diner, Assessment Center-Trainings und ähnliche Veranstaltungen mit Unternehmen. Wer sich als Student clever anstellt, kann dank solcher Recruiting-Events in den Semesterferien die halbe Welt bereisen – alles auf Kosten des Personalmarketings international tätiger Firmen, die sich im „Buhlen um die Besten" gegenseitig überbieten. Einige Beispiele für solche Recruiting Events sind der Bosch Biathlon für Nachwuchskräfte, wo Schießübungen auf Skiern mit Case-Studies kombiniert werden, das Deloitte International Student Business Forum in Griechenland, die KPMG Mission America – eine großangelegte Schnitzeljagd in den USA mit Teilnehmern aus aller Welt – sowie der alljährliche Skiausflug mit McKinsey nach Kitzbühel.

Sinn und Zweck all dieser Events ist stets der gleiche: „Seht her, wir sind bereit in Euch zu investieren und bieten Euch großartige Karrieremöglichkeiten, ohne dass dabei der Spaß zu kurz kommt." Wenngleich es sicher schöner ist, einen potentiellen Arbeitgeber auf diesem Wege kennen zu lernen als auf einem kompetitiven Assessment-Center, muss man sich dennoch die Frage stellen, ob dies überhaupt der Sinn solcher Veranstaltungen ist oder ob das Credo nicht eher „Blenden und geblendet werden" lautet. Personalmarketing-Events haben selbstverständlich die Absicht, die Firma so gut und interessant wie möglich darzustellen. Dies bedeutet aber auch, dass Teilnehmer solcher Events mitunter einen falschen Eindruck davon bekommen, wie Firmenkultur und -politik tatsächlich aussehen. Sofern dies nicht sogar beabsichtigt ist, wird diese Tatsache zumindest billigend in Kauf genommen. Hauptsache man kommt an die Talente ran und bindet sie sich auf den Bauch. Ob das eigentlich die richtigen Leute sind und was man mit Ihnen anfängt, wenn sie erstmal einmal da sind, darüber kann man sich ja auch noch später Gedanken machen.

Nicht anders sieht es auf Seiten der Teilnehmer solcher Veranstaltungen aus. Auch hier lassen sich die meisten jungen Berufseinsteiger eher von der Frage leiten, wie sich der potentielle Arbeitgeber den optimalen Bewerber vorstellt. Die Verkörperung eines authentischen Selbstbildes und gereiften Charakters mit Stärken und Schwächen, welche mitunter von denen des Musterbewerbers abweichen, ist eher selten anzutreffen. Zu unreflektiert und fremdgeleitet steht das Ergattern einer Einstiegsposition in einem internationalen Unternehmen oftmals im Vordergrund der Bewerber. In der Konsequenz führt dies leider allzu oft zu einem Tunnelblick, bei dem wichtige Faktoren wie eine gemeinsame Wertebasis, die Identifikation mit Firmenkultur und -vision sowie persönliche Entwicklungsmöglichkeiten jenseits vordefinierter Karrierepfade oftmals außer Acht geraten.

Zusammenfassend lassen sich die Recruiting Events der neuesten Generation als Brautschau für karriereorientierte, am Fließband produzierte Mustermitarbeiter beschreiben. Beide Seiten sind so darauf konzentriert, sich von ihrer besten Seite zu zeigen, dass die Chance, nach einer echten Übereinstimmung zwischen Persönlichkeit des Bewerbers und Kultur und Vision des potentiellen Arbeitgebers zu suchen, oftmals vergeben wird.

## Der globale Arbeitsmarkt des 21. Jahrhunderts

Um die Bedeutung von Talentmanagement zu verdeutlichen, ist es wichtig, sich einige gegenwärtige Entwicklungen auf dem globalen Arbeitsmarkt genauer anzuschauen. Darüber hinaus sind diese jedoch auch ausschlaggebend für die Art und Weise, wie Talentmanagement betrieben werden sollte.

Insbesondere für die Fragestellung, wie eine mittel- und langfristige Talentmanagement-Strategie aussehen sollte, die auch in Zukunft erfolgreich sein wird, müssen entsprechende Veränderungen berücksichtigt und in strategische Überlegungen mit einbezogen werden.

In engem Zusammenhang mit dem „war for talent" stehen hierbei insbesondere drei Entwicklungen: Der demographische Wandel, der damit einhergehende Wertewandel sowie die Entstehung eines globalen Arbeitsmarktes für Talente.

## Demographischer Wandel: „Generation Y" übernimmt und „Gen Z" lauert schon

Trotz der Finanz- und Wirtschaftskrise von 2008/2009 und den damit verbundenen Entlassungen steuern viele Volkswirtschaften auf das gegenteilige Problem zu: Arbeitskräfte, insbesondere höher- und hochqualifizierte Arbeitskräfte, werden zunehmend knapp. In den kommenden fünfzehn bis zwanzig Jahren wird die Mehrzahl der „Baby Boomer"-Generation[1] in den Ruhestand treten, während gleichzeitig immer weniger Hochschulabsolventen nachrücken (Capgemini, 2007, S. 21). Eine Großzahl an Firmen sieht sich mit einem Umbruch in der Zusammensetzung ihrer Belegschaft von enormem Ausmaß konfrontiert: Die Baby Boomer Generation stellt in vielen von ihnen einen Großteil der Mitarbeiter. Dazu kommt, dass die meisten Baby Boomer durch ihre umfangreichen Berufserfahrungen vor allem Wissensträger und Führungskräfte in ihren Unternehmen sind (Capgemini, 2007, S. 15).

Unternehmen stehen demnach in den kommenden 20 Jahren vor der Aufgabe, dieses durch die Pensionierung der Baby Boomer entstehende Vakuum zu füllen (The Boston Consulting Group, 2010, S. 4). Bei manchen Unternehmen ist dies eine Herausforderung von gigantischem Ausmaß: sie werden in nur fünf Jahren nahezu die Hälfte ihrer Führungskräfte verlieren (IBM, 2007, S. 24). Dazu kommen in vielen Unternehmen aufgrund von Wachstum neu geschaffene Führungspositionen, welche zusätzlich zu den frei gewordenen Stellen besetzt werden müssen. Der Bedarf an „leadership talent", d.h. an Nachwuchsführungskräften, sowie an generationenübergreifendem Wissenstransfer ist damit harte Realität (Fulmer & Bleak, 2008, S. 85). Diese Aufgabe ist auch deshalb so schwierig, weil die nachfolgende „Generation X" vor allem in den USA und Europa nicht annähernd so groß ist wie die Baby Boomer

---

[1] Zur „Baby Boomer"-Generation zählen die Geburtenjahrgänge von ca. 1946 bis ca. 1964 (Hewlett et al., 2009, S.73).

Generation[2]. Der Blick richtet sich daher zunehmend auf die übernächste Generation, welche derzeit die Gruppe der „Young Professionals" und Berufseinsteiger stellt: Generation Y. Der Wettbewerb um frische Köpfe aus dieser Generation wird dementsprechend in den kommenden Jahren noch weiter zunehmen. (Robert Half, 2009, S. 11). Die globale Wirtschaftskrise von 2009 tat diesem Trend dabei keinen Abbruch: Der Talente-Krieg fand in ihr nicht sein Ende, sondern ging bereits 2010 in die nächste Runde (Hewlett et al., 2009, S. 71). Die Themen Anwerben, Rekrutieren und Binden von Talenten sowie eng damit verbundene Themen wie „Employer Branding" sind damit wieder – streng genommen, eigentlich nach wie vor – top-aktuell (The Boston Consulting Group, 2010, S. 10). So lässt sich auch die weiter steigende Zahl an Recruiting-Events, wie im obigen Abschnitt beschrieben, erklären.

Obgleich der Rückgang der Erwerbsbevölkerung und die damit in Zusammenhang stehenden Herausforderungen zunehmend auch Entscheidungen auf politischer Ebene fordern – zum Beispiel bei den Einwanderungsbestimmungen und der Anerkennung von im Ausland erworbenen Qualifikationen – heißt das nicht, dass Firmen in der Zwischenzeit tatenlos zusehen müssen. Im Gegenteil: „[...] companies have to seize control of their own fate when it comes to securing the best workforce today and for the future. [...] Managing talent – identifying, attracting, and retaining talent – continues to be the most important future HR topic." (The Boston Consulting Group, 2010, S. 4).

Während Firmen noch auf der Suche nach Antworten für den Generationenwandel hin zu Generation Y sind, steht mit Generation Z bereits in wenigen Jahren die nächste große Herausforderung für die Personalabteilungen vor der Tür. Die nach 1993 Geborenen verkörpern die erste Generation, welche sich eine Welt ohne Internet und Mobiltelefonen, ohne Facebook und Google, ohne mobilem Internet und Twitter kaum mehr vorstellen können. Die mit diesem Wechsel einhergehenden Veränderungen in puncto Arbeitsweise, Kompetenzen und Prioritäten, bieten eine hervorragende Möglichkeit,

---

2 Eine genaue Angabe ist aufgrund der unscharf definierten Grenzen zwischen den Generationen schwierig. Es findet sich z.B. die Aussage, dass Generation X 20% bis 25% kleiner ist als die Boomer Generation (Fulmer & Bleak, 2008, S. 85) sowie die Aussage, dass Generation X gar nur halb so groß sei wie einerseits die Baby Boomer Generation und andererseits Generation Y (Hewlett et al., 2009, S. 71).

eine Organisation zu modernisieren. Stattdessen konzentriert sich die Mehrzahl der Firmen bislang jedoch eher darauf, die auf den Arbeitsmarkt drängende Generation den eigenen Werten anzupassen, etablierte mentale Muster einzutrichten und in der Verhaltenslogik von gestern zu schulen, welche bitte nicht hinterfragt werden soll. Was mit Generation Y nicht zuletzt noch wegen der Finanz- und Wirtschaftskrise von 2008/2009 und dem Glauben an den optimierten Lebenslauf als goldenes Ticket zum Karriereglück funktionieren mag, wird spätestens mit Generation Z nicht mehr ohne Weiteres laufen.

Je früher Firmen das wahre Potential erkennen, welches in diesem Generationenwandel liegt, desto größer ihre Chance, echte Talente für sich zu begeistern, welche sich in einer ansprechenden Lernumgebung zu Stars entwickeln können.

## Wertewandel: „Purpose" geht über Profit

Der demographische Wandel und die mit ihm verbundenen Herausforderungen für Unternehmen ist Teil der Antwort auf die Frage, warum Unternehmen Talentmanagement betreiben sollten. Mit dem Eintritt von Generation Y in den Arbeitsmarkt findet darüber hinaus eine weitere Entwicklung statt, welche vor allem für die Frage: „Was muss Talentmanagement leisten?" relevant ist.

Gemeint ist die Beobachtung, dass für Generation Y andere Kriterien für die Wahl eines Arbeitsplatzes und Arbeitgebers herangezogen werden als noch für Generation X oder gar die Baby Boomer Generation. Professor Christian Scholz schrieb 2003, dass „Babyboomer, Generation X und Generation Y [...] weder in ihrer Lebenseinstellung von vornherein positiv oder negativ zu bewerten [sind], noch sind sie auf bestimmte Altersgruppen zu beschränken. [...] Was uns allerdings weiterhilft, ist die Tatsache, dass den drei Wertesystemen jeweils spezifische Entwürfe für die Lebensgestaltung zugrunde liegen" (Scholz, 2003, S. 139f).

Insbesondere für die besten Hochschulabsolventen der Generation Y, sogenannte „High-Potentials", sind heute bei der Suche nach dem Traumberuf andere Dinge entscheidend als noch für ihre Eltern. Sei es bei den zugrunde liegenden Werten oder bei deren Priorisierung – fest steht, dass Generation Y sich von den anderen Generationen unterscheidet.

Mitte 2009 erschien ein vielbeachteter Artikel von Hewlett et al., welcher die Ergebnisse von zwei Studien[3], über 30 Fokusgruppen sowie 40 qualitativen Interviews zusammenfasst. Die Ergebnisse bieten einen Zugang zu den Karriereambitionen und -erwartungen von Absolventen der Generation Y in den USA. Eine der Beobachtungen war dabei, dass Generation Y und die Baby Boomer Generation sich bei ihrer Wertebasis anscheinend verblüffend ähnlich sind (Hewlett et al., 2009, S. 73). Mit dem Unterschied jedoch, dass Generation Y sich heute bereits bei der Suche nach einem Arbeitsplatz viel stärker von ihren Überzeugungen leiten lässt als noch ihre Eltern[4].

Generation Y legt zum Beispiel besonderen Wert auf die Möglichkeit, im Laufe einer Karriere vielfältige Erfahrungen machen zu können, Nachhaltigkeit, Umweltfreundlichkeit und Gemeinnutzen als Kerninteressen des eigenen Arbeitgebers, flexible Arbeitsbedingungen, eine gute Work/Life-Balance[5] sowie die Möglichkeit in vielfältigen, multikulturellen Teams zu arbeiten (Hewlett et al., 2009, S. 73f). Besonders auffallend ist dabei, dass Gehalt anscheinend nicht (mehr) das ausschlaggebende Kriterium dafür ist, sich für oder gegen einen Job zu entscheiden: „Finally, Gen Ys and Boomers share a sense that financial gain is not the right reason to join or stick with an employer" (Hewlett et al., 2009, S. 74).

In den Studien von Hewlett et al. zeigte sich, dass die Arbeit in einem hervorragendem Team, herausfordernde Aufgaben, viele neue Erfahrungen sowie explizite Leistungsevaluation und -anerkennung sowohl Baby Boomern

*ABWECHSELUNG*

---

3 Die erste Studie wurde im Juni 2008 mit 3.782 frisch eingestellten College-Absolventen durchgeführt, Studie zwei im Januar 2009 mit 1.046 Teilnehmern aus der ursprünglichen Stichprobe.

4 Während ihre Eltern in den Siebziger- und Achtzigerjahren oftmals eine Familie ernähren mussten und schnell einen sicheren Job mit guter Bezahlung haben wollten, können es sich heute viele Gen-Y Absolventen leisten, sich ihren Arbeitnehmer nach anderen Kriterien auszusuchen. Werden Sie doch oftmals von Ihren Baby Boomer Eltern noch lange finanziell unterstützt (Dorsey, 2010, S. 33f, S. 37f).

5 Es sollte an dieser Stelle angemerkt werden, dass der Begriff „Work/Life-Balance" für Generation Y zunehmend obsolet wird. Die Grenzen zwischen Arbeit und Privatleben verschwimmen für diese Generation und der Begriff „Balance" wird immer unpassender. Die eigene Arbeit wird mehr und mehr als integraler Bestandteil des Lebens an sich gesehen, als etwas mit dem man sich genauso identifiziert wie mit seinem Sportverein (Meister & Willyerd, 2010, S. 68).

als auch Generation Y mindestens genauso wichtig sind wie ein angemes-senes Gehalt (Hewlett et al., 2009, S. 74). Ähnliche Ergebnisse finden sich in nahezu jeder anderen Veröffentlichung, die sich mit den Anforderungen an Talentmanagement durch den Generationenwandel beschäftigt: Für Generation Y sei Arbeit und Karriere mehr als bloßes Geldverdienen. Stattdessen wollen die Nachwuchskräfte aus Generation Y auch im Berufsleben zu einer Gemeinschaft gehören, die einen echten Mehrwert für die Gesellschaft schafft. Kurzum: Sie wollen ihre Talente entfalten und sich für eine Sache einsetzen, von deren Sinn sie überzeugt sind[6].

Interessant ist ferner, dass nicht nur die High-Potentials von Generation Y selbst diese Präferenzen artikulieren, sondern auch Manager und HR-Verantwortliche sich dessen durchaus bewusst sind (Chambers et al., 1998, S. 50f; HayGroup, 2010, S. 10ff). In den kommenden Jahren werden vor allem die Unternehmen erfolgreich sein, welche diesen Wandel in Werten und Prioritäten bei ihren Mitarbeitern wahrnehmen und Mittel und Wege finden, die Arbeit bei ihnen dementsprechend bedeutungsvoll und erstrebenswert zu gestalten (Hewlett et al., 2009, S. 76).

Aber bitte nicht falsch verstehen – es soll nicht der Eindruck entstehen, dass die Arbeitnehmer von morgen, d.h. Generation Y und Z, nur noch von altruistischen Motiven geleitet werden würden und eine kollektive „Weltverbesserer-Mentalität" an den Tag legten. Im Gegenteil: Dies ist sicher die vorherrschende Mentalität bei der großen Masse der erwerbstätigen Bevölkerung.

Warum dies so ist, erklärt Professor Lutz von Rosenstiel vor allem damit, dass die vorhanden Strukturen des ‚Business' eben ein Biotop darstellen, an welches der ehrgeizige und ausschließlich erfolgsorientierte Karrierist besser angepasst ist als der Werte-geleitete Querdenker: „Ein wirtschaftswissenschaftliches Studium ist vor allem für diesen Menschentypus interessant. Wir nennen das den Selektionseffekt. Hinzu kommt aber der sogenannte Sozialisations-effekt: Wenn die Studierenden gelehrt bekommen, dass der Markt alles regelt, legitimiert das ihre Karriereambitionen und verstärkt ihre

---

6 Siehe hierzu unter anderem folgende Publikationen:
Johnson Controls, 2010, S. 48-49; Meister & Willyerd, 2010, S. 68ff;
King et al., 2009, S. 74; Lunsford, 2009, S. 2; Sujansky & Ferri-Reed, 2009, S. 51;
Cheese et al., 2008, S. 35ff; Deloitte, 2007, S. 9.

Verhaltensmuster" (Spiegel-online, 2011a). Interessant ist jedoch vor allem, wohin der Trend in den nächsten Jahren geht und welche Einstellung sich bei den Besten der Besten, den High-Potentials, findet. Hier sprechen die Studien für eine Entwicklung weg von „Profit" und hin zu „Purpose". Insbesondere für Generation Y spricht Professor Christian Scholz von der Suche nach „eine[r] solide[n] Ich-Aktien-Mischung aus Karriere-Aktien und Sinn-Aktien!" (Scholz, 2003, S. 150). Neben der Pflege und dem Ausbau des eigenen Kompetenz-Portfolios, d.h. der Employability im Sinne der eigenen Karriere, geht es auch um die Ausrichtung der eigenen Aktivitäten entsprechend des individuellen Wertesystems. Im Vordergrund steht hier die Frage, „ob die Tätigkeit zumindest für den Einzelnen sinnstiftend ist. Genau dies ist die Grundüberlegung der Generation Y, die mit ihren Aktivitäten vor allen Dingen sich selbst in einer ansprechenden Form weiterbringen möchte" (Scholz, 2003, S. 150). Während also bei einer „Karriere-Aktie" die materielle Komponente im Vordergrund steht, dreht sich bei den Sinn-Aktien alles um die individuelle Sinnschaffung und konstruktivistische Aktivität des Individuums. Sie ist das moderne Pendant zum Selbstverwirklichungskonzept und gewinnt mit Generation Y weitreichende Bedeutung für die Karriereplanung – insbesondere bei High-Potentials.

Chambers et al. nahmen 1998 eine Einteilung der Führungskräfte in Talent-Pools in vier Typen vor: "Go with a winner", "Big risk, big reward", "Save the world" und "Lifestyle". Obgleich sich diese vier Typen darin unterscheiden, was sie von einem Arbeitgeber erwarten, beschäftigt sich jeder Typ ausführlich mit der Kultur, den Werten und dem Freiraum für Autonomie in ihrer Firma (Chambers et al., 1998, S. 51). Die in den vergangenen zwölf Jahren publizierten Forschungsergebnisse stützen diese These und legen ferner nahe, dass die Bedeutung von Werten und Kultur weiter zugenommen hat. Aus diesen Gründen wird die Herausforderung für Unternehmen in den kommenden Jahren vor allem darin bestehen, die eigene Unternehmenskultur und die darin zum Ausdruck kommenden Werte zu entwickeln oder vielmehr zu entdecken und sie entsprechend zu leben. Eine Aufgabe, die für viele Unternehmen leider bereits mit der Beauftragung eines professionellen Werbetexters und dem Füllen des Menüpunktes „Unsere Werte" auf der Unternehmens-Website abgeschlossen zu sein scheint. Es gibt jedoch auch positive Beispiele wie den deutschen Computerspieleentwickler Crytek, die Britische Bistro-Kette Pret a Manger oder das US-Softwareunternehmen SAS Institute. Ausführlichere Beispiele finden sich in Kapitel sechs.

Wie entscheidend das Verständnis eines Unternehmens für die Bedürfnisse und Werte seiner Mitarbeiter ist, um erfolgreiches Talentmanagement zu betreiben, wurde jüngst erneut von Davenport et al. (2010) bestätigt. Die Autoren jedes Artikels mutmaßen, dass mit einem Analyseinstrument namens „Talent-Wert-Modell" „Fragen beantwortet werden [können] wie: „Warum bleiben Mitarbeiter in unserem Unternehmen?" Eine Firma kann mithilfe von Analysen berechnen, was Mitarbeiter am meisten schätzen und dann ein Modell entwickeln, das die Mitarbeiterbindung erhöht.", so Davenport et al. (2010, S. 87). Diese Aufgabe gehöre jedoch zu den anspruchsvollsten Analyseinstrumenten im Talentmanagement. Ob sich die hier diskutierte Herausforderung durch den Wertewandel bei Generation Y mit einer solchen eher mechanistischen Herangehensweise meistern lässt, soll im fünften Kapitel weiter diskutiert werden.

Fest steht, dass Werte und Unternehmenskultur einen integralen Bestandteil von Talentmanagement darstellen. Nur eine holistische Sichtweise auf die Organisation als Ganzes unter Einbeziehung der Organisationskultur und den darin zum Ausdruck kommenden Werten aller Mitarbeiter kann die Entfaltung von Talenten wirklich ermöglichen.

## Talent Mobility: Die Besten sind überall gefragt

Neben dem bereits diskutierten demographischen Wandel und dem Wertewandel stellt auch die als „Talent Mobility" bezeichnete Entwicklung eine der gegenwärtigen Veränderungen dar, welche für Talentmanagement relevant ist. Zunehmende „Talent Mobility" lässt sich sowohl auf den unternehmensinternen Arbeitsmärkten als auch auf makroskopischer Ebene beobachten. Ein deutscher Projektmanager, der für ein amerikanisches Unternehmen tätig ist, kann heute zum Beispiel für ein Projekt in Kuwait zuständig sein und nächste Woche eines in Ecuador leiten. Doch auch der Trend, dass viele hochqualifizierte Einwanderer wichtige Positionen in westlichen Volkswirtschaften besetzen, fällt unter Talent Mobility[7].

---

7 In Deutschland betrug der Anteil an Einwanderern an den hochqualifizierten

Barb Arth (2009) von der Unternehmensberatung „Bersin & Associates" definiert den Begriff wie folgt: „Talent mobility is the movement of talent to where it is needed most [...]." Die Arbeitsgruppe des World Economic Forums 2010 zu Talent Mobility betont darüber hinaus, dass es bei Talent Mobility nicht nur um geographische Grenzen geht, sondern um Mobilität über Branchen, Arbeitsstätten, Jobs, Funktionen und Beschäftigungsformen hinweg. Talent Mobility ist damit ein eher breit gefasster Begriff für steigende Flexibilität, Anpassungsfähigkeit, Offenheit für Veränderungen, Reisewilligkeit, Lernbereitschaft und Experimentierfreude auf Seiten der Arbeitnehmer (World Economic Forum, 2010, S. 47).

Vor dem Hintergrund des zunehmenden Mangels an hochqualifizierten Arbeitskräften in den westlichen Industrieländern, maßgeblich bedingt durch den demographischen Wandel, ist Talent Mobility dabei als Herausforderung und Chance zugleich zu sehen:

Der Zugang zu neuen Talent-Pools wird für Unternehmen zunehmend einfacher, bei gleichzeitig wachsender Konkurrenz (World Economic Forum, 2010, S. 42). Ohne an dieser Stelle den Blick auf die Auswirkungen von Talent Mobility auf ganze Volkswirtschaften zu richten[8], möchten wir uns die Auswirkungen von Talent Mobility auf Unternehmen und deren (strategische) Personalplanung und -entwicklung genauer anschauen.

Zunächst lässt sich festhalten, dass der Wettbewerb um die besten Mitarbeiter, bedingt durch den demographischen Wandel und zunehmende Talent Mobility, immer härter wird (World Economic Forum, 2010, S. 37). Eine Großzahl der führenden Personalberatungsunternehmen geben daher ähnliche Empfehlungen[9] (World Economic Forum, 2010, S. 37ff):

---

Arbeitskräften im Jahr 2007 neun Prozent. Dies entspricht einem Beitrag zum Bruttoinlandsprodukt von ca. 254 Mrd. US-Dollar – der dritthöchste absolute Wert nach den USA und Kanada (World Economic Forum, 2010, S. 11).

8 Hierunter fällt vor allem die Debatte um „Brain Drain" vs. „Brain Gain" bzw. „Brain Rotation", welche sich in erster Linie mit der Frage beschäftigt, ob und in welchem Maße Auswanderungs- bzw. Einwanderungsländer von Talent Mobility profitieren bzw. Schaden davon tragen.

9 In der Arbeitsgruppe des World Economic Forum haben neben anderen hochrangige Vertreter folgender Firmen mitgewirkt: Clifford Chance, Deloitte, Heidrick & Struggles, Manpower, PriceWaterhouseCoopers und The Boston Consulting Group.

- Talentmanagement muss global adressiert werden,
- Talentmanagement muss von höchster Priorität für jeden CEO sein,
- der Talentpool für Rekrutierungen muss erweitert werden,
- Talente müssen intern besser gefördert und entwickelt werden und
- Talent Mobility muss positiv im Unternehmen umgesetzt werden.

Mit dem besonderen Fokus auf das enorme Maß an Mobilität von Generation Y wird klar, dass Unternehmen sich in einem wahrlich globalen Wettbewerb um die besten Hochschulabsolventen befinden: „Millennials are more open to overseas assignments than any previous generation [...]. But this high-impact group will also have demands, tipping the traditional balance between employer and employee power and leverage." (PriceWaterhouseCoopers, 2010, S. 14). Unternehmen müssen dabei beweisen, dass sie zu mehr in der Lage sind als zu schillernden Recruiting-Events. Professor Christian Scholz nennt diese Art der Anwerbung „Red Carpet Recruiting", „bei der zunächst dem Bewerber ein roter Teppich ausgerollt wird, am Ende dieses ‚Red Carpet Recruitings' aber ein nervtötender Job oder sogar die Bitte stehen, den unterschriebenen Arbeitsvertrag doch bitte erst einige Monate später'einzulösen'" (Scholz, 2003, S. 212). Wer meint, dass er ab sofort nur noch die besten Talente rekrutieren kann, sollte sich erst einmal überlegen, was er diesen eigentlich bieten will. An dieser Stelle möge man sich an die von Chambers et al. formulierte Frage erinnern, die sich jeder CEO stellen sollte: Was spricht für die begabtesten und leistungsfähigsten Berufseinsteiger eigentlich dafür, sich für Ihr Unternehmen zu entscheiden? Und: Was machen Sie dafür, dass sich Ihre besten Leute bei Ihnen wohl fühlen und nicht bereits nach wenigen Monaten ein lukratives Abwerbeangebot annehmen?

Eine der Lehren hieraus ist die Feststellung, dass Retention-Maßnahmen, das heißt die Bindung der neu gewonnen High-Potentials, noch am ersten Tag im Job beginnen sollte. Wenn neue Mitarbeiter sich nach der Einstellung vorkommen wie nach einer einmaligen „Bespaßung", dann wird es sie nicht lange im jeweiligen Unternehmen halten – Jobmöglichkeiten gibt es, insbesondere für die High-Potentials aus Generation Y, schließlich genug (Dorsey, 2010, S. 81ff; Tulgan, 2010, S. 157; Heidrick & Struggles, 2007, S. 5). Vor dem Hintergrund weiter zunehmender Talent Mobility besteht die Aufgabe vielmehr darin, Absolventen und Young Professionals eine langfristige

Perspektive und Entwicklungsmöglichkeiten zu bieten, welche Ihnen dabei helfen, das zu tun, was Sie schon immer machen wollten. Nur, wer es schafft, die Beziehung zwischen Arbeitgeber und Arbeitnehmer qualitativ auf eine neue Ebene zu heben, unterscheidet sich wirklich von anderen Arbeitgebern, welche gegebenenfalls ein höheres Gehalt oder den größeren Geschäftswagen bieten.

## Der Blick in die Glaskugel oder: „The future is coming sooner than You think"

Vor dem Hintergrund der erneut aufgeflammten und immer schneller und intensiver werdenden Schlacht um die Talente ist es unserer Einschätzung nach sinnvoll, den Blick darauf zu wenden, wie der Mensch als solcher mit der Zukunft und zukünftigen Ereignissen umgeht. Der deutsche Philosoph Hermann Lübbe (*31.12.1926) führt in seinem 1992 erschienenem Buch „Im Zug der Zeit: Verkürzter Aufenthalt in der Gegenwart" (Lübbe, 2003) aus, dass wir es gegenwärtig mit einer „nie da gewesenen Gegenwartsschrumpfung" zu tun haben, das heißt mit einer ungemein schnellen Alterung aller Informationen und Erfahrungen. Demzufolge müssen wir uns in einer „selbst gemachten und beschleunigten Zukunft" zurechtfinden, obwohl unsere Gehirne nicht darauf vorbereitet seien. Diese Einschätzungen basieren auf den folgenden Beobachtungen Lübbes:

- die gegenwärtige Komplexität und Dynamik nimmt ungleich schneller und weniger voraussagbar zu als in früheren Zeiten,
- die notwendige Reaktionszeit wird kürzer und steht in Widerspruch zu unseren bisherigen Erfahrungen,
- verlässliche Größen und Orientierungspunkte für unser Denken und Handeln verändern sich schneller als bisher.

Wohlgemerkt, diese Aussagen stammen aus dem Jahre 1992; nahezu 20 Jahre später und vor dem Hintergrund aktueller Ereignisse, beispielsweise im Zuge des starken Erdbebens mit anschließendem Tsunami und Atom-GAU in Japan, erweisen sich Lübbes Einschätzungen zum Umgang mit der gegenwärtigen und zukünftigen Zeit und deren Beschleunigung erneut als treffend und bedenkenswert. Bevor wir also im nächsten Kapitel das Begriffliche und das Lernbiologische klärend betrachten, ist hier von nicht zu unterschätzender Wichtigkeit, wie der allgemeine, sowie der für Talentmanagement spezielle Blick in die Glaskugel aussieht. Dies ist insbesondere deshalb so wichtig, um zu verstehen, welche Mentalen Modelle[10] (mind-sets[11]) einen angemessenen Umgang mit der Zukunft und mit zukünftigen strategischen Personalentscheidungen überlagern und mitunter blockieren[12]. „Viele Unternehmer und Unternehmen sind und waren immer schon fähig, sich in eine Scheinwelt der inneren Selbstkonstruktion zu flüchten. Deshalb hinterfragen sie manche Annahmen und Aussagen überhaupt nicht mehr. Das ändert aber nichts daran, dass diese Selbstkonstruktion Verhalten prägt – wie bei einer Fata Morgana, wo die blühende Oase zwar auch nicht existiert, gleichwohl aber die Richtung der Wanderer bestimmt" (Scholz, 2003, S. 171).

Komm et al. wiesen bereits 2007 in einer McKinsey-Studie[13] darauf hin, dass die größten Hindernisse in der Umsetzung von Talentmanagement in der

---

10 Peter Senges Begriff „Mentale Modelle" (Senge, 2008) wird im Kapitel sieben „die Lernende Organisation – reloaded and refreshed" ausführlich betrachtet. Mentale Modelle sind so tief verwurzelte und verankerte Annahmen, Überzeugungen, Verallgemeinerungen und Einstellungen, dass sie als selbstverständlich erachtet werden.

11 Jonathan Gosling und Henry Mintzberg (2003) unterteilen „die fünf Welten eines Managers" in einen reflektierenden (Management des eigenen Ichs), einen analytischen (Management von Organisationen), einen weltgewandten (Management des Kontexts), einen kooperativen (Management von Beziehungen) und einen handlungsorientierten Mind-Set (Management von Veränderungen). Ferner führen sie aus, wie das System der Mind-Sets in der Führungskräfteentwicklung hilft und wie gewinnendes Management – im Gegensatz zu heroischem Management – zu gestalten ist.

12 „Erfolg und Karriere sind denjenigen vorbehalten, die das Spiel nach den definierten Regeln zu spielen in der Lage sind und das legitimierende Vokabular beherrschen. Oder mit den Worten von Reinhard K. Sprenger: ‚Je ähnlicher diese Muster, desto positiver bewertet man sich gegenseitig. So ist auch eine Karriereweisheit zu erklären: Befördert wird vor allem soziale Ähnlichkeit'" (Wüthrich et al., 2009, S. 93).

13 Komm et al. befragten 98 Manager aus 46 Großunternehmen in 14 Ländern (Komm et al., 2007).

Haltung und Bereitschaft der Manager liegen. Neben den oben aufgeführten und viel diskutierten globalen Faktoren, welche die Talentschlacht weiter anfachen werden, handelt es sich hier um mentale Faktoren, die oft nicht hinreichend angesprochen werden, auf die wir aber einen direkten Einfluss haben, wenn wir es denn wollen – und zwar recht kostengünstig.

„The problem-solving mind-set can be adequate for technical problems. But it can be woefully inadequate for complex human systems, where problems often arise from unquestioned assumptions and deeply habitual ways of acting. Until people start to see their own handprint on such problems, fundamental change rarely occurs" (Senge et al., 2010, S. 50).

Wir müssen uns also unsere eigenen Denk-, Lern- und Handlungsmodelle und deren dynamische Wechselwirkungen mit dem authentischen Ganzen bewusst machen. „When we encounter the authentic whole, we encounter life at work, and we are transformed from passive observers to active participants in ways that intellectual understanding can never achieve" (Senge et al., 2010, S. 48). Unser Umgang mit der Zukunft ist maßgeblich bestimmt von unseren Erfahrungen in der Vergangenheit und unseren daraus entstandenen Mentalen Mustern und Modellen. Dies gilt auch für den Umgang mit dem zunehmenden Wettbewerb um Talente.

## Das Induktionsproblem und die Rache des schwarzen Schwans – zukünftige Gegenwart oder gegenwärtige Zukunft?

Das Bedürfnis des Menschen nach Planungssicherheit und der Wunsch, einen gewissen Grad an Kontrolle über das eigene Schicksal zu haben, stellen wesentliche Faktoren für die menschliche Eigenart dar, Modelle und Prognosen zu erstellen und auf Basis von Informationen aus der Vergangenheit Entscheidungen über die Zukunft zu treffen. Die Vorgehensweise, aus einer endlichen Menge an Informationen zum Zeitpunkt t Bestätigung zu ziehen, für die eigene Vorstellung der Zukunft, d.h. für die Erwartung konkreter Ereignisse zum Zeitpunkt t+1 bzw. t+n, ist dabei jedoch in verschiedener Hinsicht problematisch.

Konkret möchten wir an dieser Stelle auf zweierlei Probleme eingehen: Das klassische Induktionsproblem und die Existenz Schwarzer Schwäne[14].

Bei unseren Recherchen zur Einschätzung der Zukunft des Personal- und Talentmanagements durch Unternehmen sind wir im Wesentlichen auf zwei Verhaltensweisen gestoßen: Einige Unternehmen begegnen der Zukunft so gut wie unvorbereitet und betreiben ihre Personalplanung und -entwicklung für einen Zeitraum von null bis zwei Jahren. Ein solches Verhalten kann man sich Vorstellen wie einen Autofahrer, der auf der Autobahn und ohne die Möglichkeit zu bremsen in eine Nebelwand rast und keine Vorstellung davon hat, wie die Straße in hundert Metern weiter geht.

Die zweite große Gruppe von Unternehmen betreibt zwar eine längerfristigere Personalplanung (zwei bis fünf Jahre) und hat ihre Bemühungen im Personalmarketing und Recruiting sowie in der Personalentwicklung entsprechend darauf ausgelegt. Diese Planungen beruhen dabei jedoch in der Regel ausschließlich auf der gegenwärtigen Situation der Firma, sind also personalbestandsorientiert. Auch diese Unternehmen sehen sich de facto mit einer Nebelwand konfrontiert. Der Unterschied zum ersten hier beschriebenen Verhaltenstypus liegt lediglich darin, dass ein Unternehmen vom Typ 2 der Meinung ist, eine Vorstellung davon zu haben, wie es in und hinter dem Nebel weitergeht. Nicht weil es dies tatsächlich wüsste, sondern auf Grundlage der bislang gemachten Erfahrungen. Das läuft dann in der Regel nach der Devise: „Unser Recruiting hat immer schon gut funktioniert, also wird es das auch in Zukunft tun."; oder: „Wir haben in den letzten fünf Jahren dank unseres Talentmanagements 50% der Schlüsselpositionen mit internen Bewerbern besetzen können, also müssen wir einfach nur so weitermachen und es ist alles in Ordnung."

Bei einer solchen Denk- und Handlungsweise haben wir es mit einem klassischen Fall von Induktion zu tun. Auf Grundlage der bislang gemachten Erfahrungen und aktuell verfügbaren Informationen werden Prognosen über die Zukunft gemacht. Problematisch wird ein solches Vorgehen vor allem dann, wenn man vergisst, dass es sich hierbei um alles andere als sicheres Wissen handelt. Die zukünftige Gegenwart ist nicht das Gleiche wie die

---

14 Was sich hinter dem Begriff eines „Schwarzen Schwans" verbirgt, wird auf den folgenden Seiten ausführlich erklärt.

gegenwärtige Zukunft. Ganz gleich, wie gut das Modell und die zum Zeitpunkt t verfügbaren Informationen auch sein mögen, man muss sich stets im Klaren darüber sein, dass ein Induktionsschluss zwangsläufig fehlerbehaftet ist und bereits hinter der nächsten Kurve ein Schwarzer Schwan lauern könnte. Im Folgenden wollen wir uns die Probleme mit und die Herausforderungen für einen solchen Umgang mit der Zukunft einmal genauer anschauen.

Seit seiner Formulierung Mitte des 18. Jahrhunderts durch David Hume bildet das Induktionsproblem eine der zentralen Fragestellungen der Wissenschaftstheorie. Besonders anschaulich illustriert wurde es in den letzten Jahren durch Nassim Nicholas Taleb, welcher ein Beispiel von Bertrand Russell aufgreift: „Wir wollen uns einen Truthahn vorstellen, der jeden Tag gefüttert wird. Jede einzelne Fütterung wird die Überzeugung des Vogels stärken, dass es die Grundregel des Lebens ist, jeden Tag von freundlichen Mitgliedern der menschlichen Rasse gefüttert zu werden [...]. Am Nachmittag des Mittwochs vor dem Erntedankfest wird dem Truthahn dann etwas Unerwartetes widerfahren. [...] Seine Zuversicht wuchs mit der Zahl der freundlichen Fütterungen; er fühlte sich immer sicherer, obwohl seine Schlachtung immer näher rückte. Sein Gefühl, in Sicherheit zu sein, erreichte also gerade dann seinen Höhe-punkt, als das Risiko am größten war!" (Taleb, 2008, S. 61f).

Dieses anschauliche Beispiel eines tragischen Fehlschlusses illustriert allgemein, worin das Induktionsproblem besteht: In der grundsätzlichen Unmöglichkeit, auf Grundlage des Bekannten auf das Unbekannte schließen zu können. Basierend auf den bislang gemachten Erfahrungen erwächst ein falsches Vertrauens in die eigene Konzeption der Zukunft. Und während uns das Schicksal des Truthahns egal sein mag, finden Fehlschlüsse dieser Art jeden Tag und nicht zuletzt im Wirtschaftskontext statt. „Etwas hat in der Vergangenheit funktioniert, bis – na ja, es funktioniert jedenfalls unerwarteter Weise nicht mehr, und das, was wir aus der Vergangenheit gelernt haben, erweist sich bestenfalls als irrelevant oder falsch, schlimmstenfalls als furchtbar irreführend." (Taleb, 2008, S. 62). Taleb teilt außerdem die bereits angesprochene Überzeugung Lübbes, dass „[...] sich trotz unserer Fortschritte und unseres wachsenden Wissens – oder vielleicht wegen unserer Fortschritte und unseres wachsenden Wissens – immer weniger vorhersagen lassen wird. Die menschliche Natur [...] schein[t] sich aber dazu verschworen zu haben, das vor uns zu verbergen" (Taleb, 2008, S. 14). Mit seinem Verweis auf die menschliche

Natur steht Taleb nicht alleine dar. Auch die renommierten Biologen und Philosophen Umberto Maturana und Francisco Varela sehen einen der Gründe hierfür in der spezifischen Wahrnehmung und Denkweise des Menschen: „Wir neigen dazu, in einer Welt von Gewißheit, von unbestreitbarer Stichhaltigkeit der Wahrnehmung zu leben, in der unsere Überzeugungen beweisen, daß die Dinge nur so sind, wie wir sie sehen. Was uns gewiß erscheint, kann keine Alternative haben. In unserem Alltag, unter unseren kulturellen Bedingungen, ist dies die übliche Art, Mensch zu sein" (Maturana & Varela, 2009, S. 20). An dieser Stelle möchten wir das Konzept des „Schwarzen Schwans" betrachten und im gleichen Zuge einen kleinen geschichtlichen Abriss hierüber als Beispiel für die Aussage Maturanas und Varelas anführen.

Bis zum 18. Jahrhundert waren alle Schwäne weiß. Diese Überzeugung wurde auf empirische Evidenz gestützt und war unanfechtbar: Eine andere Farbe war nicht vorstellbar und durfte auch nicht sein. Als der britische Arzt und Naturforscher John L. Latham in Australien den ersten schwarzen Schwan entdeckte, ihn 1790 als *Cygnus atratus* (Trauerschwan) benannte und als fast komplett schwarz gefärbten Schwan in seiner Arbeit „Index ornithologicus" (Latham, 1790, S. 834) beschrieb, war damit ein besonders extremer Fall des Induktionsproblems vorgefallen. Nicht genug damit, dass sich die bisherigen Beobachtungen ausschließlich weißer Schwäne als vollkommen unbedeutend für die Frage nach der Existenz eines andersfarbigen Schwanes entpuppten, dieser andersfarbige Schwan war auch noch ausgerechnet Schwarz und damit das genaue Gegenteil dessen, was man erwartet hatte. Nassim Nicholas Taleb, seines Zeichens ehemaliger Trader an der New Yorker Börse und heute Essayist und Bestsellerautor, machte den Schwarzen Schwan mit seinem gleichnamigen Buch von 2007 zur Metapher für die Zerbrechlichkeit von, nach dem Induktionsprinzip erworbenem, „Wissen".

Die Geschichte der Entdeckung schwarzer Schwäne ist ebenso eine Geschichte von der Beschränkung des Lernens durch empirische Erfahrungen, wie sie davon zeugt, dass Menschen dazu neigen, die eigene Wahrnehmung und die eigenen mentalen Muster als absolut und unanfechtbar zu betrachten. „Der Kern aller Schwierigkeiten, mit denen wir uns heute konfrontiert sehen, ist unser Verkennen des Erkennens, unser Nicht-Wissen um das Wissen", so Maturana und Varela (2009, S. 268).

Im Folgenden werden wir daher den Begriff des „Schwarzen Schwans" als Metapher für ein unvorhergesehenes Ereignis verwenden, das alle Erwartungsparameter sprengt und auch die schönste Glockenkurve durcheinander bringt.

Nun ist es keinesfalls so, dass wir davon abraten möchten, aus Erfahrungen zu lernen. Im Gegenteil – gleich nach seiner Feststellung, dass man durch Induktion nie zu gesichertem Wissen wird kommen können, stellte auch schon David Hume fest: „And though none but a fool or madman will ever pretend to dispute the authority of experience, or to reject that great guide of human life [...]" (Hume, 1748). Die Kernaussage der vorangehenden Absätze ist vielmehr folgende: Im Umgang mit der Zukunft sollte man sich stets bewusst sein, dass Informationen aus der Vergangenheit alles andere als ein Garant dafür sind, dass die zukünftige Gegenwart auch nur ansatzweise so sein wird, wie die gegenwärtige Zukunft. Zu groß ist die Wahrscheinlichkeit, dass man ein Modell mit schwerwiegenden (systematischen) Fehlern verwendet, dass der Einfluss der eigenen Mentalen Muster unterschätzt wird oder dass eines der vielen möglichen low-probability, high-impact Ereignisse – kurz: ein Schwarzer Schwan – eintreten wird. „Zukunft" und „Unsicherheit" hängen zwangsläufig zusammen. „Die aktuellen Turbulenzen in Wirtschaft und Gesellschaft zeigen, dass kompetentes Handeln immer mehr durch den 'vernünftigen' Umgang mit Unsicherheit bestimmt wird. Unsicherheit ist ein Schlagwort der Gegenwart", schreibt Timo Meynhardt in „Wertwissen – mehr Sicherheit gibt es nicht" (2005, S. 47).

Auch wenn man sich wünschen mag, dass noch mehr Informationen, noch bessere Programme und Verfahren zu deren Auswertung und noch fortschrittlichere Modelle dabei helfen mögen, die Zukunft beherrschbar zu machen, so führt man damit doch einen Kampf gegen Windmühlen. Stattdessen sollte man sich damit arrangieren, dass in einem sich zunehmend schneller wandelndem Wirtschaftssystem dem Umgang mit Unsicherheit und Veränderungen eine zentrale und wachsende Bedeutung zukommt. „Das Management von Instabilität und Veränderung geht von der Tatsache aus, dass die Zukunft von Unternehmen offen ist und sich Organisationen täglich neu erschaffen, wenngleich auf der Basis ihrer Geschichte und aktuellen Existenz. Veränderungs- und Innovationsmanagement hat es mit Beharrungstendenzen, Präferenzen für bestehende Erfolgsrezepte und Hystereseeffekte zu tun, was

Emotionen freisetzt, sobald man erkennt, dass sich Rahmenbedingungen und Spielregeln am Markt drastisch verändern" (Eckert & Schiepek, 2005, S. 80).

Wer sich damit nicht abfinden will und trotz steigender Komplexität versucht, Prognosen über die Zukunft zu machen und auf dieser Grundlage scheinbar „sicher" zu handeln, macht sich zum potentiellen Opfer des Schwarzen Schwans. Die Ignoranz gegenüber der Unbeherrschbarkeit eines komplexen Systems wird sich früher oder später rächen. Noch ist eine solche Herangehensweise jedoch weit verbreitet: „Nach gängigem Verständnis bedeutet steigende Komplexität für das Management vor allem gesteigerten Sachaufwand nach Information. Versteht man Komplexität als Ausdruck für die prinzipielle Offenheit der Zukunft und für die Unmöglichkeit, diese zu prognostizieren, dann wird noch so akribisches Suchen allerdings zu keiner Verbesserung des hierfür relevanten Informationsstandes führen. Aktivitäten, die darauf abzielen, immer detaillierteres Wissen über Umweltzustände zu generieren und Situationen noch genauer zu analysieren, führen – pointiert gesagt – nur dazu, dass man sich immer genauer irrt" (Haken & Schiepek, 2006, S. 588f).

Welche Strategien Organisationen anwenden können und welche konkreten Maßnahmen sich anbieten, um auch in unsicheren Systemen robust gegenüber Schwarzen Schwänen zu sein und auch in einer unbekannten Zukunft handlungsfähig zu bleiben, werden wir uns im siebten Kapitel genauer ansehen.

## Ex post, ex ante? – egal. Hauptsache ex (oder billig)!

„Beim Truthahnproblem betrachtet man die Vergangenheit und leitet daraus eine Regel für die Zukunft ab. Die Probleme bei Projektionen auf Grundlage der Vergangenheit können jedoch noch größer sein [...], da die selben Daten aus der Vergangenheit sowohl eine bestimmte Theorie als auch ihr genaues Gegenteil bestätigen können! [...] Falls Sie ein Truthahn sind, der über einen langen Zeitraum gefüttert wurde, können Sie entweder naiv annehmen, dass die Fütterung Ihre Sicherheit bestätigt, oder klug sein und in Betracht ziehen, dass sie die Gefahr bestätigt, in einen Braten verwandelt zu werden" (Taleb, 2008, S. 231).

Sie könnten jetzt empört über die Tatsache sein, noch weiter mit dem Truthahn-Braten-Problem beglückt zu werden, das ja weit hergeholt scheint und rein theoretischer Natur sei. Doch wissenschaftliche Untersuchungen von Alltagshandlungen gewähren hier einen verfeinerten Einblick: „Bei einem Experiment forderten Psychologen Frauen auf, aus zwölf Paar Nylonstrümpfen diejenigen auszuwählen, die sie bevorzugten. Die Forscher fragten die Frauen dann nach den Gründen für ihre Wahl. Zu den genannten Gründen gehörten das Gewebe, das „Gefühl" und die Farbe. In Wirklichkeit waren aber alle Strumpfpaare identisch. Die Frauen lieferten Post-hoc-Erklärungen. Deutet das darauf hin, dass wir beim Erklären besser sind als beim Verstehen?" (Taleb, 2008, S. 90).

Die Fragen, wie unser Gehirn mit Zeit-übergreifenden Erklärungen und den damit verbundenen Unsicherheiten umgeht und wie sich unser Gehirn bei Fragen der Komplexität an seiner Verstehensgrenze verhält, werden uns einen Einblick geben, welche grundlegenden Verhaltensmuster sich bei welchen komplexen Themen im Alltag verfestigt haben. Wie diese entstehen und welche Macht sie besitzen, ist Thema des vierten Kapitels, beispielsweise: „MMM: Die Macht mentaler Muster – Erwartung dominiert Wahrnehmung". An dieser Stelle liegt der Schwerpunkt auf den Erklärungsmodellen und Verstehensmustern, welche bei Lern- und Beurteilungsprozessen von Bedeutung sind. „Dabei entwickelte sich bei mir der vorherrschende Eindruck, das unser Verstand zwar eine wunderbare Maschinerie ist, die in fast allem Sinn erkennen und Erklärungen für die verschiedensten Phänomene liefern kann, dass er aber generell nicht in der Lage ist, die Idee der Unvorhersehbarkeit zu akzeptieren. Jene Ereignisse ließen sich nicht erklären, doch intelligente Menschen glauben, sie könnten überzeugende Erklärungen für sie finden – im Nachhinein" (Taleb, 2008, S. 27).

Diese ‚im-Nachhinein'-Erklärungsmodelle haben mehrere wirklich charmante Eigenschaften und scheinen, nach einem ebenfalls charmanten Muster zu entstehen, das auch für manch andere Musterentstehungen Gültigkeit zu haben scheint.

Erste Phase oder erstes Stadium – das Vorhinein. Für ein zukünftiges Ereignis oder Produkt wird überlegt, mit welcher Wahrscheinlichkeit es eintrete, welche Bedeutung dies habe, was man damit verdienen oder verlieren könne und wie man all dies mehr oder weniger (wissenschaftlich) plausibel ‚belegen' könne. An diese Ideen, Erklärungen und Trends – Mikrotrends selbstredend auch – glaubt meist erst nur sein Schöpfer, was zu hoffen ist.

Die anderen haben entweder keine Meinung, sind unschlüssig oder fühlen sich bedroht und vertreten eher: „Stimmt so nicht. Kann so nicht stimmen" oder "Ist schlicht falsch. Da müssen Sie noch einwenig mehr nachdenken". Dies wird meist in einem entwertenden Kommunikationsstil als Anlass für einen weitreichenden Belehrungsmarathon genommen.

Da die Zukunft ja noch kommt, wird jetzt im zweiten Stadium eher abgewartet, bis sie gegenwärtiger wird und man immer mehr abschätzen kann, ob diese Ideen, Erklärungen und Trends stimmen könnten. In diesem Stadium wird man schon mutiger und sagt: „Wenn dies stimmt, also wenn dies stimmt – es könnte sein, aber sicher kann man jetzt noch nicht sein –, also wenn dies stimmt, dann ist es aber nicht von Bedeutung – vermutlich, nein eher fast schon mit absoluter Sicherheit – nicht von Bedeutung" oder „Richtig – schön –, aber irrelevant" oder „Nett in der Theorie, aber in der Praxis, ich bitt' Sie".

In der dritten Phase sind wir dann ganz in der Gegenwart angekommen und man kann jetzt am Ergebnis sehen, wie die Sachen letztendlich eingetreten sind. Im Erfolgsfall wird das richtig vorhergesagte Eintreten in voller Euphorie meist etwa so zur Kenntnis genommen: „Schön. Richtig. Aber ein Einzelfall" oder „Eintagsfliegen gibt es immer" oder „Purer Zufall, das Glück ist halt mit den D...".

In der letzten Phase ist es dann extrem heiter, denn was vorher im Vorhinein keiner so richtig glauben wollte und in der Gegenwart eher belächelt wurde, hat jetzt im Nachhinein[15] jeder gewusst und „Es hätte auch jeder andere tun können".

Jetzt setzt eines dieser herrlich charmanten Phänomene des 'Reverse Engineering'[16] ein – im Nachhinein werden sie zu Musterlösungen, zu 'best practice' erklärt, die somit für Zukünftiges Erfolgsgarant sind: „Der Rückgriff auf

---

15 Siehe hierzu auch: „Die Vergangenheit kann uns also in die Irre führen – und bei unserer Interpretation vergangener Ereignisse gibt es viele Freiheitsgrade" (Taleb, 2008, S. 231).

16 „Vorwärts-rückwärts-Problem (Reverse Engineering): Es ist einfacher, vorherzusagen, wie ein Eiswürfel zu einer Pfütze schmelzen würde, als angesichts einer Pfütze zu erschließen, welche Form der Eiswürfel hatte, aus dem sie entstanden sein könnte. Dieses 'Problem der Umkehrung' macht narrative Disziplinen und Berichte (wie Geschichten) verdächtig" (Taleb, 2008, S.370).

Bewährtes gibt schließlich Sicherheit, scheint Garant für den Erfolg zu sein, zumindest für das Vermeiden von Misserfolg. Doch geben die Reflexe tatsächlich die notwendige Sicherheit, sind sie wirklich Bausteine des Erfolgs? Wohl kaum!" (Wüthrich et al., 2009, S. 24).

Doch an diesen Erfolgsmodellen wird eisern festgehalten. Man sagt zwar auch, dass die Erfolge von heute bzw. gestern die Probleme von morgen bzw. heute sind, aber Probleme haben halt die Anderen, wir sind auf der Erfolgs-, auf der Sonnenseite des Lebens. „In der westlichen Kultur steht seit Alters her der Einzelne im Mittelpunkt. Individualismus und Eigenständigkeit [...] sind tief in unseren Traditionen und im unternehmerischen Selbstverständnis gerade des Mittelstandes verwurzelt. Ich bin mir selbst der Nächste, dann kommt lange nichts, dann mein Partner oder meine Partnerin, meine Kinder, meine Familie, meine Freunde, meine Bekannten, mein Verein – kurz: mein ganz persönliches Beziehungsnetzwerk. [...] Das ist im Prinzip gemeint, wenn wir von 'ich', 'wir' oder 'uns' sprechen. Der Rest sind eben die 'anderen'. Aus dieser absolut egozentrischen Perspektive sind die anderen zunächst einmal unsere Feinde, auf jeden Fall aber Konkurrenten" (Cole, 2010, S. 3).

Doch kommen wir zurück auf die eisernen 'best practice'-Modelle, die soviel Sicherheit versprühen. „Nun weiß aber jeder Informationstechniker, wie schwierig es ist, Eingriffe in laufende Systeme vorzunehmen. 'Never change a running system!', lautet denn auch das erste Gebot aller IT. Jede kleinste Veränderung wirkt sich auf andere Systeme aus, wenn also ein Glied in der Kette verändert wird, müssen alle anderen angepasst und ebenfalls verändert werden. [...] In der Praxis ist es häufig aufwendiger, eine neue Software in die bestehenden Systeme zu integrieren, als die ursprünglich anvisierte Prozessunterstützung zu entwickeln. [...] Doch die Technik ist nicht das Problem. Die wahren Defizite liegen im vernetzten Denken" (Cole, 2010, S. 2f).

Und wenn man diese Modelle selbst wieder vernetzt und sozusagen Herr über die Meta-Ebene wird? Wir erhalten das Induktionsproblem deluxe, „das, was der Philosoph Nelson Goodman das Induktionsrätsel genannt hat: Wir projizieren nur deshalb eine Gerade, weil wir ein lineares Modell im Kopf haben – die Tatsache, dass eine Zahl im Laufe von 1000 Tagen hintereinander gestiegen ist, gibt uns dann mehr Gewissheit, dass sie auch in Zukunft steigen wird. Wenn Sie jedoch ein nicht lineares Modell im Kopf haben, könnte es bestätigen, dass die Zahl am 1001. Tag sinken sollte" (Taleb, 2008, S. 233f).

Kehren wir aber von den Meta-Ebenen, den ex post/ex ante- und den Vorwärts-rückwärts-Problem-Betrachtungen wieder auf den Boden der heutigen Alltagskomplexität zurück. Wir alle haben gelernt, das man ein großes Vorhaben in mehrere kleinere, überschaubarere Vorhaben aufteilt und diese Schritt-für-Schritt abarbeitet oder auf mehrere Personen verteilt. Dann alles wieder zusammen und, schwups, ist das große Vorhaben umgesetzt. Dies gilt für so manches, aber bei komplexen Dingen ist es eher nicht so angezeigt, da die Teile wechselseitig miteinander in Beziehung treten. Der Mensch, pfiffig wir er ist, hat sich hier zwei Strategien einfallen lassen, um auch komplexe Dinge qua 'best practice' zu beherrschen: „Komplexität ist eine Struktureigenschaft eines Gegenstandes. Dieser ist umso komplexer, aus je mehr Teilen er besteht, und je vielfältiger diese Teile miteinander verknüpft sind und aufeinander einwirken. So besitzt beispielsweise der menschliche Körper einen erheblich höheren Grad an Komplexität als ein Tisch [...]. Im Gegensatz dazu bezeichnet das Wort „kompliziert" eine Eigenschaft, die mit unserer Ausdrucksweise zu tun hat, unserer Auffassung von dem Gegenstand und der Art, wie wir uns mit ihm beschäftigen. Während Komplexität also eine Eigenschaft des Gegenstandes selbst ist, hat die Kompliziertheit ihren Ursprung in uns" (Betz & Breuninger, 1998, S. 27).

Da aber für komplizierte Dinge das obige Lösungsschema Gültigkeit besitzen mag, definieren wir „komplex" in „kompliziert" um, und können 'best practice' weitermachen. „If we then try to see ‚the larger system', we usually look at how one part interacts with others and try to figure out the whole from the parts through an intellectual process of abstracting. Since figuring out the larger system is to hard, we often just give up and go back to concentrating on the parts" (Senge et al., 2010, S. 46).

Somit bleiben wir bei den überschaubaren Teilen, reden aber von der komplexen Gesamtheit. Ein weiteres Phänomen kommt hinzu und schließt diese Betrachtung hier ab, nämlich das wir irgendwann aufhören wollen, weiterhin zu lernen. Bei manchen hat sich nach der 10. Klasse das Interesse an Physik, Latein oder Geschichte verabschiedet. Bei einigen wird dann noch ein Fach studiert und in einem Spezialgebiet abgeschlossen, aber irgendwo vor oder im Beruf scheint dann ein jeder genug gelernt zu haben – 'ich habe fertig'. Wir definieren dann alles Zukünftige – egal ob komplex, kompliziert, ex post, ex ante, was auch immer – als schon bekannt und damit fertig, ex und hopp.

Der Neurobiologe, Professor Gerald Hüther, formuliert es so: „Die anfangs noch sehr große Bereitschaft, die bereits in den assoziativen Bereichen des Kortex vorhandenen inneren Bilder mit den aus diesen unterschiedlichen Sinneskanälen neu eintreffenden Eindrücken und ‚Wahrnehmungsbildern' abzugleichen, verschwindet (leider) in dem Maß, wie ein Mensch zu der inneren Überzeugung gelangt, alles, was es nun noch an Neuem wahrzunehmen gibt, bereits zu kennen" (Hüther, 2008, S. 78).

## Logically, ... die Erde ist doch eine Scheibe!

„Täglich erleben wir Unsicherheit, Unübersichtlichkeit, Unschärfe und Unkontrollierbares. In der Managementrhetorik betonen wir das Ende der stabilen und eindeutigen Welt. Unser tägliches Handeln in Organisationen steht in krassem Gegensatz dazu. Technokratisch geschult, versuchen wir reflexartig, mit einer kausalen Logik immer neue Wege zur Beherrschung komplexer Systeme zu finden. „Mehr dasselbe" lautet das Reaktionsmuster" (Wüthrich et al., 2009, Vorwort).

Die vorhergehende Frage, wie unser Gehirn mit Unsicherheit und Komplexität an seiner Verstehensgrenze umgeht, führt uns nun zu einem weiteren kreativen Phänomen des menschlichen Gehirns und seiner Träger: die ganz spezielle, individuelle Logik. Sie ist meist so speziell, dass sie nur noch vom Schöpfer der Logik selbst als logisch ‚empfunden' wird, vom Rest der Welt allerdings eher nicht. Diese kreativen Schöpfer können Einzelpersonen oder Gruppen bis hin zu ganzen Gesellschaften sein.

Beispielsweise haben Kinder, die gerade das Rechnen lernen, aber in ihrer Entwicklung des mathematischen Denkvermögens im arithmetischen Grundlagenbereich ‚verzögert' sind – sprich: an Dyskalkulie[17] (Rechenschwäche) leiden – ihre eigene 'innere Logik' ausgebildet. Aufgrund ihrer inneren Logik machen sie in systematisierbarer Art und Weise Fehler, die sie selbst jedoch nicht für Fehler halten, da die Rechenoperationen in ihrer Welt und damit gemäß ihrer Logik, richtig sind. Will man versuchen, diese innere Logik zu

---

17 nach WHO/ ICD 10 - Internationale Klassifikation psychischer Störungen (1995): unter F8: Entwicklungsstörungen; unter F81: umschriebene Entwicklungsstörungen schulischer Fertigkeiten; unter F81.2: Rechenstörung.

verstehen, gibt es meist eine einfache Methode: Fragen. Nicht-verängstigte Kinder erzählen meist bereitwillig und zufrieden, wie sie zu dem Ergebnis gekommen sind. Wenn man dann die Fragen und Aufgaben schrittweise und systematisch variiert und das Kind immer wieder erklären lässt, wie es zu seinem Ergebnis gekommen ist, kann man den oder die Fehler in der 'Logik' herausarbeiten und korrigieren. Interessanterweise stammt die fehlerhafte Logik meist selbst aus dem Mathematik-Unterricht: nicht verstandene Merksätze werden systematisch falsch miteinander kombiniert.

Oft tritt noch ein zweites Phänomen auf: die Zufallstreffer. Bei Musteraufgaben kommt es häufig vor, dass der Sinn und der Zusammenhang nicht verstanden wird, aber das Muster gespeichert wird. Wird dann passgenau und mustergerecht gefragt: Bingo. Die richtige Antwort wird 'abgespult'. Alle sind zufrieden. Was man so aber auch erreicht, ist, dass das Nicht-Verstehen sowohl vom Lehrer als auch vom Schüler nicht verstanden wird. Zudem hat sich auch ein äußerst bequemer Zustand eingestellt: Wer ein Muster hat, braucht kein Verständnis – also Ballast, ergo weg damit, weg mit dem aufwendigen Verstehen. So können Musterlösungen – bzw. 'best practice'-Modelle für die Großen – genau das Gegenteil von dem bewirken, was sie eigentlich bewirken wollten: Verständnis und Einsicht.

Doch kommen wir von der inneren Kinder-Logik zur voll entwickelten Erwachsenen-Logik. Hier geht es im ausgereiften Lern- und Lebenskontext meist um eine besondere Form des defensiven Denkens verknüpft mit einer unausgesprochenen – ja geradezu kryptischen – Logik:

„Defensive reasoning occurs when individuals make their premises and inferences tacit, then draw conclusions that cannot be tested except by the tenets of this tacit logic. Nothing could be more detrimental to organizational learning than this process of elevating individual defensive tactics to an organizational routine" (Argyris, 2001, S. 97).

Und damit sind nicht nur Wirtschaftsunternehmen oder einzelne Mitglieder einer Organisation gemeint: ein gutes Beispiel liefert – wie fast immer – der Blick in die Geschichte der menschlichen Zivilisation.

Im Mittelalter stand man – unter anderem – vor der Aufgabe, eindeutig nachzuweisen, ob jemand eine Hexe sei oder nicht. In dem 1975 erschienen Film „Monty Python and the Holy Grail" gibt es eine Szene, „Burn the Witch", die uns diese Logik verständlich macht. Es empfiehlt sich, diesen Film ganz anzusehen. Die entscheidenden Schlussfolgerungen bezüglich unserer Fragestellung seien hier kurz wiedergegeben[18]:

„VILLAGER #1:  We have found a witch, might we burn her? […]
BEDEVERE:     How do you know she is a witch? […]
BEDEVERE:     Quiet! Quiet! Quiet! There are ways of telling whether she is a witch. […]
BEDEVERE:     Tell me, what do you do with witches? […]
CROWD:        Burn, burn them up!
BEDEVERE:     And what do you burn apart from witches?
VILLAGER #1:  More witches!
VILLAGER #2:  Wood!
BEDEVERE:     So, why do witches burn?
VILLAGER #3:  B--... 'cause they're made of wood?
BEDEVERE:     Good! […]
BEDEVERE:     So, how do we tell whether she is made of wood? […]
BEDEVERE:     Does wood sink in water?
VILLAGER #1:  No, no.
VILLAGER #2:  It floats! It floats! […]
BEDEVERE:     What also floats in water? […]
ARTHUR:       A duck. […]
BEDEVERE:     Exactly! So, logically…
VILLAGER #1:  If… she… weighs the same as a duck.. she's made of wood.
BEDEVERE:     And therefore?
VILLAGER #1:  A witch!"

Diese beeindruckende Frage-Logik – So, logically… – ist nicht weit entfernt von so mancher 'Überführungs'-Praktik in der damaligen Zeit.

---

18 stark gekürzt nach: Monty Python (1975): Monty Python and the Holy Grail – Burn the Witch. Online verfügbar: Monty Python. URL: http://www.montypython.net/scripts/HG-witchscene.php [Abfrage: 29.01.2011, 13:35].

Andere Zeiten, andere Sitten, mag man zwinkernden Auges denken, doch auch heute begegnet uns manche Variante dieser 'So-logically'-Logik, die uns an verschiedenen Stellen dieses Buch immer wieder begegnen wird. Man möchte an der ein oder anderen Stelle fast lachen, wenn die Konsequenzen nicht ähnlich dramatisch wären wie damals.

Der einfachste, aber auch folgeträchtigste Fall ist der, bei der angewandten Logik schlicht das grundlegende Modell falsch zu wählen, so dass zwar die 'Logik' in sich 'logisch' erscheint und auch ist, nur halt nicht das Modellsystem: richtige Logik am falschen Modell bleibt halt falsch, so 'schön' auch die Logik ist. „Ganze Scharen von empirischen Psychologen, die zur Schule der Heuristiken und Bias gehören, haben gezeigt, dass das Modell des rationalen Verhaltens bei Unsicherheit als Beschreibung der Realität nicht nur ganz unzutreffend ist, sondern eindeutig falsch" (Taleb, 2008, S. 230).

Neben einem falschen Modell kann man auch eine falsche Methode auswählen, so dass die abgeleitete oder angewandte 'Logik' dadurch auch nicht 'logischer' oder 'richtiger' wird, sondern unlogisch bleibt. „Nach kollektiven Prozessen zu fragen, ist ineffektiv [...] und möglicherweise auch unwirksam. Die Erhebung unausgesprochener gemeinsamer Annahmen ist immer schwierig, und deshalb ist der Einsatz von Fragebögen auch unlogisch. Kultur ist ein Gruppenphänomen" (Schein, 2010a, S. 70f).

Man findet dieses 'Meta'-Logik-Phänomen aber nicht nur bei Modellen, Methoden und Daten, sondern auch beim Denken des Menschen selbst. In der Schule lernen wir beispielsweise, dass nach 2, 4, 8, 16 als nächstes die 32 kommt. Fragt man jetzt, ob auch noch eine andere Zahl außer „32" ‚richtig' bzw. 'logisch' sei, schaut man in der Regel in fragende Gesichter. Nicht nur, dass man bislang hierüber noch nicht nachgedacht hat, man ist in der Regel auch ein wenig verärgert: „Was soll diese dumme Frage", möchte man meinen, „wollen Sie mich für dumm verkaufen? Glauben Sie, ich könne nicht logisch denken?" '32' scheint die einzige logische Antwort zu sein. Ist sie aber nicht. '31' ist genauso 'richtig' bzw. 'logisch'.

Betrachten wir hierzu folgenden Kreis:

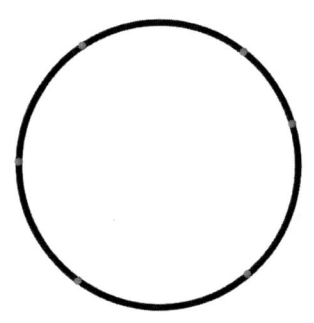

Abbildung 1: Mosers Kreisproblem, Ausgangsstadium.

Legen wir zwei Punkte auf die Kreislinie und verbinden beide Punkte, so erhalten wir zwei Teilflächen.

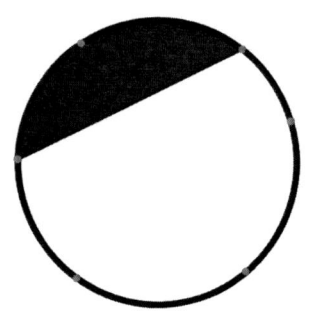

Abbildung 2: Mosers Kreisproblem, zwei Flächen.

Legen wir nun noch ein dritten Punkt auf die Kreislinie und verbinden alle drei Punkte, wie in der folgenden Abbildung gezeigt, so erhalten wir vier Flächen.

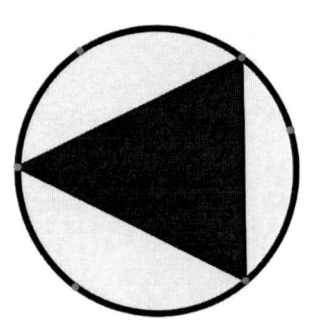

Abbildung 3: Mos ers Kreisproblem, vier Flächen.

Bei einem weiteren, vierten Punkt sind es dann acht Flächen, beim fünften Punkt 16 Flächen.

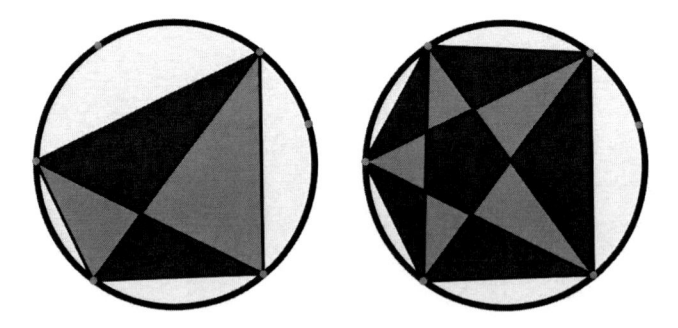

Abbildung 4: Mosers Kreisproblem, acht und 16 Flächen.

Wenn man jetzt den sechsten Punkt hinzufügt ergeben sich jedoch keine 32 Flächen sondern nur 31.

Abbildung 5: Mosers Kreisproblem, 31 Flächen.

Nach diesem Bildungsgesetz ist 2, 4, 8, 16, 31 also genauso 'richtig' bzw. 'logisch' wie 2, 4, 8, 16, 32. Da wir aber in der Schule nur die eine 'richtige' Lösung lernen, glauben wir nicht, dass es überhaupt noch eine andere Antwort mit einem anderen Bildungsgesetz gebe, und werten die Frage eher als Beleidigung.

Dieses Problem, auch Mosers Kreisproblem genannt, weißt uns ferner auf die Gefahr hin, Annahmen bei unvollständiger Datenlage zu treffen: wenn wir nur die Information 2, 4, 8, 16 haben, können wir nicht sagen, dass es ausschließlich mit 32, 64, 128, ... weitergeht: 31, 57, 99, ... wäre genauso gut möglich. Überträgt man diese Einschränkung in der menschlichen Denklogik – da wir nur eine Lösung kennen, existiert auch keine weitere – aus der Wunderwelt der Zahlen in die Welt der Kompetenzen, so finden wir beispielsweise bei Dietrich Dörner (2010) „Die Logik des Misslingens – Strategisches Denken in komplexen Situationen" eine Vielzahl an Beispielen für eine horizontale und vertikale Verdrängungs-Logik zur Aufrechterhaltung der Kompetenzillusion[19].

Die Kompetenz äußert sich in wirtschaftlichen Kontexten meist in Form der Führungskompetenz in bestimmten Führungsmuster mit einer spezifischen Denklogik: „Die von uns identifizierten Führungsmuster[20] lassen sich als erworbene Reflexe begreifen. Sie werden in der frühen und sekundären Ausbildung, in Kindergarten, Schule, Lehre und Universität angelegt, von Beeinflussern verschiedenster Art geprägt und durch geltende Anreizmechanismen verfestigt. Kennzeichnend für die betriebswirtschaftliche Ausbildung an den Universitäten, Fachhochschulen und Business Schools ist die Dominanz einer sehr spezifischen Denklogik sowie des geforderten praxisnahen Fachwissens.

---

19 vgl. Dörner (2010, S. 271).
20 „Sieben ‚glorreiche' Führungsmuster [...]:
Muster 1: Führung muss steuern! [...]
Muster 2: Führung muss kontrollieren! [...]
Muster 3: Führung muss standardisieren! [...]
Muster 4: Führung muss rational entscheiden! [...]
Muster 5: Führung muss den kurzfristigen Erfolg suchen! [...]
Muster 6: Führung muss beschleunigen! [...]
Muster 7: Führung muss sich an Rahmenbedingungen orientieren"
(Wüthrich et al., 2009, S. 19ff).

Studierende werden auf der Basis einer meist engen betriebswirtschaftlichen, kaum multidisziplinär angereicherten ‚Theoriebrille' sozialisiert" (Wüthrich et al., 2009, S. 23).

Das Ergebnis einer speziellen Bildung mit einer spezifischen Denklogik kennen wir bereits: Logically, ... die Erde ist doch eine Scheibe!

## Das Warten auf den großen Kürbis

Neben diesem Glauben an eine spezielle, individuelle 'so logically'-Logik bietet auch der Glaube als solcher ähnliche Möglichkeiten, eine Kompetenz-Illusion, ein ex post/ex ante- oder auch ein Vorwärts-rückwärts-Problem aufrecht zu halten:

In der Folge „Der große Kürbis"[21] (1966) der Zeichentrick-Serie „die Peanuts" wartet Linus stundenlang bis in die Nacht hinein auf die Erscheinung des „großen Kürbis". Vorher schrieb er ihm einen Brief, in dem es unter anderem lautet: „Everyone tells me You are a fake, but I believe in You. P.S.: If You really, really are a fake, don't tell me". Da der Glaube bekanntlich Berge versetzt, versetzt es Linus in das Kürbis-Feld, bis ihn seine Schwester morgens um 04:00 Uhr – vor Kälte zitternd – vom Kürbis-Feld zurück ins Haus holt. Der Kürbis kam nicht, „doch da man bekanntlich über Politik, Glauben und den Kürbis nicht diskutieren kann", so Linus, „werde er im nächsten Jahr wieder auf den großen Kürbis warten".

Und diese Nicht-Diskutierbarkeit, die später als 'Kommunikations- und Lern-Logik' bei der lernenden Organisation von Bedeutung ist, macht dieses 'Konzept' so praktisch. Hinzu tritt meistens eine gewisse „Narrative Verzerrung: Unser Bedürfnis, Reihen miteinander zusammenhängender oder auch nicht miteinander zusammenhängender Fakten Geschichten oder Muster zu 'verpassen'. Die statistische Anwendung ist das Data-Mining" (Taleb, 2008, S. 368).

Soviel zu der kurzen und gewiss nicht vollständigen Vorschau menschlicher Strategien, mit Unsicherheit, Komplexität und Unkontrollierbarkeit umzugehen. „All diese Ideen – die ganze Philosophie der Induktion, die Probleme mit

---

21 Melendez, J. (2008): Die Peanuts – Der große Kürbis. Remastered Deluxe Edition (DVD), Hamburg: Warner Bros.

dem Wissen, die wilden Gelegenheiten und die erschreckenden möglichen Verluste – verblassen angesichts der folgenden metaphysischen Überlegung. [...] Stellen Sie sich ein Staubkorn neben einem Planeten vor, der eine Million Mal so groß ist wie die Erde. Dieser Staubkorn repräsentiert die Chance dafür, dass wir geboren werden, der riesige Planet die Chance dagegen. Deshalb sollten sie aufhören, sich den Tag durch Kleinigkeiten verderben zu lassen. [...] – denken Sie daran, dass Sie ein Schwarzer Schwan sind (Taleb, 2008, S. 358).

## The dash for the cash: Talentmanagement – ewiger Trend?

Die vorangehenden Abschnitte haben uns einen Überblick über aktuelle Entwicklungen auf dem Arbeitsmarkt – Demographischer Wandel, Wertewandel und zunehmende Talent Mobility – gegeben. Ferner haben wir einige Eigenarten der menschlichen Natur im Umgang mit der Zukunft und deren (Un-)Vorhersehbarkeit kennen gelernt. Dieser letzte Abschnitt des zweiten Kapitels soll schließlich zeigen, worin die Verbindung zum Talentmanagement und der herrschenden Meinung über seine Bedeutung besteht.

Vor dem Hintergrund der beschriebenen Arbeitsmarkt-Entwicklungen müsste man denken, dass Talentmanagement seit Jahren zu den wichtigsten Human Resource Themen von Unternehmen gehört. Es ist schließlich schon länger bekannt, dass viele Baby Boomer auf einmal in Rente gehen werden oder dass globale Kommunikation und Mobilität immer kostengünstiger und einfacher werden. Man könnte vermuten, dass Talentmanagement daher längst Teil der strategischen Planung der meisten Unternehmen geworden ist und über mehrere Jahre hinweg ausgeklügelte Programme entwickelt wurden, um die vorhandenen Talente besser zu finden, zu nutzen, weiterzuentwickeln und im Unternehmen zu halten. Im fünften Kapitel wird die Funktionsweise und der Reifegrad des Talentmanagements von Unternehmen im deutschsprachigen Raum im Jahr 2010 genauer betrachtet werden. An dieser Stelle sei nur bereits so viel gesagt: Es scheint so, dass zwar viel über Talentmanagement und die künftige Bedeutung entsprechender Programme geredet wird, das Thema im hier und jetzt jedoch nicht die Aufmerksamkeit erfährt, welche ihm seit knapp zehn Jahren prophezeit wird. Wie aus den vorangehenden Abschnitten erkenntlich geworden ist, lässt sich dies zwar nicht ausschließlich, aber doch zu einem nicht unerheblichen Maße, mit den etablierten Handlungsmustern im Umgang mit Planungs-Unsicherheit und der Vermischung von zukünftiger Gegenwart und gegenwärtiger Zukunft erklären.

In den letzten Jahren wurde eine Vielzahl von Studien lanciert, welche sich mit den aktuellen und künftigen Top-Themen im Bereich „Human Resources" beschäftigen. Nahezu jede global operierende Unternehmens- oder Personalberatung veröffentlicht solche „Untersuchungen" mit Namen wie „European HR Barometer" (Hewitt Consulting), „HR Klima-Index" (Kienbaum), „HR Transformation in Europe" (Mercer) oder „HR-Trendstudie" (Kienbaum). Das „Capgemini HR-Barometer" ist dabei eine der wenigen Studien, welche mit vergleichbarer Methodik und Fragen konsequent über mehrere Jahre hinweg durchgeführt wurde[22]. In den Jahren 2002, 2004, 2007 und 2009 erschien die Studie, welche unter anderem einen Überblick über aktuelle und künftige Trendthemen nach Einschätzung von HR-Verantwortlichen aus Deutschland, Österreich und der Schweiz bietet. In allen vier Studien lautete eine Frage an die HR-Verantwortlichen: „Was sind gegenwärtig und zukünftig die zentralen Personalthemen in Ihrem Unternehmen?" (Capgemini, 2009, S. 31). Dabei wurden in jeder der vier Studien ca. 25-30 Aufgabenfelder als Antwortmöglichkeiten gegeben. In allen vier Studien heißt es: „Die Befragten konnten jeweils fünf Aufgabenfelder nennen, die „heute" [d.h. zum Zeitpunkt der Umfrage] und „morgen" [in zwei Jahren] am wichtigsten sind" (Capgemini, 2004, S. 23; Capgemini 2007, S. 29; Capgemini, 2009, S. 31)[23]. Für die meisten strategischen HR-Aufgaben kann heute dementsprechend ein Vergleich der Einschätzungen über die vergangenen acht Jahre angestellt werden. Dabei lassen sich folgende Beobachtungen machen: Sowohl 2002, als auch 2004 und 2006 wurde die zukünftige Bedeutung des Aufgabenfelds „War for talents & High-Potential Recruiting und Retention" in Zukunft als wichtiger einge-

---

22 Bei den Befragten des Capgemini HR-Barometers handelt es sich, wie bei nahezu allen anderen Studien in diesem Bereich, um ein sample of convenience. Ferner nahm die Zahl der Studienteilnehmer über die Jahre kontinuierlich ab. Capgemini beteuert dennoch, dass die statistische Repräsentativität bei allen vier Versionen der Studie gewährleistet ist (Capgemini, 2009, S. 7).

23 Obgleich die Studie von 2002 leider nicht online verfügbar ist, war, nach Information aus den Studien von 2004, 2007 und 2009, auch hier die Frage identisch gestellt.

schätzt als zum aktuellen Zeitpunkt. Bei der Prognose vom Jahr 2004 für das Jahr 2006 ebenso wie zwei Jahre danach landete das Thema sogar ganz oben auf der Liste der wichtigsten zukünftigen HR-Themen. Ebenso wie schon beim Vergleich der Momentaufnahme 2004 mit der Prognose von 2002 für 2004 war das Thema jedoch auch beim Vergleich der Momentaufnahme 2006 mit der Prognose von 2004 für 2006 das am meisten überschätzte Thema (siehe Abbildung 6 und Abbildung 7).

Wahrgenommene und prognostizierte Wichtigkeit strategischer HR-Themen
(„wahrgenommene Wichtigkeit 2004" vs. „2002 prognostizierte Wichtigkeit für 2004")

| | <<< wird unwichtiger – wird wichtiger >>> |
|---|---|
| Employee Relationship Management (ERM) | -17% |
| Interkulturelle Kompetenz/International Assignments/Expatriates/Relocation | -18% |
| e-Learning/Wissensmanagement | -23% |
| War for Talents/High Potential Recruiting & Retention | -28% |

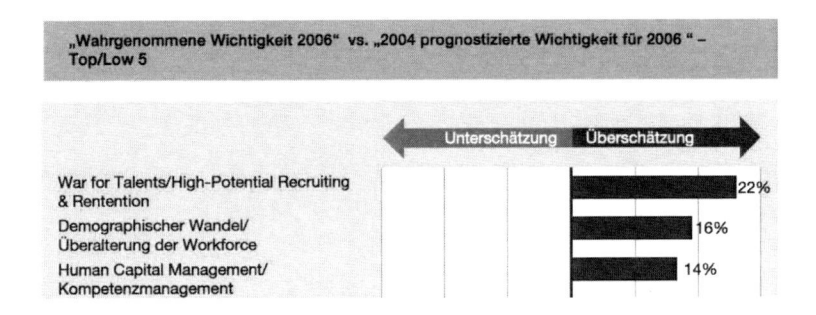

Abbildung 6: wahrgenommene Wichtigkeit strategischer HR-Themen im Jahr 2004 vs. prognostizierte Wichtigkeit für 2004 im Jahr 2002.

„Wahrgenommene Wichtigkeit 2006" vs. „2004 prognostizierte Wichtigkeit für 2006" – Top/Low 5

| | Unterschätzung — Überschätzung |
|---|---|
| War for Talents/High-Potential Recruiting & Rentention | 22% |
| Demographischer Wandel/Überalterung der Workforce | 16% |
| Human Capital Management/Kompetenzmanagement | 14% |

Abbildung 7: wahrgenommene Wichtigkeit strategischer HR-Themen im Jahr 2006 vs. prognostizierte Wichtigkeit für 2006 im Jahr 2004.

Die Bedeutung hatte zwar jeweils zugenommen, aber nur in sehr viel geringerem Maße als von den Personalern erwartet. Ein Vergleich der Prognose von 2006 mit den Ergebnissen von 2008 ist leider aufgrund des nicht beibehaltenen Aufgabenfelds schwierig. So wurde „War for talents & HiPo Recruiting und Retention" bei der Befragung 2008 aufgeteilt in die Aufgabenfelder „War for Talent/Talent Attraction & Recruiting" und „Talent Retention". Dazu kommen weitere Umbenennungen der anderen Aufgabenfelder.

Doch auch die Kombination der beiden neu benannten Aufgabenfelder landet in der Momentaufnahme 2008 nur auf Platz 5 und damit weit hinter der Prognose von 2006. Die Prognose von 2008 für 2010 sieht das Thema „War for Talent/Talent Attraction & Recruiting" übrigens nicht mehr auf Platz 1 der zukünftig wichtigsten Themen, sondern lediglich auf Platz 5. Man kann die Prognose jedoch auch so interpretieren, dass Talentmanagement auch für 2010 als der wichtigste Themenkomplex prophezeit wird[24].

Die systematische Kluft zwischen Zukunftserwartungen – egal in welchem Jahr – und der Momentaufnahme zwei Jahre darauf, ist ein eindrucksvoller Beweis für zwei Dinge: Erstens, ein überhöhtes Vertrauen in die gegenwärtige Einschätzung der zukünftigen Gegenwart d.h. in das eigene Bild der gegenwärtigen Zukunft und zweitens, eine anhaltende Resistenz dagegen, diese Misskonzeption zu erkennen und daraus zu lernen. An der allgemeinen Prognose hat sich übrigens auch im Jahr 2011 nichts geändert: Talent Management habe im HR-Management derzeit „eine Alleinstellung mit granitharter Prominenz und Dominanz" (Capgemini, 2011, S. 31). Dass sich diese Aussage dabei auf das gesprochene Wort bezieht und nicht auf den Alltag in den HR-Abteilungen der befragten Unternehmen muss an dieser Stelle wohl nicht mehr extra dazu gesagt werden...

---

24 Rechnet man „Talent Retention" dazu, landen beide Aufgabenfelder gemeinsam auf Platz 3. Wenn man schließlich auch noch „Talent Development/ Personalentwicklung" dazu nimmt, landen die drei Themen gemeinsam sogar unangefochten auf Platz 1 der Prognose für 2010 (Capgemini, 2010, S. 37). Da keines der drei Aufgabenfelder in dieser Formulierung bei den Studien von 2002, 2004 oder 2007 genannt war und man unter „Talentmanagement" gemeinhin sowohl Recruiting, als auch Entwicklung und Retention von High Potentials bzw. „Talenten" versteht, ist eine solche Interpretation nicht ganz abwegig.

Zu einem ähnlichen Ergebnis wie die Berater von Capgemini kommt auch die im September 2010 erschienene Studie der Boston Consulting Group in Zusammenarbeit mit der World Federation of People Management Associations „Creating People Advantage 2010 – How Companies Can Adapt Their HR Practices for Volatile Times". Auch diese, erst nach der Hochphase der Wirtschaftskrise von 2009, global durchgeführte Studie unter HR-Verantwortlichen[25] nennt Talentmanagement als das kritischste, d.h. das in Zukunft wichtigste und dennoch momentan völlig unzureichend bearbeitete, HR-Thema (siehe Abbildung 8). Auch in Deutschland landete „Managing talent" dabei auf Rang 1 (The Boston Consulting Group, 2010, S. 9).

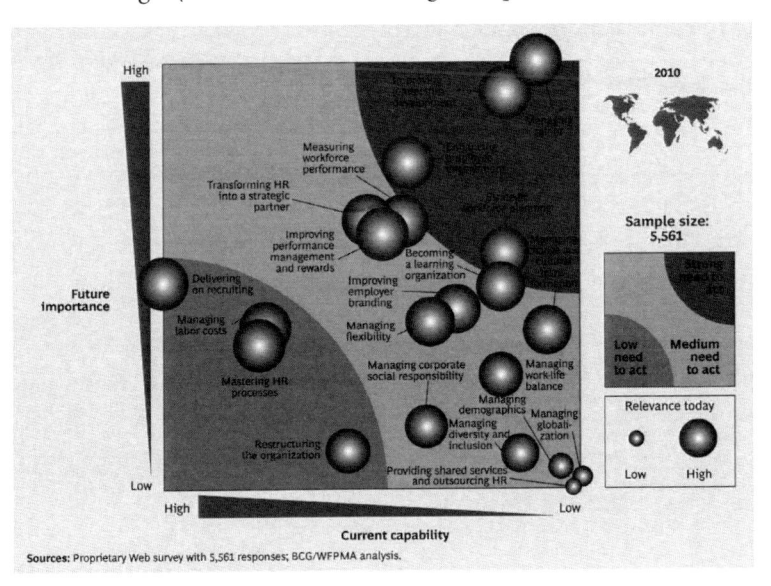

Abbildung 8: Ergebnisse der BCG-Studie zu den kritischsten HR-Themen im Jahr 2010.

---

25 Die Studie hatte weltweit 5.561 Teilnehmer aus 109 Ländern, davon 173 aus Deutschland, 67 aus der Schweiz und 21 aus Österreich.

Trotz all dieser Prognosen bleibt es fraglich, ob Talentmanagement in den kommenden Jahren wirklich ganz oben auf der Agenda der Unternehmen landen wird. Schließlich wird dies bereits seit knapp zehn Jahren vorausgesagt und doch hatten bislang jedes Mal andere Themen Priorität. Obgleich die Wichtigkeit von strategischem Talentmanagement insbesondere vor den hier beschriebenen globalen Entwicklungen offensichtlich ist, konzentrieren sich die Ressourcen der meisten HR-Abteilungen jedes Jahr erneut auf andere Themen.

Firmen, die jedoch den ernsthaften Versuch unternehmen, ein auf die Entfaltung von Talenten im eigentlichen Sinne ausgerichtetes Talentmanagement zu implementieren, bietet sich vor den beschriebenen Entwicklungen und gerade, weil bislang kaum jemand die Sache richtig angegangen ist, die Chance, hervorragende Talente nicht nur anzuwerben, sondern auch langfristig zu halten und damit einen dauerhaften Wettbewerbsvorteil zu erlangen.

# KAPITEL 3
# Was Werte mit Talenten verbindet

Das folgende Kapitel stellt einen systematischen Überblick über den Talentbegriff im Unternehmenskontext und seine enge Verknüpfung mit Werten und Kompetenzen dar. Auf die begriffliche Klärung der zentralen Begriffe folgt ein Abschnitt positiver theoretischer Überlegungen, welcher Talentmanagement als Kompetenzmanagement und damit letztlich als Wertemanagement versteht. Diese Überlegungen bilden die Grundlage dessen, was wir unter einem wertebasierten, organisch-mathetischen Talententfaltungsmanagement verstehen und schrittweise begründen: eine ganzheitliche und tiefgreifende Herangehensweise an die Freisetzung, Entfaltung und Nutzung von Mitarbeiterpotentialen im Organisationskontext.

Vorab noch einige Worte zur besonderen Bedeutung von Werten im Kontext von Talentmanagement: Den Begriff „Werte" findet man in der Regel in Hochglanzbroschüren für Karrieremessen oder auf den Public Relations Seiten des Internetauftritts einer Firma. Doch auch Personalmarketing und Recruiting haben „Werte" in den vergangenen Jahren als ‚Buzzword' entdeckt, um für die „einmalige Atmosphäre und Arbeitskultur" bei Firma XY zu werben. Strategisches Personalmanagement und Talentmanagement im Besonderen werden hingegen kaum mit Werten in Verbindung gebracht. Sobald es um reale Beförderungen und Personalpolitik geht, versinkt der scheinbar „softe" Faktor „Werte" neben Performance-Reviews und Potentialanalysen in der Bedeutungslosigkeit. Werte als normatives Grundgerüst menschlichen Handelns sind jedoch zentral für die Entfaltung menschlichen Potentials. Im kommenden Abschnitt wird es daher vor allem darum gehen, diese Verbindung zwischen Werten und Talenten zu verdeutlichen und zu begründen, warum ein strategisches Talentmanagement die Beschäftigung mit Werten erforderlich macht.

## Begriffliche Klärungen

Bevor wir uns in die Fülle der Managementforschung und -literatur stürzen, halten wir eine saubere begriffliche Klärung der einzelnen Begriffe für unbedingt notwenig. Viele der andauernden Diskussionen zum Thema sind unserer Einschätzung nach darauf zurückzuführen, dass mit unscharfen Begriffen gearbeitet wird. Um eine möglichst gute Grundlage für weitere Diskussionen zu schaffen, ist es daher unabdingbar, dass wir an dieser Stelle klar festhalten, welche Begriffe existieren und mit welchem Sinngehalt genau diese im Folgenden verwendet werden.

Zu diesem Zweck werden zunächst die drei zentralen Begriffe „Kompetenzen", „Werte" und „Talente" sowohl für sich allein genommen, als auch in Relation zu einander, untersucht. Unsere Absicht ist es dabei, deren Sinngehalt möglichst genau und gut begründet herauszuarbeiten und sie im Folgenden entsprechend zu verwenden. Den Abschluss dieser begrifflichen Klärungen bildet die Darstellung des in der Wirtschaft vorherrschenden Talentbegriffs.

## Kompetenzen als Selbstorganisationsdispositionen

Der Begriff „Kompetenz" (aus dem Lateinischen „competere", zusammentreffen, ausreichen, zu etwas fähig sein) hat eine Vielzahl möglicher Definitionen und Bedeutungen. Im vorliegenden Kontext und in Verbindung mit dem Talentbegriff werden Kompetenzen als Selbstorganisationsdispositionen verstanden. „Kompetenzen kennzeichnen die Fähigkeiten eines Menschen, eines Teams, eines Unternehmens, einer Organisation, in Situationen mit unsicherem Ausgang sicher zu handeln" (Heyse, 2007, S. 21). Im Mittelpunkt steht demnach die tatsächliche Handlungsfähigkeit der betreffenden Person, d.h. in erster Linie die Frage: Besitzt die Person die Fähigkeit, selbstorganisiert zu handeln?

Bei der Vielzahl unterschiedlicher denkbarer Kompetenzen ist es hilfreich, eine Einteilung in vier Grundkompetenzen vorzunehmen, deren verschiedene Kombinationen und Ausprägungen einzelne Teilkompetenzen darstellen.

Es wird sich an dieser Stelle ebenfalls an die Einteilung von Heyse (2007, S. 25) gehalten, welcher die vier Grundkompetenzen wie folgt definiert:

- Personale Kompetenz
- Aktivitäts- und Handlungskompetenz
- Fach- und Methodenkompetenz
- Sozial-kommunikative Kompetenz

Kompetenzen umschließen die Gesamtheit der Erfahrungen, Handlungsantriebe, Werte und Ideale einer Person bzw. Gruppe oder Organisation. Dabei steht das Subjekt in seiner Gänze und sein selbstorganisiertes Handeln im Zentrum der Betrachtung. Kompetenzen grenzen sich damit gegenüber Qualifikationen ab bzw. gehen deutlich über diese hinaus. Bei Qualifikationen steht das Objekt und die Erreichung eines vorgegebenen Qualifikationsziels im Vordergrund der Betrachtung: zum Beispiel der Führerschein, das Diplom in Betriebswirtschaftslehre oder der Bachelorabschluss in Psychologie. Während eine Qualifikation bestätigt, dass ein formal definiertes und – zumindest in der Theorie – objektives Lernziel erreicht wurde, bezieht sich eine Aussage über die Kompetenz einer Person darauf, welche Fähigkeiten eine Person besitzt. Der Rückschluss von Qualifikationen auf Kompetenzen ist dabei zwar oftmals möglich – wer den Führerschein besitzt, kann mit hoher Wahrscheinlichkeit auch wirklich Auto fahren – ist jedoch keinesfalls eine Garantie dafür. Nach einer zweimonatigen beruflichen Weiterbildung zum Thema Konfliktmanagement haben die Teilnehmer zwar die damit verbundene Qualifikation erworben (oftmals mit Zertifikat), über die Fähigkeit, reale Konflikte im beruflichen Alltag zu bewältigen und zu lösen, sagt dies jedoch relativ wenig aus. Der Rückschluss von Qualifikationen auf Kompetenzen ist daher mit Vorsicht zu genießen.

Ferner ist es wichtig, sich im Umkehrschluss bewusst zu machen, dass eine fehlende Qualifikation nicht auf einen Mangel an Kompetenz schließen lässt. Man muss kein Konfliktlösungs-Seminar gemacht haben, um die Kompetenz zu besitzen, solche Konflikte im Alltag zu entschärfen und zu lösen. Beispiele wie Steve Jobs oder Bill Gates belegen eindrucksvoll, dass es auch keines Universitätsabschlusses bedarf, um die Kompetenz zu besitzen, die Welt und seine Mitmenschen nachhaltig zu prägen sowie wirtschaftlich erfolgreich zu sein.

Sowohl im Wirtschafts- als auch im Bildungskontext wird auch gerne von sogenannten „Schlüsselqualifikationen" gesprochen. Hierzu schreibt Professor Christian Scholz: „,Schlüsselqualifikation' ist ein Wort, das gut klingt, gerne von Personalexperten und bildungspolitischen Vordenkern benutzt wird, das aber bei näherem Hinsehen seine Tücken hat. Denn in der Praxis versteht man darunter generelle Qualifikationen, die gerade jetzt benötigt werden. Hier argumentiert man im Wesentlichen von der Nachfrageseite her: Es ist also das Unternehmen, das definiert, was gut, richtig und wichtig ist. [...] Das Unternehmen definiert sich durch neue 'Schlüsselqualifikationen', der vormals umworbene Mitarbeiter steht aber auf der Straße" (Scholz, 2003, S. 143). Auch Scholz kommt zu der Schlussfolgerung, dass die Verwendung von Kompetenzen, d.h. von Handlungsdispositionen sinnvoller ist (Scholz, 2003, S. 143).

Es lässt sich zweifelsfrei festhalten: Die Fähigkeit zum selbstorganisierten Handeln gewinnt weltweit an Bedeutung: Bei zunehmender Komplexität des menschlichen Zusammenlebens, insbesondere der globalen Wirtschaftsbeziehungen und den gehandelten Produkten und Dienstleistungen, müssen Individuen ebenso wie Gruppen und Organisationen bzw. Unternehmen in der Lage sein, auch in neuen, unbekannten Situationen sicher zu handeln. Die Fähigkeit, Möglichkeit und Bereitschaft (kurz: die Disposition) zur Selbstorganisation ist dabei der entscheidende Erfolgsfaktor. Um in möglichen zukünftigen ebenso wie in gegenwärtigen Situationen erfolgreich zu sein, müssen Menschen und Organisationen daher über Selbstorganisationsdispositionen, d.h. über Kompetenzen, verfügen (Heyse & Ortmann, 2008, S. 13; Heyse, 2007, S. 20f). Dieses Verfügen über Kompetenzen kann dementsprechend als Kapital, d.h. als Produktions- bzw. Erfolgsfaktor, gesehen werden und wird bei Unternehmen üblicherweise als Teil des Humankapitals verstanden. In kompetenten Mitarbeitern wird zunehmend die entscheidende Quelle nicht-imitierbarer Wettbewerbsvorteile am Markt gesehen – ihre Bedeutung nimmt folglich weiter zu (Heyse, 2007, S. 21). Kompetenzen finden sich dabei im komplexen Zusammenspiel von Wissen, Werten, Fähigkeiten, Erfahrungen und Willen. Erpenbeck und Heyse (2007, S. 468) schreiben hierzu:

„Individuelle Kompetenzen werden von Wissen fundiert, durch Werte konstituiert, als Fähigkeiten disponiert, durch Erfahrungen konsolidiert und aufgrund von Willen realisiert."

Anhand dieser begrifflichen Klärung wird deutlich, dass Kompetenzen den Kern dessen bilden, was man als einen fähigen Mitarbeiter bezeichnet. Kompetenzen sind der zentrale Faktor für die Leistungsfähigkeit des Individuums und damit auch für die Leistungsfähigkeit des Teams, der Abteilung und des Unternehmens als Ganzes.

## Werte als Kompetenzkerne

Die Axiologie als allgemeine Lehre von den Werten und Teilgebiet der Philosophie beschäftigt sich seit etlichen Jahrhunderten mit dem Themenkomplex „Werte". Viele große Philosophen haben sich ausgiebig damit beschäftigt, welche Form der Existenz und welchen Geltungsanspruch Werte besitzen, wie sie entstehen bzw. geformt werden und welche Bedeutung sie für das Zusammenleben von Menschen und die Funktionsweise von Gemeinschaften haben. Hierzu gehören neben Anderen zum Beispiel Friedrich Nietzsche, Franz Brentano, George Edward Moore, Edmund Husserl und Hans Albert. Auch in der Psychologie, insbesondere der Motivationsforschung, kommt Werten vor allem für die Begründung intrinsischer Motivation eine hohe Bedeutung zu. An dieser Stelle liegt der Fokus auf der Klärung der Rolle von Werten für Kompetenzen und, als Konsequenz daraus, für das selbstorganisierte Handeln von Menschen.

Unter „Werten" verstehen wir im Folgenden das, „was aus verschiedenen Gründen [...] als wünschenswert und notwendig für den auftritt, der die Wertung vornimmt" (Baran, 1991, S. 805). Grundüberlegung bei der Frage nach der Bedeutung von Werten für das selbstorganisierte Handeln eines Subjekts ist die Annahme, dass jeder Handlung eines Menschen eine Wertung und dementsprechend eine Wertebasis zugrunde liegt. Erpenbeck und Brenninckmeijer (2007, S. 251) schreiben hierzu: „[...], Ohne Werte wäre der Mensch nur ein wissensgesteuerter Automat." Eine Wertung bzw. Bewertung ist es, welche das Subjekt der Wertung, d.h. den Wertenden, mit dem Objekt der Wertung verknüpft. Dabei spielt die Grundlage der Wertung, d.h. die dem Wertenden zur Verfügung stehenden Informationen und die von ihm vertretenen Überzeugungen, ebenso wie der Maßstab der Wertung, eine entscheidende Rolle. In Abhängigkeit von Wert-Grundlage und Wert-Maßstab findet schließlich die Bewertung des Objekts durch das Subjekt statt. Das Ergebnis ist schließlich das, was man die „Wertung" nennt. In den Wertungen eines Subjekts werden damit seine Werte sichtbar (im Sinne der obigen Definition). Je nachdem, welche Werte ein Subjekt vertritt, fällt die Bewertung eines Objekts unterschiedlich aus. Werte bilden damit den zentralen normativen Faktor bei der Wahrnehmung und Bewertung der Umwelt eines jeden Menschen.

Jeder Handlung eines Subjekts liegt schließlich eine individuelle Handlungsmotivation, ein motivierender Grund zugrunde. Entsprechend der Argumentation von Bernard Williams (1979) kann nur ein „interner Grund" einen solchen motivierenden Grund liefern. Das heißt ausschließlich die eigenständig vorgenommene Bewertung eines Subjekts kann einen internen Grund und damit eine Handlungsmotivation für das Subjekt liefern. Sie stellt die Einordnung eines Objekts bzw. eines Sachverhalts oder einer Situation in das normative Rahmenwerk des handelnden Individuums dar. Liefert die vorgenommene Bewertung, vor dem Hintergrund der Gesamtheit aller Wertungen eines Menschen, einen motivierenden Grund, so ist dieser letztlich ausschlaggebend für die Handlung des Subjekts. Menschliches Handeln, insbesondere selbstorganisiertes Handeln, findet demnach auf der Grundlage des normativen Rahmenwerks des Handelnden statt. Natürlich kann das Individuum die gleichen bzw. ähnliche Werte vertreten wie eine Gruppe bzw. Gemeinschaft, welcher er zugehört: zum Beispiel seine Familie, sein Arbeitgeber oder seine Partei. Für die Wertung und damit auch für die Handlung ausschlaggebend, sind jedoch letztlich die von dem Individuum selbst vertretenen Werte (vgl. Williams, 1979). Die Werte eines Menschen stellen damit in der Tat die Grundlage für sein Handeln dar.[1]

---

1 Eine alternative Argumentation in der Tradition der Selbstorganisationstheorie, die jedoch zum gleichen Ergebnis kommt, ist bei Erpenbeck & Heyse (2007, S. 137) nachzulesen. Ferner ist an dieser Stelle anzumerken, dass in der Psychologie Motivation sowohl intrinsisch als auch extrinsisch begründet sein kann. Im Rahmen der Argumentation Williams stellt dies jedoch keinen Widerspruch dar, sondern geht lediglich der Frage nach, woher die Werte stammen, welche das entsprechende Subjekt sich zu eigen gemacht hat. Letztlich sind es immer die subjektiven Werte der Person, welche sich handlungsleitend auswirken.

In Bezug auf Kompetenzen bedeutet dies schließlich, dass Werte den Kern von Kompetenzen bilden. <u>In Ihnen liegt der Grund für die Entwicklung spezifischer Kompetenzen</u> und <u>deren Anwendung im selbstorganisierten Handeln</u> eines jeden Individuums (Erpenbeck & Brenninckmeijer, 2007, S. 251f; Erpenbeck & Heise, 2007, S. 137).

Auch Peter Drucker, seines Zeichens Erfinder des modernen Managements und weltweit erster Inhaber eines entsprechenden Lehrstuhls, schrieb in dem 1999 erschienenen und 2011 als einer der zehn meistgelesenen Beiträge im Harvard Business Review neuaufgelegten Artikel „Managing Oneself" (2011, S. 53f):

„A persons's strengths and the way that person performs rarely conflict [...]. But there is sometimes a conflict between a person's values and his or her strengths. In that case, the work may not appear to be worth devoting one's life to. [...] Values, in other words, are and should be the ultimate test."

Aus Druckers Ausführung wird klar, dass Werte die Grundlage menschlichen Handelns – auch und insbesondere im wirtschaftlichen Kontext – darstellen. Als solche wirken sie sich erheblich auf die psychologische Kondition eines Menschen, seine Motivation und damit letztlich auch sein Handeln aus. Wenngleich dieser Einfluss kurzfristig oft nicht sehr stark erkennbar ist, gewinnt er vor allem mittel- und langfristig an Bedeutung. Im Unternehmenskontext sind Wertegefüge zwischen Mitarbeitern, Teams und Organisation daher vor allem für Themen wie „Organisational Commitment", „Retention" und Arbeitszufriedenheit zentral.

## Talente als Leistungsveranlagungen

Der Begriff „Talent" hat seinen Ursprung in dem Lateinischen „talentum", welches eine alt-orientalische Maß- bzw. Zahlungseinheit bezeichnete. Über das neutestamentliche „Gleichnis vom anvertrauten Geld" (Matthäus-Evangelium, 25,14-30, Einheitsübersetzung[2]) in welchem drei Dienern, „[...] jedem nach seinen Fähigkeiten" unterschiedliche Mengen an Talent Silbergeld anvertraut werden, erlangte der Begriff den heutigen Wortsinn von

---

2 Das Gleichnis ist in ähnlicher Form auch im Lukas-Evangelium (19,12-27) zu finden.

„Gabe" bzw. „Begabung". Die erste Verwendung im Sinne einer besonderen Geistesanlage findet sich 1537 bei Pracelsus (Schwank, 1992, S. 796). Im Englischen findet sich die Verwendung des Wortes „Talent" im Sinne von „Begabung" seit dem 16., im Französischen seit dem 17. Jahrhundert. Hierüber hat der Begriff schließlich auch im Deutschen die Bedeutung einer überdurchschnittlichen Begabung erhalten (Luz, 1997, S. 506). Der Begriff im eigentlichen Sinne enthält dabei zunächst keine normative Komponente, welche eine Einschränkung auf eine solche Begabung in nur einem speziellen Feld bedingen würde. Von einem Talent wird üblicherweise dann gesprochen, wenn jemand eine Veranlagung bzw. Begabung besitzt, welche es dieser Person ermöglicht eine Sache „besser"³ zu beherrschen, als dies gemeinhin üblich ist, unabhängig davon, worum es sich im Einzelfall handelt. Zentral ist jedoch die besondere Lernfähigkeit und Auffassungsgabe: Man spricht dann von einem Talent, wenn eine Person sich neue Fähigkeiten besonders leicht aneignen kann, schnelle Fortschritte macht und als Konsequenz daraus in kurzer Zeit zu beeindruckenden Leistungen imstande ist (vgl. Heyse & Ortmann, 2008, S. 10). Wer doppelt so viel üben muss, bis er dieselbe Aufgabe fehlerfrei absolvieren kann, ist demnach „weniger talentiert".

Ferner wird der Begriff auch für die Person verwendet, welche im Besitz des Talentes ist. Der Bedeutungsraum des Wortes erweitert sich in diesem Fall von der Begabung selbst auf seinen Träger. Der Ursprung von Talenten im Sinne von Begabungen lässt sich dabei nicht abschließend bestimmen. Allgemein verbreitet ist die Auffassung, dass Talente sowohl genetisch bedingt sind, als auch durch frühkindliche Erfahrungen geprägt werden (vgl. Heyse & Ortmann, 2008, S. 10).

Im Sinne dieses ursprünglichen Talentbegriffs verfügt prinzipiell jeder Mensch über Talente in Form besonderer Lern- und Entwicklungsfähigkeiten: „Jeder Mensch trägt in sich besondere Fähigkeiten und Begabungen – eben Talente. Denn Talent heißt nicht nur, eine besondere Begabung zu haben für die Malerei, die Musik, die Dichtkunst oder andere Dinge, die üblicherweise als Talent empfunden werden. Talent umfasst alle menschlichen Qualitäten,

---

3 Der Begriff „besser" kann dabei je nach Talent von unterschiedlicher Bedeutung sein. Es ist denkbar, dass sich ein Talent für eine Sache offenbart, indem man sie beispielsweise schneller, genauer oder ästhetischer ausführt als Andere.

gleich ob künstlerische Fähigkeiten, technisches Können, kaufmännische Begabung oder soziale Kompetenz. Und die Talente sind das, was uns hilft, mit Faszination zu leben und nicht nur 'gelebt zu werden'" (Lasko, 2001, S. 27). Entscheidend ist, dass diese entdeckt werden und sich entsprechend entfalten können. Entsprechend der Selbstorganisationstheorie und systemischer Ansätze treffen Heyse und Ortmann (2008, S.10) die folgende Definition des Begriffs:

„Talent als Produkt der Wechselwirkung von Erbanlagen, früher Prägung und intensiven Umwelteinflüssen. Letztere müssen gegeben sein, um das Vorhandene „entfalten" zu können."

Unter Bezugnahme auf Professor Armin Trost (2007) wird ein Talent von Heyse und Ortmann ferner als „nicht formal erlernbare Fähigkeit, als Potential zur Entwicklung von Kompetenzen" charakterisiert. Talent sei „Voraussetzung zur Selbstorganisation, zur Anpassung an neue Herausforderungen, zum unaufgeforderten Lernen, um auf bestimmten Gebieten hohe, über dem Durchschnitt vergleichbarer Spezialisten bzw. Führungskräfte liegende, Leistungen hervorzubringen" (2008, S. 10). In diesem Sinne ist ein Talent demnach „die Summe aus:

1. der begabungsbasierten Fähigkeit, Kompetenzen zu entwickeln,
2. den bereits ausgeprägten und lebensbiografisch bewährten Teilkompetenzen und
3. dem Willen, mit und aus den eigenen Kompetenzen etwas zu machen" (Heyse & Ortmann, 2010, S. 10).

Obgleich jeder Mensch prinzipiell die Fähigkeit zur Entwicklung von Kompetenzen besitzt, unterscheiden sich Menschen in ihrem Talent hierfür im Sinne der Eigenschaften 1, 2 und 3. Talente können demnach entdeckt werden und sich, in Form von Kompetenzen, entfalten, nicht jedoch entwickelt werden. Ein Talent lässt sich abschließend also als Leistungsveranlagung, als Potential für das Erbringen überdurchschnittlicher Leistung(en) charakterisieren.

## „Talente" als Führungskräftenachwuchs

Richtet man den Blick auf den in der Wirtschaft und in den Human Resource Abteilungen verwendeten Talentbegriff, so fällt zunächst auf, dass man hier weit entfernt ist von einer einheitlichen Verwendung des Begriffes. Es ist nicht unüblich, dass Unternehmen überhaupt keine konkrete Vorstellung davon haben, was sie eigentlich unter einem „Talent" verstehen (vgl. Graf & Laske, 2010). In anderen Fällen wird kurzerhand die Gesamtheit aller Arbeitnehmer zu „Talenten" erklärt (World Economic Forum, 2010, S. 47). Dort, wo der Begriff einigermaßen wohldefiniert ist, wird unter Talenten in der Regel der unternehmensinterne Führungskräftenachwuchs verstanden. Die Nominierung zum Talent erfolgt dabei üblicherweise anhand der Kriterien „Performance" und „Potential" (Graf & Laske, 2010, S. 20). „Talente" sind demnach Mitarbeiter, welche aufgrund der Bewertung ihrer bisherigen Leistungen und der Einschätzung ihres Potentials durch ihre Vorgesetzten als besonders aussichtsreiche Kandidaten für die Besetzung von Schlüsselpositionen ge- bzw. behandelt werden. Ohne eine formale Definition zu geben, verstehen Chambers et al. (1998) unter „talent" ganz allgemein fähige d.h. besonders kompetente Mitarbeiter. „The talent you need in order to be successful" verlangt dieser breiten Auslegung von Talent entsprechend Ausdruck. Eine Verwendung in diesem Sinne findet sich ähnlich bei der Großzahl angelsächsischer Literatur zum Thema.

In Deutschland hingegen bezieht sich der Begriff „Talent" in der Regel auf die Gruppe der Top-Performer bzw. der sogenannten High-Potentials, welche als unternehmensinterner Nachwuchs für Führungs- bzw. Schlüsselpositionen gehandelt wird (vgl. Steinweg, 2010; Graf & Sonnert, 2011). Talentmanagement- bzw. Talententwicklungsprogramme verfolgend demnach den Zweck, diese Kandidaten im Unternehmen zu halten und auf entsprechende Aufgaben vorzubereiten. Die heutzutage vorherrschenden Praktiken im Talentmanagement sowie deren Wirk- und Sinnhaftigkeit vor dem Hintergrund des Talentbegriffs im eigentlichen Sinne werden in Kapitel fünf ausführlich dargestellt und diskutiert.

„Talent" ist im Grunde genommen ein Label bzw. Gütesiegel, welches man sich mit entsprechender Leistung und Einsatz verdienen kann und das relativ zu Aufgabe, Hierarchieebene und Unternehmen zu verstehen ist. Diese Konzeption von „Talent" ist damit eine grundlegend andere als der Talentbegriff im eigentlichen Sinne.

## Talente im eigentlichen Sinne und was man mit ihnen machen sollte

Eltern erfahren nicht bei der Geburt ihrer Kinder, mit welchen Talenten diese gesegnet sind. Auch die übliche Bildungskarriere hilft Menschen in der Regel nicht dabei, ihre Talente zu entdecken, geschweige denn zu entfalten. Schul- und Hochschulcurricula konzentrieren sich stattdessen auf die qualifikationszentrierte Wissensvermittlung. Wenn junge Menschen sich von ihren Talenten leiten lassen, dann tun sie dies daher leider allzu oft eher trotz als dank der bestehenden Bildungsinstitutionen. Die üblichen Intelligenz- und Begabungstests, denen man Kinder und Jugendliche unterzieht, versuchen nämlich zumeist erst gar nicht, individuelle Talente zu entdecken. Stattdessen werden die Probanden hier aufgrund eines einseitigen Intelligenz- bzw. Begabungsbegriffs in Schubladen eingeordnet. Der Stanford-Binet IQ-Test ist zum Beispiel einer der prominenten Vertreter dieser Art (vgl. Robinson & Aronica, 2010, S. 55ff). Das heißt nicht, dass es nicht auch breitere Ansätze gibt. Die Psychologen Howard Gardner und Daniel Goleman sind nur zwei Beispiele, die für eine breitere Auffassung menschlicher Intelligenz und Entwicklungsmöglichkeiten stehen. Etliche Beispiele für außerordentliche Talente, fernab der engstirnigen Auffassung von Intelligenz und Begabung, nennt Ken Robinson in seinem Buch „In meinem Element: Wie wir von erfolgreichen Menschen lernen können, unser Potential zu entdecken" (2010):

- Matt Groening – Erfinder der Zeichentrickserie „The Simpsons",
- Gillian Lynne – Ballet-Legende und Schöpferin der Musicals „Cats" und „Das Phantom der Oper" oder
- Bart Conner – Weltmeister und Olympiasieger im Bodenturnen.

Alle drei waren seinerzeit „Problemfälle" in ihren Schulen in dem Sinne, dass sie nicht in das übliche Schema passten: Sie wollten nicht stillsitzen, hatten schlechte Schulnoten oder waren während des Unterrichts ständig am Zeichnen und Malen. Trotzdem konnten sie ihre Talente entdecken und entfalten, haben beeindruckende Leistungen vollbracht und können heute auf große Karrieren zurückblicken.

Die erste Hürde bei der Entwicklung von Talenten besteht also zunächst darin, sie zu entdecken. Familien, Schulen, Hochschulen und schließlich auch Unternehmen sollten daher unterstützend dabei wirken und es Menschen ermöglichen, das zu tun, woran sie Freude haben und wo sie Erfolgserlebnisse verbuchen können (vgl. Robinson & Aronica, 2010, S. 220ff). Denn Talente können sich nur dann entfalten, wenn ein Möglichkeitsraum hierfür besteht. Diesen zu bieten, ist daher Aufgabe all jener, die Talententfaltung fördern wollen. Damit sollte man zwar so früh wie möglich beginnen, doch es ist auch nie zu spät. Auch im Laufe einer Karriere bzw. im Alter können Menschen ihre Talente noch entdecken und außerordentliche Leistungen erbringen[4] (vgl. Heyse & Ortmann, 2008, S. 37).

Sind Talente erst einmal entdeckt, besteht der nächste Schritt darin, dafür zu sorgen, dass sie sich entfalten können. Hierfür kommt es erneut auf die richtigen Rahmenbedingungen und eine entsprechende Förderung der Talente an: „Talente entfalten sich in einem förderlichen Milieu aktiv und selbst-bewusst." (Heyse & Ortmann, 2008, S. 7) Die Rolle von Unternehmen bei der Talententfaltung und dessen Management wird daher in Kapitel sechs im Detail diskutiert werden. Was bereits Aristoteles mit dem Ergon-Argument über die tugendhafte Tätigkeit des Menschen gesagt hat, lässt sich jedenfalls auch im Kontext von Talenten behaupten: Nur die andauernde, aktive Beschäftigung mit den eigenen Talenten wird diesen gerecht und ist für den Mensch langfristig erfüllend[5].

---

4 Heyse und Ortmann (2008, S. 37) illustrieren dies mit einem Beispiel von einem 60-jährigen Mitarbeiter, welcher trotz widriger Bedingungen eine Idee konsequent verfolgte und mit viel Elan realisierte.

5 Aristoteles hat im Kontext der tugendhaften Tätigkeit des Menschen und der Suche nach „eudaimonia" natürlich nicht von Talenten, sondern von dem guten, d.h. dem tugendhaften Leben des Menschen gesprochen. Zu diesen Tugenden zählte für ihn auch nicht die Beschäftigung mit den individuellen Talenten eines Menschen,

Das Talent, sowohl im Sinne der Begabung als auch im Sinne der begabten Person, sollte daher der zentrale Faktor entsprechender Förderprogramme sein. Nur ein Talent-geleitetes Programm, bei dem die Entfaltung der Talente im eigentlichen Sinne im Vordergrund steht, kann den Potentialen der Talente wirklich gerecht werden. Alle anderen Herangehensweisen sind dagegen immer mit einer Fremdeinschätzung der Talente verbunden, welche stets die Gefahr birgt, die Talente falsch einzuschätzen bzw. sie zu unterschätzen.

Das schlimmste was man echten Talenten antun kann, ist hingegen ihre Einschränkung. Fehlt der Freiraum für die Umsetzung neuer Ideen und das Ausleben der Vielseitigkeit eines menschlichen Charakters, so führt dies zwangsläufig zu Frustration und Verkümmerung. Als Konsequenz daraus bleiben vorhandene Potentiale ungenutzt und verkümmern im schlimmsten Fall sogar. Was dies für die Förderung von Talenten im Organisationskontext bedeutet, ist Gegenstand dieses Buches.

## Talentmanagement als Kompetenzmanagement

Wie bei der Klärung des Talentbegriffs dargelegt wurde, vereint dieser bereits vorhandene Kompetenzen einer Person mit der Fähigkeit und Absicht, diese zu nutzen und auszubauen sowie neue Kompetenzen zu entwickeln. Was ist, vor dem Hintergrund dieser Definition, dann Aufgabe von Talentmanagement und wie kann es diese erfüllen?

Die Aufgabe des Managers bzw. des Managements besteht allgemein darin, einen Verantwortungsbereich möglichst gut zu organisieren und zum Erfolg zu führen. Dies funktioniert vor allem dadurch, dass Manager die Menschen in ihrem Verantwortungsbereich in deren Leistungsfähigkeit unterstützen: „[...] the manager has to help bring out the best in other people, so that *they* can know better, decide better, and act better."[6] (Mintzberg, 2009, S. 12). Mintzberg betont damit die Notwendigkeit für Manager, die Mitarbeiter in ihrem Verantwortungsbereich zunehmend zur Selbstorganisation und

---

sondern die Suche nach Weisheit in der Philosophie sowie das Streben nach Ehre in der politischen Tätigkeit (Aristoteles: Nikomachische Ethik, 1174a-1179a).
6 Hervorhebung entsprechend des Originals.

zum eigenständigen Denken, Entscheiden und Handeln zu befähigen. Dies entspricht ziemlich exakt der Definition des Kompetenzbegriffs als Selbstorganisationsdisposition. Manager erreichen ihre Ziele durch das Fördern bzw. durch das „Managen" der Kompetenzen ihrer Mitarbeiter.

Dementsprechend lassen sich zwei Antworten auf die zu Anfang formulierte Frage geben: Erstens, „Talentmanagement", verstanden als das Management von Talenten im eigentlich Sinne, ist eine Form des Kompetenzmanagements. Zweitens, es leistet diese Aufgabe, indem es den Talenten ermöglicht, ihre Talente zu entfalten und umfangreiche Kompetenzen zu entwickeln. Hierzu gehört in erster Linie „das Schaffen von Bedingungen und das Vorgeben anspruchsvoller Aufgaben, die Mitarbeiter dahingehend herausfordern und unterstützen, dass sie selbstbestimmt ihren passenden Platz im Unternehmen finden und dementsprechende Kompetenzen voll entfalten und nutzen können" (Heyse & Ortmann, 2008, S. 7).

Der Begriff des „Talentmanagements" ist dabei im Grunde genommen nicht ganz korrekt bzw. irreführend. Die Talente können und sollen sich ja selbst managen, d.h. organisieren. Unter der Bedingung, dass ihnen entsprechende Rahmenbedingungen und Möglichkeiten zur Verfügung stehen, werden sie sich von ganz alleine entfalten. Gemanagt werden, d.h. im Sinne des Unternehmenserfolgs organisiert und optimiert werden, müssen nicht die Talente, sondern einerseits die Rahmenbedingungen und Möglichkeiten, welche für deren Entfaltung notwendig sind, andererseits die sich dabei herausbildenden Kompetenzen. „Talentmanagement" ist demnach sowohl die Förderung der Entwicklung von Kompetenzen durch die Talente selbst, als auch Organisation und sinnvolle Nutzung neu erworbener bzw. ausgebauter Kompetenzen im Sinne der mittel- und langfristigen Strategie des Unternehmens.

## Kompetenzmanagement als Wertemanagement

Zu Beginn dieses Kapitels wurde die Bedeutung von Werten als maßgeblicher Faktor für das selbstorganisierte Handeln von Menschen als Kompetenzkerne dargestellt. An dieser Stelle soll gezeigt werden, warum ein umfangreiches Kompetenzmanagement daher zu einem großen Teil auch „Wertemanagement" bedeutet.

Unter „Wertemanagement" sollen dabei die folgenden Punkte verstanden werden:
- Das Sich-Bewusst-Werden über vorhandene unternehmensinterne Werte,
- die kontinuierliche Weiterentwicklung der Unternehmenskultur und der darin zum Ausdruck kommenden Werte,
- das Fördern der auf diesen gemeinsamen Werten basierenden Identifikation der Mitarbeiter mit Mission, Vision und Kultur, kurz: der Identität – des Unternehmens,
- die Umsetzung dieser Werte im alltäglichen selbstorganisierten Handeln sowie
- die Einbindung der Unternehmenswerte in die langfristige strategische Ausrichtung des Unternehmens.

Menschen können die gleichen Kompetenzen aus unterschiedlichen Gründen entwickeln. Anhand der Kompetenzen selbst bzw. durch deren Messung, lässt sich ohne zusätzliche Informationen kein Rückschluss auf die Wertegrundlage ziehen, welche zu deren Entwicklung geführt hat. Allein die kompetenzbiographische Analyse einer konkreten Person bzw. eines Unternehmens führt zu den im jeweiligen Fall zugrunde liegenden Werten (Erpenbeck & Heyse, 2007, S. 188ff). Darauf aufbauend werden von Erpenbeck und Brenninckmeijer drei zentrale Feststellungen zum Verhältnis von Werten und Kompetenzen hervorgehoben:

1. „Gleich starke Kompetenzen können auf grundlegend unterschiedlichen emotional-motivational verankerten Werthaltungen beruhen." (2007, S. 260).
2. „Menschen mit ähnlichen Kompetenzmustern können sich [daher] z.B. trotzdem überhaupt nicht verstehen, wenn sie unterschiedliche Werte haben." (2007, S. 282).
3. Auch der Umkehrschluss ist wahr, d.h. Menschen mit gänzlich verschiedenen Kompetenzprofilen können sich womöglich hervorragend verstehen und zusammenarbeiten, sofern sie über eine gemeinsame Wertebasis verfügen (2007, S.282).

Wer also Kompetenzmanagement betreibt ohne sich mit Wertemanagement zu befassen, setzt auf das Prinzip Hoffnung. Frei nach dem Motto: „Wir wissen zwar nicht, was unseren Mitarbeitern wichtig ist, was sie antreibt und motiviert und wie ihre Werte miteinander harmonieren, aber irgendwie wird das schon klappen."

Konsequenterweise müsste die Frage nach den Werten einer Person bzw. eines Mitarbeiters stattdessen stets verbunden sein mit der Frage nach seinen Qualifikationen bzw. nach seinen Kompetenzen. Genau genommen ist diese sogar wichtiger, denn ohne gemeinsame Wertebasis wird auch der beste Mitarbeiter seine Kompetenzen nicht voll einbringen. Werte bilden das normative Grundgerüst menschlicher Beziehungen und menschlichen Handelns und sind damit zentraler Bestandteil der komplexen sozialen Struktur eines jeden Unternehmens. Erstaunlich daran ist, dass diese Erkenntnis, obwohl sie weder neu noch überraschend ist, so wenig Gehör bei den CEOs und Human Resource Abteilungen findet. Werte gelten nach wie vor als sekundäre oder gar tertiäre Faktoren beim Recruiting. Von Mitarbeitergesprächen und Personalentwicklungsmaßnahmen ganz zu schweigen. Abschließend wollen wir an dieser Stelle noch einige Zitate aus unterschiedlichen Quellen anführen, welche den Zusammenhang zwischen Werte- und Talentmanagement noch einmal auf den Punkt bringen:

> *„Ideally, a company should simply figure out who it is aiming for, and make sure its brand is tailored to the talent segment it seeks to attract"*
> *(Chambers et al., 1998, S. 51).*

> *„Eine echte Teambildung ist nur auf der Grundlage einer fundierten Kompetenz- und Wertesicht tief verstehbar und gestaltbar"*
> *(Erpenbeck & Brenninckmeijer, 2007, S. 282).*

> *„To work in an organization whose value system is unacceptable or incompatible with one's own condemns a person both to frustration and to nonperformance. […] To be effective in an organization, a person's values must be compatible with the organization's values. […] Otherwise, the person will not only be frustrated but also will not produce results"*
> *(Drucker, 2011, S. 53)*

# KAPITEL 4
## Talent schützt nicht vor Lernen

„All learning integrates thinking and doing. In reactive learning, thinking is governed by established mental models and doing is governed by established habits of action" (Senge et al., 2010, S. 10).

Nach Senge et al. ist unsere Lern- und Handlungsfähigkeit maßgeblich bestimmt von unseren Lern- und Handlungserfahrungen aus unserer Vergangenheit und den daraus entstandenen mentalen Denkmustern und Handlungsgewohnheiten. In diesem Kapitel wird es darum gehen, die fast Mythennahe Verbindung zwischen Talent, Talententfaltung, Kompetenzentwicklung und Lernen im eigentlichen Sinne zu beleuchten. Wir begründen ferner, warum ein strategisches Talentmanagement sich nicht nur auf das anfängliche Identifizieren und das abschließende Platzieren von Talenten beschränken sollte – frei nach dem Motto „Ist das Talent erst einmal gefunden und durch Beförderungsaussichten erst einmal richtig motiviert, dann wird sich das Talent schon automatisch zum nächsten Level hin entwickeln und sich der Erfolg in klingender Münze einstellen". Wenn wider erwarten einmal nicht, dann „fluchs ein bisschen Coaching oder ein Seminar, und dann wird's schon werden". Es sind ja Talente.

Auf Seiten der Talente herrscht in jungen Jahren ein ähnlicher Mythos: einmal als ‚hochbegabt' getestet, bin ich dies ein Leben lang und brauche fortan, weder Vokabeln noch konkrete Fakten auswendig zu lernen – was mitunter lästig und mühevoll ist –, sondern erschließe mir all dies dank meines herausragenden Intellekts. Klasse Gedanke, aber leider falsch. Was hier für die Schul- und Hochschulzeit gilt, gilt auch für das zeitlich anschließende Lernen und Arbeiten in Wirtschaftskontexten: Talent schützt nicht vor Lernen. Daher ist die mancherorts in Talent-Pools und in Talentförderprogrammen anzutreffende Arroganz der Talente als solche nicht nur unangebracht, sondern eher ein leicht wahrzunehmender Ausdruck von ausgeprägter Schein-Talentierung. Diese besondere Gruppe wollen wir von nun an als „Schwerstbegabte" bezeichnen.

## Lernbiologische Klärungen

Um die 'Mythen-reduzierten' Zusammenhänge und die wahrhaftigen Potentiale zwischen Talentenfaltung, Lernen und Kompetenzentwicklung aufzuzeigen, ist eine begriffliche Klärung der lernbiologischen Grundlagen hilfreich. „Das menschliche Verhalten ist das Produkt der Gehirnaktivitäten und das Gehirn das Produkt zweier sich gegenseitig beeinflussender Faktoren: Veranlagung und Umwelt" (Bear et al., 2009, S. 748).

## Eine kleine Geschichte der Gehirnentwicklung: Amöben sind doof, Aplysia ist cool

Abbildung 9: Amöben sind doof.
Mit freundlicher Genehmigung entnommen aus Czichos (2004).[1]

„Im Laufe der Geschichte der Neurowissenschaften hat eine große Menagerie von Invertebraten[2] als Versuchstier gedient. Der Tintenfisch [...], Schaben, Fliegen, Bienen, Egel und Fadenwürmer (Nematoden) [...]. Zugegebenermaßen ist das Verhaltensrepertoire eines durchschnittlichen Invertebraten eher begrenzt. Dennoch lassen sich bei vielen Invertebratenarten die [...] einfachen Formen des Lernens beobachten: Habituation, Sensitisierung und klassische Konditionierung. Die Neurobiologie des Lernens wurde vor allem an einer Art erforscht, an der Meeresschnecke *Aplysia californica* (Kalifornischer Seehase)" (Bear et al., 2009, S. 870).

---

1 Weitere Cartoons unter www.joachim-czichos.de
2 Invertebraten :: Wirbellose.

Um bei Ladislav Tauc das 'Aplysia-Modellsystem' zu erlernen, ging Eric R. Kandel (* 07.11.1929), Nobelpreisträger des Jahres 2000 für Physiologie und Medizin, 1962 nach Paris. 1965 publizierten sie, dass Formen der post-synaptischen Potenzierung mit einfachen Lernformen zu korrespondieren scheinen (Kandel & Tauc, 1965). Die weiteren bahnbrechenden Entdeckungen und Erkenntnisse von Eric Kandel haben gezeigt, dass die Funktion der Synapsen[3] und deren Veränderung grundlegende Bedeutung für unser Lern- und Erinnerungsvermögen haben: Das Gedächtnis ist in den Synapsen verortet bzw. „I am my connectome[4]" (Seung, 2010). Somit hat Aplysia als Modellorganismus in der Tat wesentlich zur Neurobiologie des Lernens beigetragen.

Doch zunächst ein Paar allgemeine ‚Leistungskennzahlen' und Definitionen des menschlichen Gehirns: Als Gehirn bezeichnet man den im Kopf gelegenen Teil des Zentralnervensystems (ZNS). Es besteht – je nach Autor – aus 100 bis 180 Milliarden Nervenzellen (Neuronen), die, untereinander über ca. 1 bis 1,5 Trillionen[5] Synapsen vernetzt, auf Erregungsleitung und Informationsverarbeitung spezialisierte Zellen des Nervensystems sind.

Ein einzelnes Neuron kann durchschnittlich mit 1.000 Neuronen direkt vernetzt sein, bei bestimmten Neuronen auch mit bis zu 30.000 Neuronen, so dass jedes Neuron mit jedem anderen Neuron im Gehirn über lediglich vier bzw. zwei Zwischenschritte vernetzt ist[6].

Die Gesamtlänge aller Nervenbahnen im Gehirn wird auf bis zu 5,8 Millionen km geschätzt, was ca. 145 Erdumrundungen entspricht.

2% unseres Körpergewichts entfallen auf das Gehirn, aber 20% des Sauerstoffbedarfes und über 25% des Glucosebedarfes. Eine Unterversorgung von

---

3 Die Synapse heißt „der Kontaktbereich, in dem ein Neuron Informationen auf eine andere Zelle überträgt" (Bear et al., 2009, S. 927).
4 Das ‚connectome' ist die Gesamtheit aller Verbindungen zwischen den Neuronen eines Gehirns.
5 andere Autoren schätzen die Zahl der im Gehirn befindlichen Synapsen auf bis zu 70 Trillionen, was aber auch durch einen Umrechnungsfehler „der kurzen Leiter" auf „die lange Leiter" (für zwei unterschiedliche Konventionen für Namen großer Zahlen oberhalb der Million) begründet sein könnte, denn eine Trillion „der kurzen Leiter" entspricht einer Billion „der langen Leiter": Vorsatz für beide: tera (T) für $10^{12}$.
6 auch hier schwanken die angegebenen Zahlen stark und sind manchmal mathematisch nicht 'direkt' nachvollziehbar.

mehr als 10 Sekunden kann schon zu erheblichen Schäden führen, da im Gehirn keine Speicherreservoire für Energie vorhanden sind[7].

Durchschnittliches Gewicht des „weiblichen" Gehirns 1.245 g, des „männlichen" 1.375 g. Ein Vergleich mit dem Gewicht des Gehirns von Albert Einstein, 1.230 g, legt nahe, dass Intelligenz nicht direkt korreliert ist mit dem Gehirngewicht und/oder mit dem Geschlecht des Trägers.

Anzahl, der Wahrnehmungs- und Bedeutungsinhalte, die vom menschlichen Gehirn gespeichert werden können: $10^{150}$. (Anzahl der Atome im Universum: $10^{80}$ bis $10^{89}$, je nach Autor).

Speicherkapazität des menschlichen Gehirns: 2 bis 2,5 Petabyte[8], so dass man, wenn man ein Videorecorder wäre, 300 Millionen Stunden Fernsehsendungen aufzeichnen könnte, was 'non-stop' mehr als 300 Jahren entspricht[9].

Die hohe Rechenleistung von $10^{13}$ bis $10^{16}$ Rechenoperationen pro Sekunde bei einem Energieverbrauch von 10 bis 20 Watt (chemische Leistung) resultiert aus der hohen Anzahl paralleler Verbindungen und nicht aus einer hohen Geschwindigkeit für einzelne Rechenvorgänge.

Da wir hier im weiteren lediglich die grundlegenden Zusammenhänge zwischen Gehirn, Selbstorganisation und Lernen für ein Talententfaltungsmanagement darstellen, möchten wir die Leser, die sich einführend bzw. vertiefend für den Aufbau und die Funktion des menschlichen Gehirns interessieren, auf folgende vier Bücher verweisen: Gerald Hüther „Bedienungsanleitung für ein menschliches Gehirn" (Hüther, 2007a), „Biologie der Angst – Wie aus Stress Gefühle werden" (Hüther, 2007b), „Die Macht der inneren Bilder – Wie Visionen das Gehirn, den Menschen und die Welt verändern" (Hüther, 2008) und Bear et al. „Neurowissenschaften – Ein grundlegendes Lehrbuch für Biologie, Medizin und Psychologie" (Bear et al., 2009). Aus diesen Büchern seien hier kurz einige grundlegende Sachverhalte einleitend dargestellt.

---

[7] siehe hierzu die Selfish-Brain-Theorie von Prof. Achim Peters: http://www.selfish-brain.org/
[8] peta entspricht $10^{15}$.
[9] eine Schätzung von Paul Reber, Professor für Psychologie an der Northwestern University, http://reberlab.psych.northwestern.edu/

„Wissen Sie, was ein sich selbst organisierendes System ist? Ich auch nicht. Aber unser Gehirn scheint genau so etwas zu sein, ein System, das seine innere Organisation immer wieder neu an die jeweils vorgefundenen äußeren Bedingungen anpaßt" (Hüther, 2007b, S.81f). Von dieser Anpassungsfähigkeit des Gehirns sind so nicht alle höheren Lebewesen beglückt: „Hätten Sie ein Gehirn wie ein Stichling, dann bräuchten Sie sich keine Gedanken darüber machen, was Sie in jedem Frühjahr dazu bringt, das ewig gleiche Hochzeitsritual mit Ihrem Partner auszuführen. Sie würden sich nicht einmal darüber ärgern, daß Sie immer dann, wenn Sie dabei gestört werden, mit der ganzen Prozedur wieder von vorne beginnen müßten, um sie zu einem erfolgreichen Ende zu bringen. [...] Die genetischen Programme, die das zustande bringen, sind so alt und so wenig veränderlich wie die Stichlinge und ihr sonderbarer Hochzeitstanz" (Hüther, 2007a, S. 69).

Doch wie schafft es das menschliche Gehirn, sich fortlaufend, ein Leben lang, den Veränderungen der Umwelt anzupassen? Die Antwort auf diese Frage ist unmittelbar mit dem Namen Donald Olding Hebb verbunden, der 1949 in seinem Buch „The Organization of Behavior: a neuropsychological approach"[10] die Hebbsche Lernregel mit der erklärenden Kurzformel beschreibt: „what fires together, wires together". Je häufiger zwei Neuronen gleichzeitig aktiv sind, desto häufiger werden beide aufeinander reagieren. Er gilt damit als Entdecker der synaptischen Plastizität[11], der Eigenschaften von Synapsen, sich in Abhängigkeit von der Verwendung in ihren Eigenschaften zu verändern. Hier wird oft das Bild einer Veränderung eines Trampelpfades zu einer Autobahn verwendet: bei der ersten Benutzung des Pfades ist eigentlich noch keiner da. Hat erst einmal der Erste einen Pfad angelegt, so wird der Zweite, der ihn nutzt, diesen durch seine Benutzung noch mehr zum Pfad machen. Usw. usw., bis eine Autobahn nötig und entstanden ist. Allgemein ist somit die Änderung der Stärke der synaptischen Übertragung aktivitätsabhängig und kann sowohl durch morphologische als auch durch physiologische Änderungen bedingt sein.

---

10 Hebb, D.O. (1949): The Organization of Behavior – a neuropsychological approach. New York: Wilcy.
11 Dass das Werk von Donald Hebb mehr umfasst als die Hebbsche Lernregel und die Hebbsche Synapse schreiben Brown und Milner (2003).

Sind ganze Hirnareale angesprochen, spricht man auch von kortikaler Plastizität. Auch 'höhere Formen' der Plastizität sind beschrieben wie die Meta-Plastizität als Plastizität der synaptischen Plastizität (Abraham & Bear, 1996) und die bidirektionale synaptische Plastizität (Bear, 2003). Man sieht, dass das Gehirn nicht in seiner Endform angelegt wird, sondern in ständigen Anpassungsprozessen begriffen ist. Aus Erfahrung wissen wir, dass wir uns durch erlebte Erfahrungen ändern. Da jeder Mensch bekanntlich seine eigenen Erfahrungen macht und diese doch recht unterschiedlich sind, sind auch alle Gehirne recht unterschiedlich. Keines ist gleich. Und keines funktioniert genau gleich. Diese anpassungsbedingte Individualität scheint für das Bildungswesen eher etwas unpässlich zu sein, wie wir im Folgenden sehen werden.

„The brain changes with experience. But where are these changes, which ultimately result in altered patterns of activity, stored in neural circuits? Although the plasticity of the synaptic connections between neurons has received much attention, the intrinsic excitability of a neuron – its responsiveness to synaptic input – can also be markedly altered by experience" (Gründemann & Häusser, 2010). So verändert also unsere Erfahrung sowohl die Plastizität der synaptischen Verknüpfung als auch die Entstehung der Signalmuster im Neuron selbst[12].

Doch dies geschieht nicht bei jedem in jeder Situation im gleichen Maße: „Bekanntlich erinnert man sich nicht an alle Erlebnisse gleich gut. Einige, insbesondere solche mit starkem emotionalem Gehalt, werden dauerhaft in das Gedächtnis eingebrannt (zum Beispiel die erste Liebe). Andere Erinnerungen bleiben nur kurz erhalten und verblassen dann wieder. Die Modulation der Genexpression durch CREB[13] liefert einen molekularen Mechanismus, mit dem die Stärke einer Erinnerung gesteuert werden kann" (Bear et al., 2009, S. 898).

---

12 „Neurons generate their output signal – the action potential – in a distinct region of the axon called the initial segment. The location and extent of this trigger zone can be modified by neural activity to control excitability"
(Gründemann & Häusser, 2010).

13 Als erster Schritt der Proteinbiosynthese wird von einem Gen ein mRNA-Transkript erzeugt. Reguliert wird dieser Vorgang der Genexpression im Zellkern unter anderem durch Transkriptionsfaktoren. Einer dieser Transkriptionsfaktoren ist CREB (cyclic AMP response element binding protein); AMP (Adenosinmonophosphat).

Wir haben also einen molekularen, elektro-chemischen Übersetzungsmechanismus: „Lernen und Gedächtnis erfolgen durch Veränderungen an Sy-napsen. Ungeachtet der Artzugehörigkeit, der Lokalisation im Gehirn und der Form des Gedächtnisses scheinen viele der grundlegenden Mechanismen universell zu sein. Erinnerungswürdige Ereignisse werden zunächst in Form von Veränderungen der elektrischen Aktivität im Gehirn repräsentiert, dann als Veränderung in der Aktivität von Second-Messenger-Molekülen[14] und schließlich durch Modifikationen vorhandener Synapsenproteine. Diese vorübergehenden Veränderungen werden dann durch Strukturveränderungen der Synapsen in permanente umgewandelt – in ein Langzeitgedächtnis" (Bear et al., 2009, S. 900).

Doch in welchen Bereichen des Gehirns finden diese für das Lernen und das Gedächtnis wichtige Veränderungen statt? „Eine zentrale Rolle bei der anfänglichen Konsolidierung und Organisation von deklarativen Gedächtnisinhalten (Fachwissen und Episoden) übernehmen Strukturen des Hippocampus[15] und der Amygdala[16] [...], die ihre Arbeit der Übertragung ins Langzeitgedächtnis und der Integration in bestehende Wissens- und Erfahrungsstrukturen offenbar hauptsächlich nachts leisten" (Haken & Schiepek, 2006, S. 207).

In den weiteren Abschnitten werden wir nun sehen, wie sich welche „Zustände" unserer täglichen Lern- und Arbeitswelten eher positiv oder eher negativ auf unsere Gehirnfunktion auswirken. Und warum wir trotzdem daran festhalten. Für die weitere Betrachtung bleibt festzuhalten: „Zusammenfassend können wir feststellen, dass das Gehirn aufgrund seines Aufbaus und seiner Funktionsweise als Prototyp eines selbstorganisierenden Systems betrachtet werden kann" (Haken & Schiepek, 2006, S. 146).

---

14 Sekundäre Botenstoffe (Second Messenger) sind kurzlebige chemische Signalstoffe, die eine biochemische Reaktion auslösen können (vgl. Bear et al.,2009, S. 925).

15 Der Hippocampus ist „eine Region der Hirnrinde, die in Nachbarschaft und medial zur Riechrinde liegt. Beim Menschen befindet er sich im Temporallappen und spielt vermutlich eine Rolle beim Lernen und bei der Gedächtnisbildung" (Bear et al., 2009, S. 912).

16 Die Amygdala ist „ein mandelförmiger Kern im anterioren Temporallappen, von dem man annimmt, dass er an der Empfindung von Gefühlen, bestimmten Formen des Lernens und am Gedächtnis beteiligt ist" (Bear et al., 2009, S. 904).

## Gestresste Gehirne lernen anders: der kürzeste Weg zur erfrischenden Lernvermeidung

„Beschleicht Sie ab und zu das Gefühl, dass in Ihrer Firma niemand aus seinen Fehlern lernt? Sie können beruhigt sein: Sie sind nicht allein" (Leitl et al., 2011, S. 9).

Das Lernen wollen, sei einmal vorausgesetzt. „Wie unrealistisch", würde man meinen. Aber erinnern wir uns, dass kleine Kinder, also auch wir damals, von selbst und höchst vergnügt auch dann gelernt haben, wenn es die Eltern eher nicht wollten, beispielsweise die Wurffähigkeit gewisser Gegenstände im Restaurant testen oder diverse Tonlagen und Lautstärken im vollbesetzten Zug. Es scheint also etwas einen negativen Einfluss auf unsere neuronalen Lernelemente nehmen zu können. „Die reichhaltigen neuronalen Verknüpfungen im Hippocampus sind hervorragend dafür geeignet, langanhaltende neuronale Erregung auszubilden. Daher ist der Hippocampus eine der wichtigsten Hirngebiete für Lernen und Gedächtnis. [...] Ironischerweise machen gerade diese besonderen Verschaltungsmuster im Hippocampus, welche die Grundlage für höhere kognitive Funktionen sind, das System besonders anfällig gegenüber stressinduzierten neurotoxischen Effekten" (Rensing et al., 2006, S. 117).

Jaja, der Stress, hab' ich, kenn' ich, also hurtig zum nächsten Abschnitt. Doch wir wollen den Zusammenhang von Lernen und Stress auch aus dem Blickwinkel der Selbstorganisation beleuchten – das Gehirn ist ja ein „Prototyp eines selbstorganisierenden Systems" (Haken & Schiepek, 2006, S. 146). Hier spielen neben der Komplexität und der Emergenz auch Kontrollparameter eine wichtige Rolle: „Wenn man nach der Rolle der Kontrollparameter bei der neuronalen Selbstorganisation von Gedächtnismustern fragt, so kommen einerseits andere, ko-aktivierte Muster in Frage, welche die „Aufmerksamkeit" und die „Voreingenommenheit" beeinflussen. Informationen werden bevorzugt gespeichert, wenn sie in bestehende Strukturen (Schemata) passen, d.h. sie werden kontextuell in Assoziationsnetzen abgelegt und auch aktiviert [...]. In verschiedener Hinsicht wirken Emotionen als Kontrollparameter der Gedächtnisformung [...]. Solange sich das emotionale Arousal in einem mittleren Bereich bewegt, wird die Merkfähigkeit gestärkt, während bei zu starkem Stress die Gedächtnisleistung beeinträchtigt wird (wie wir aus

Prüfungssituationen wissen). Bei sehr starkem oder langanhaltendem, unkontrollierbarem Stress können sogar dauerhafte Gedächtnisstörungen resultieren" (Haken & Schiepek, 2006, S. 210).

Die Crux mit dem Stress ist es nun, dass die Stressreaktion als Notfallreaktion überlebenswichtig ist. Angelegt, um in kürzester Zeit alle Kräfte zu aktivieren und dadurch vielleicht in einer lebensbedrohenden Gefahr zu überleben, braucht man sie eigentlich eher kurz – entweder der Tiger hat einen erwischt, dann hatte es sich eh erledigt, oder man entkam und dann war sie wieder vorbei, die Notfallreaktion. „Wenn eine Notfallreaktion zur Dauerreaktion wird, brennen irgendwann irgendwo im Körper die Sicherungen durch. Das war damals ebenso wie heute: Dauerstreß führt zum Untergang, entweder zum Tod durch streßbedingte Erkrankungen [...] oder durch streßbedingte Unfruchtbarkeit" (Hüther, 2007b, S. 23).

Kommen wir aber vom Überlebenskampf wieder zu den Kämpfen in unserem Alltag zurück, also zu moderaten Stresssituationen. Hier sind – wie wir oben gesehen haben – unsere Emotionen und unser emotionales Arousal wichtige Kontrollparameter für die Gedächtnisfunktion. Wie wir mit Stress und den begleitenden oder ursächlichen Emotionen umgehen, müssen wir in unserer Kindheit ebenfalls lernen. Auch hier bilden sich kontextuelle Assoziationsnetze. Für Kleinkinder ist gefühlte Sicherheit überlebensnotwendig bzw. führt gefühlte Unsicherheit zu Angst und Angst zu Stress.

„Angst ist eine adaptive Reaktion auf bedrohliche Situationen. [...] Viele Angstreaktionen sind angeboren und arttypisch. [...] Aber Ängste können auch erlernt werden. [...] Schätzungen zufolge leiden etwa 15 Prozent der Bevölkerung der Bundesrepublik Deutschland an einer der bekannten Angststörungen" (Bear et al., 2009, S. 751). Aber auch sehr viele Lernschwierigkeiten und Lernstörungen gehen auf Ängste zurück, die während des Lernprozesses bewusst oder unbewusst aufgetreten sind. Dieses Phänomen scheint sich zu verstärken, je älter man wird und/oder je unübersichtlicher die Situation ist: War man in der Kindheit oder Jugend noch recht offen für neue und komplexe Lern- und Lebenssituationen – beispielsweise das Lesen und Schreiben innerhalb von fünf bis sechs Jahren (!) zu erlernen –, hat man mit zunehmenden Alter und/oder zunehmender Komplexität das Gefühl, dass doch lieber alles so bleiben soll, wie es immer schon war.

Da weiss man, was kommt und kann nichts falsch machen. Also bekanntes Muster (Gewohnheit, Routine), ergo Sicherheit und, hurra, keine Angst.

„Lernangst setzt sich aus verschiedenen spezifischen Ängsten zusammen, die einzeln oder zusammen aktiviert werden, sobald Sie etwas Altes verlernen und etwas Neues lernen wollen:

- Angst vor vorübergehender Inkompetenz. [...]
- Angst, wegen der Inkompetenz bestraft zu werden. [...]
- Angst vor dem Verlust der persönlichen Identität. [...]
- Angst vor dem Verlust der Gruppenzugehörigkeit" (Schein, 2010a, S. 121).

Diese Ängste können im angenehmsten Fall nur sehr heftig eingebildete Sorgen sein, denen relativ einfach zu begegnen ist: „Von den 100 Prozent Sorgen gelten schätzungsweise:

- 40 Prozent den Dingen, die dann doch nicht passieren,
- 30 Prozent dem, was bereits geschehen, vorbei, nicht zu ändern ist,
- 15 Prozent sind höchst überflüssig, sie werden niemals eintreten,
- 10 Prozent gelten als Lappalien, und
- nur 5 Prozent sind berechtigte Sorgen" (Lasko, 2001, S. 28).

Im anderen Extrembereich haben wir es mit einem hohen Niveau an Lernangst zu tun. Die meisten Ursachen dafür liegen schon etwas länger zurück und wurden kontinuierlich ‚verbessert'. Man hat sich hier ein Set an defensiven Denk- und Lernmustern quasi als Überlebensstrategie angelernt. „Ein hohes Niveau an Lernangst führt zur Abwehr der Daten, die die alten Annahmen widerlegen, und zu immer neuen Ausreden, mit denen erklärt werden soll, warum ein transformativer Lernprozess gerade jetzt unmöglich ist. Diese Reaktionen verlaufen in definierbaren Stufen.

- Verleugnung. [...]
- Einen Sündenbock suchen, die Verantwortung abwälzen oder ausweichen. [...]
- Ausweichen und Feilschen" (Schein, 2010a, S. 122).

Diese Verhaltensphänomene werden in Kapitel sieben „die lernende Organisation – reloaded and refreshed" eine erhebliche Rolle spielen. Hier kehren wir zu den lernbiologischen Zusammenhängen zurück. Im Zusammenhang mit nicht so einfach zu begegnenden Ängsten, lässt sich viel über das wechselseitige Zusammenwirken von Angst, Stress und Lernen lernen, wenn man versteht, wie die Aktivität spezieller CRH-Neuronen[17] reguliert wird. „Zwei Strukturen [...] regulieren die CRH-Neuronen des Hypothalamus: die Amygdala und der Hippocampus. [...] Wenn der zentrale Kern der Amygdala aktiviert wird, resultiert daraus die Stressantwort. [...] Die hippocampale Aktivierung hat dabei jedoch eine unterdrückende und nicht anregende Wirkung auf die CRH-Ausschüttung. [...] Daher ist der Hippocampus normalerweise an der Feedbackregulierung [...] beteiligt [...]. Zusammenfassend kann man sagen, dass die Amygdala und der Hippocampus die Stressreaktion als Gegenspieler steuern" (Bear et al., 2009, S. 756ff).

Wie wirkt sich also Dauerstress auf die Amygdala und den Hippocampus aus? Die mannigfaltigen, dies betreffenden elektro-biochemischen „Zusammenhänge[18] führen leider [letztendlich] dazu, dass unter Stress das implizite Lernen über die Amygdala verbessert ist, aber die Wiedergabe gelernter Gedächtnisinhalte aus dem Hippocampus und dem Kortex verhindert ist. Dies führt zu dem unangenehmen Umstand, dass in Prüfungen oder ähnlichen Situationen, die Aktivierung gespeicherter nicht stressrelevanter Gedächtnisinhalte blockiert ist, und man möglicherweise versagt, dass andererseits aber das Lernen in dieser Situation verbessert ist, so dass die Situation, in der man versagt hat, sich besonders gut einprägt" (Rensing et al., 2006, S. 113).

Und hierin liegt auch letztendlich die biologische Erklärung für den „Teufelskreis Lernstörung" (Betz & Breuninger, 1998): Wir kommen

---

17 CRH-haltige Neurone im Hypothalamus; CRH: Corticotropin-Releasing-Hormon. „CRH wird von parvozellulären neurosekretorischen Neuronen im Nucleus paraventricularis des Hypothalamus in den Blutstrom des hypophysären Pfortadersystems abgesondert" (Bear et al., 2009, S. 756).

18 Beispielsweise und „Interessanterweise führt die stressbedingte [...] Überaktivierung der Proteinkinase C im präfrontalen Kortex zu einer Beeinträchtigung des Arbeitsgedächtnisses [...] bei Affen und Ratten. Diese tierexperimentellen Befunde könnten erklären, wieso wir in Stresssituationen Ereignisse nicht gut im Kurzzeitgedächtnis speichern können" (Rensing et al., 2006, S. 89).

dauerhaft immer wieder in Lernsituationen, vor denen wir Angst haben. Dadurch ist das Lernen, das an gespeicherte, nicht stressrelevante Gedächtnisinhalte anknüpft, zunehmend aus dem Hippocampus und dem Kortex verhindert, bis es gänzlich blockiert ist. Gleichzeitig wird unter Stress das implizite Lernen über die Amygdala verbessert, was zu neuen Stress- und Angst-Kaskaden führt. An dieser Stelle, wo das Lernen durch Angst blockiert ist, erreichen Sie mit einer weiteren fachlichen Lernbeschäftigung nichts.

In dem Maße, wie das neue-Lernen blockiert ist oder die neuen Lernmuster nicht lange genug eingeübt worden sind, bis die Anwendung dieser neuen Lernmusters angenehm ist, bleiben auch die alten, „funktionierenden" Lernmuster bestehen. „Unsere These ist daher, dass auch Manager in der ersten Stresssituation das Gelernte wieder über Bord werfen" (Cichon, 2011, S. 14).

Die nächsten Abschnitte greifen noch kurz einige Lern-Phänomene unseres Lernalltages auf, um dann eine größere Idee eines selbständigen Lernens darzustellen, denn „wer seinen Computer nicht richtig bedienen kann, wird ihn zwangsläufig zu einer etwas komfortableren Schreibmaschine oder einem etwas komplizierteren Gameboy reduzieren und ihn auch so betrachten. Mit seinem Gehirn geht es einem im Prinzip genauso. Der einzige Unterschied ist, daß es dabei nicht so bleibt, wie es ist, sondern allmählich auch noch so wird, wie man es benutzt. Eben wie ein Gameboy oder eine Schreibmaschine" (Hüther, 2007a, S. 134).

## Aufmerksamkeit ist der Ausschluss uninteressanter Information, doch zum Glück gibt's ja Ritalin

In der Wahrnehmungspsychologie oder -biologie lernen wir, dass die Aufmerksamkeit der Ausschluss uninteressanter Information ist. Alle diejenigen, die mit Lernen und Bildung als Lehrende und Lernende beschäftigt sind, haben also bei Aufmerksamkeitsfragestellungen eigentlich die Frage, welche Information interessant ist und welche eben nicht bzw. wie kann ich meine zu vermittelnde Informationen noch interessanter machen, so dass die anderen Informationen uninteressanter werden?

Im digitalem Zeitalter, wo jedes Kind nahezu zu jeder Zeit an jedem Ort interessante Informationen über mehrere multi-mediale Empfangsgeräte zur Verfügung stehen, ist der oft eingeschlagene Weg, weiterhin uninteressante Informationen darzubieten und dafür die Lernenden zu disziplinieren oder mittels Ritalin zu sedieren, weit verbreitet.

Da es auch in Manager-Kreisen immer üblicher zu werden scheint, Phasen geringerer Aufmerksamkeit mit Neuro-Pushern – wie auch hier das Ritalin – zu überbrücken, sollte man sich wirklich überlegen, ob man mit seinen neuronalen (Dopamin-)Belohnungszentren experimentieren will.

Neben dieser biochemischen-Pseudolösung, die die eigentlichen Ursachen nicht behandelt, sondern eher benebelt, gibt es für die meisten Fälle eine einfache, kostengünstige und Gehirn-freundliche Lösung: „All we need to do is to make learning interesting and then kids will learn" (Mitra, 2010).

## Gesprächskomatöse Wachzustände: das didaktische (Mitarbeiter-)Gespräch als inszenierter Monolog

„Unzählige PowerPoint-Präsentationen hatten mich so ermüdet, dass selbst die dritte Flasche Cola keine Wirkung mehr zeigte. Zum ich weiß nicht wievielten Male wurden wir aufgefordert, ‚innovative Lösungen' zu suchen, um den ‚technologischen Herausforderungen' zu begegnen. Blablabla. Gähn!" (Reiter, 2010, S. 1).

Jaja, die lieben Floskeln. Auch hier gilt: Aufmerksamkeit ist der Ausschluss uninteressanter Information. Ich habe einmal ein Wochenendseminar mitleiten dürfen, wo unsere Gruppe, ca. 40 Personen, von einem Rhetorik-Trainer trainiert werden sollte. Er wurde uns empfohlen und sein Einstieg schien auch viel versprechend: „Es freut mich sehr, so viele lernfreudige Menschen, die sich auch über ein Wochenende Zeit nehmen, in Rhetorik trainieren zu dürfen. Eine solche Lernfreude findet man nicht so häufig. Deswegen freut es mich, dass wir heute Abend zu Beginn eine Rede Ghandis gemeinsam besprechen wollen." Seine Rede ging noch eine Weile so weiter und „Alle freuten sich".

Dann setzte die gemeinsame Besprechung in Monolog-Form ein: Es wurde immer eine kurze Filmsequenz vorgeführt und dann interpretierte er anschließend die Sequenz für uns. Das mag in manchen Kontexten so interessant sein, hier eher so nicht. Nach zwei-einhalb Stunden monologischen „Dialoges" waren wir alle – bis auf einen – Gesprächs-komatös sediert worden. Mit was sich das Gehirn alles so beschäftigen kann, wenn es komatös beschallt wird, ist schon bemerkenswert. Ein beherzter Doktorand, der bereits vor Langeweile zu explodieren schien, fragte kurz und knapp, dafür aber mit umso zornigerer Stimme in die Stille des Raumes hinein: „Wie lange geht denn Ihr Vortrag eigentlich noch?"

Die Tagungsleiterin, durch diese Frage schlagartig vom komatösen Wachzustand zur Rettung der Situation in die Manege geschmissen, konnte die Großgruppe für eine weitere Viertelstunde besänftigen, doch auch aus dieser Viertelstunde wurden eher drei bis vier Viertelstunden, da das Thema ja so interessant war. Stimmte auch, das Thema schon, aber der Dialog war ein Monolog, was in der Regel für einen der beiden Gesprächsteilnehmer dazu führt, sich mental in andere Wirklichkeiten zu absentieren. Da brach es erneut hervor: „Also, noch mal jetzt. [...][19] Wer mitkommen will, kommt mit, wer hier noch weiter sitzen bleiben möchte, bleibt hier!" Sprach's und ging. Zwei Drittel der Gruppe auch. Das restliche Drittel folgte nach weiteren 30 Minuten mit der Erkenntnis, sich leider nicht sofort für die erste Gruppe entschieden zu haben.

Nachdem dieses Vortragsseminar nun fast ein Jahrzehnt her ist, fand ich dieses bizarr-paradoxe Muster auch bei anderen Trainern, Professoren und Führungskräften. Es ähnelt sehr dem Lernparadoxon, das in Kapitel sieben noch ausführlich thematisiert wird: „Die Handlungen, die wir vornehmen, um das produktive Lernen in Organisationen zu fördern, verhindern in Wirklichkeit ein tiefergehendes Lernen" (Argyris & Schön, 2006, S. 285).

Bei dem Trainerparadoxon scheint folgender Zusammenhang handlungsleitend: Wie der Trainer richtig anmerkte, gibt es unterschiedlich motivierte Personen und Personengruppen, die an einem Training teilnehmen wollen oder müssen. Wenn man dann auf eine Großgruppe trifft, deren Teilnehmer alle ähnlich lernfreudig und motiviert sind, ist dies schon eine nicht alltägliche Situation, wodurch auch der Trainer auf das Beste motiviert ist. Soweit so gut.

---

19 Wiedergabe des Originaltones wohlwollend verkürzt.

Jetzt erahnt der Trainer, dass er in dieser Gruppe all das umsetzen kann, was in anderen Gruppen eher nicht ging – was noch mehr motiviert. Dadurch stellt sich beim Trainer auch das Bedürfnis ein, dieser „wertvollen" Gruppe alles auf das Beste mitzugeben. Alles was er kann. Sein ganzes Repertoire. Alle Beispiele. Die besten Witze… – was noch mehr motiviert und bereits in Übermotivation mit operativer Aufgeregtheit umzuschlagen scheint. Nimmt der Trainer dieses bei sich wahr und kann sich der Trainer jetzt in seiner Übermotivation zügeln – alles bestens.

Wenn nicht, beginnt jetzt der Trainer tendenziell das Programm zu beschleunigen, damit er der Gruppe noch mehr mitgeben kann. Und wie beschleunige ich am besten? Richtig, ich mach's am Besten selbst. Also hurtig und fluchs die Videos gespult, zwischendurch die technische Pause mit eigene Erfahrungen garnieren, dann weiter. Nächste Szene – stop. Sagen, wie wichtig gerade diese Szene ist – Blickkontakt – zur Not, Witz erzählen, aber alle begeistert – also weiter. Wenn Sie als Trainer ein solches Vorgehen zwei Stunden in diesem Tempo durchhalten, sind Sie in einer überglücklichen Taten-Blase operativ eingenebelt wie auf Wolke sieben. Alles super. Nur der Kontakt zur Gruppe ist irgendwie abhanden gekommen. Die Teilnehmer sind im sedierten Stand-by-Modus und das Seminar rauscht erholsam an ihnen vorbei.

Der Mensch ist zwar mit Spiegelneuronen [20] ausgestattet, mit deren Hilfe er sich in sein Gegenüber einfühlen kann, doch in diesem Zustand höchster Übermotivation will man ja weiter. Dank dieser Übermotivation nimmt man auch die ansonsten eher feinfühliger wahrgenommenen Untertöne der Teilnehmer und Seminarleiter eher nicht wahr und ist den Personen, die etwas einwenden, auch nicht böse, im Gegenteil.

So hat man, dem Trainerparadox verfallen, in bester Absicht und höchster Motivation, den Teilnehmern ein optimales Seminar mit größtem Lern- und Transfererfolg zu bieten, genau das Gegenteil erreicht. Die Handlungen, die wir als Trainer vornehmen, um das produktive Lernen der Teilnehmer bestmöglich zu fördern, verhindern in Wirklichkeit ein tiefergehendes Lernen. Schade.

---

20 zur Entdeckung der Spiegelneurone 1995 durch den Italiener Giacomo Rizzolatti, siehe Bauer (2006, S. 21ff).

Dieses Lern- und Trainerparadoxon scheint es auch als Eltern- oder Chefparadoxon zu geben. Und es ist offensichtlich als machtvolles Muster tief im Gehirn verankert.

## MMM – Die Macht mentaler Muster: Erwartung dominiert Wahrnehmung

„Aufmerksamkeitsprozesse modifizieren die Sensitivität für Reize (nicht nur visueller Art) und fokussieren die Wahrnehmung, indem sie die Koordination zwischen den visuellen Bahnen erleichtern. Umgekehrt können mentale Inhibitionsprozesse so weit gehen, dass wir etwas, was wir nicht sehen wollen, faktisch ausblenden oder nicht sehen können. [...] Wir sehen, so könnte man sagen, nicht nur mit den Augen, sondern mit Hilfe unseres Gedächtnisses. Wahrnehmung ist eine aktive Konstruktionsleistung unseres Gehirns" (Haken & Schiepek, 2006, S. 179).

Und diese aktiv konstruierten Wahrnehmungsmuster werden an mehreren Stellen im Gehirn mit unterschiedlichen „Zusatzinformationen" abgespeichert. Dies macht aus folgendem Grund biologisch Sinn: Wenn Sie damals wie heute in eine lebensgefährliche Situation kommen und überleben, hat ihr Gehirn während dieses Stresszustandes extrem viel gespeichert, was in dieser ungünstigen Situation auftrat, beispielsweise das Quietschen der Autoreifen von dem Auto, was Sie beinahe überfahren hätte. Wenn Sie jetzt wieder quietschende Autoreifen hören, werden Sie sofort in einen Alarmzustand versetzt, da Ihr Gehirn eine ähnliche Situation erwartet. Kam wieder ein Auto, wieder überlebt, okay, das Muster wirkt. Kam kein Auto, auch okay, da auch nicht tot. Sie werden nur allmählich das Quietschen als nicht-bedrohlich überlernen, da es für Sie immer von Vorteil ist, lieber einmal mehr alarmiert zu sein als tot.

Mit nicht ganz so dramatischen Wahrnehmungsmustern verhält es sich ähnlich: man hat ein Set an Mentalen (Verhaltens-)Mustern im Kopf, die sich in der Vergangenheit bewährt haben. Werden jetzt Reize wahrgenommen, die in diese etablierten Erfolgsmuster passen, werden auch die hiermit verknüpften anderen Gedächtnisinhalte aktiviert. So weit, so gut. Wiederholt sich dies, kann es mit zunehmender „Nachlässigkeit", ob auch die anderen Wahrnehmungsinhalte des Erfolgsmusters auftreten oder nicht, dazu kommen, dass man immer früher denkt, das „richtige" Muster erkannt zu haben. Man schaut gar nicht mehr richtig hin, denn es ist ja immer wahrscheinlicher eh dieses oder jenes.

Überprüfen Sie einmal, wie oft Sie zum Telefon gehen, wenn es nicht für Sie ist. Es klingelt, Sie heben ab, nicht für Sie. Es klingelt erneut, Sie heben ab, und wieder ... . Wenn Sie jetzt ein Display am Telefon haben, das Ihnen verrät, wer anruft und Sie somit einschätzen können, ob es für Sie seien könnte oder nicht, achten Sie einmal darauf, wie lange es dauert, bis Sie beim Klingeln nicht mehr auf das Display schauen und gleich sagen: „Ist eh nicht für mich, da brauch ich gar nicht erst auf das Display schauen." Sie erwarten, dass es nicht für Sie ist. Wenn dies auch so ist, stimmte Ihre Erwartung und sie werden auf den jetzt ja unnötigen Wahrnehmungsschritt, auf das Display zu achten, verzichten.

Man kann dieses Wahrnehmungs-/Lernphänomen auch Blindheit durch Nicht-Aufmerksamkeit nennen. Unsere Erwartung macht uns blind, indem wir gegenüber dargebotenen Wahrnehmungselemente nicht aufmerksam sind. Dies geht solange, bis die routinierten Erwartungsmuster gebrochen werden: „Life is always breaking our mental models. We are continually being surprised by events and by people who do not meet our experience. After all these years, we thought we knew our spouse completely; then he does something that makes us realize his reality contains things we had not yet mapped. [...] Mental models tamp a lot down, keeping information out of our awareness" (Butler, 2007, S. 41).

Die Frage bleibt, wer hat jetzt wen unter Kontrolle? „Normally, our thoughts have us rather than we having them" (Bohm, 1994).

## Reden ist Schweigen, Silber ist Gold: Es gibt nur eine Richtigkeit – die eigene

„ ‚Jeder kann sagen, was ich will': Eine Aussage, die dem Fußballtrainer Otto Rehhagel zugeschrieben wird" (Wüthrich et al., 2009, S. 284).

Wenn man sich mit dem Begriff der Wirklichkeit und Paul Watzlawick beschäftigt – beispielsweise mit seinem Buch „Wie wirklich ist die Wirklichkeit" (2009b) – oder mit „den biologischen Wurzeln menschlichen

Erkennens" (Maturana & Varela, 2009), kann man sich schnell mit der Richtigkeit der Aussage anfreunden, dass ein jeder mit seinem eigenen Gehirn sich seine eigene Wirklichkeit für sich wirklich konstruiert. Wenn dem so ist, was bedeutet dies für unser Thema?

Wie wir im Weiteren sehen werden, ist das Auftreten von defensivem Lernverhalten weit verbreitet und einer unserer inneren „Schweinehunde": „Um besser verstehen zu können, wie das Abwehrverhalten beibehalten wird, müssen wir untersuchen, wie die Menschen argumentieren. [...] Eine weitere Eigenschaft von defensivem Argumentieren ist, daß Personen Schlußfolgerungen ziehen und behaupten, daß sie richtig seien, dabei aber sicherstellen wollen, daß die einzige Möglichkeit, diese Schlußfolgerungen zu überprüfen, darin besteht, ihre eigene Logik zu verwenden" (Argyris, 1997, S. 64f).

Wie bei Kindern mit Rechenschwäche und ihrer eigenen Logik, kann es auch hier zielführend sein, nicht nur permanent zu erklären, dass man einen Fehler entdeckt habe und dass dies zurückzuführen ist, auf eine eigene, nichtnachvollziehbare Logik – was ja mehr oder weniger bekannt und zu erwarten ist –, sondern vielmehr einen möglichen praktikablen Umgang mit der Aufrechterhaltung dieser Logik zu beleuchten, denn eine Aufgabe der eigenen konstruierten Wirklichkeit von einer der Personen ist nur in Extremsituationen wahrscheinlich. Also, nicht traurig sein und in den Tisch beißen, bei manchen Persönlichkeitsprägungen hilft es, „nur" die betriebliche Arbeitsfähigkeit aufrechtzuerhalten. Wer welche Wirklichkeiten hat und ob man in allen Wirklichkeiten übereinstimmt, ist manchmal einfach nicht so wichtig. Denn Reden ist Schweigen, Silber ist Gold. Richtig. So iss's.

„Es gab verschiedene Versuche, Denkstile und sogar ganze Persönlichkeitstypen zu kategorisieren, um Menschen besser verstehen und effizienter organisieren zu können. Solche Kategorien können mehr oder weniger hilfreich sein, solange wir im Auge behalten, dass sie nur eine Möglichkeit darstellen, über Dinge nachzudenken" (Robinson & Aronica, 2010, S. 130). Ein weit verbreitetes Verfahren sei hier kurz etwas kritisch hinterfragt. Wie gesagt, solange man weiss, für was man welchen „Test" einsetzt und wo die Grenzen sind, okay. Aber „wer je einen Myers-Briggs-Test gemacht hat, kennt die verschiedenen Instrumente, Menschen einer Schublade zuzuordnen. Zumindest im angloamerikanischen Raum setzen Personalabteilungen den Myers-Briggs-Typenindikator (MBTI) anscheinend gerne ein, um Menschen zu typisieren.

Über zweieinhalb Millionen Menschen machen den MBTI jährlich [...]. Im Grunde ist er ein Persönlichkeitsquiz, wenn auch etwas komplexer als die Tests, die Sie in populären Zeitschriften finden [...]. Anhand der vier Kategorien[21] und der zwei möglichen Positionen innerhalb der Kategorien identifiziert der Test sechzehn Persönlichkeitstypen. Was bedeutet, dass Sie und alle anderen rund sechs Milliarden Menschen auf dieser Erde in eine dieser Schubladen passen müssen. Das ist in mehrfacher Hinsicht problematisch[22]" (Robinson & Aronica, 2010, S. 130f.).

Abschließend noch eine fast schon zum kollektiven Gedächtnis zu zählende 'Richtigkeit': „Haben Sie schon mal etwas von der 80/20-Regel gehört? Sie ist die Signatur eines Power Laws und der Ausgangspunkt von allem. [...] Die 80/20-Regel ist nur eine Metapher, keine wirkliche Regel, schon gar kein festes Gesetz. In der US-amerikanischen Buchbranche sind die Verhältnisse eher 97/20 (das heißt, 97 Prozent des Buchabsatzes entfallen auf 20 Prozent der Autoren). Bei der literarischen Nonfiction sieht es noch schlimmer aus (20 Bücher von beinahe 8000 repräsentieren die Hälfte des Absatzes). [...] In manchen Situationen kann es eine Konzentration vom 80/20-Typ geben, mit sehr vorhersagbaren und verfolgbaren Eigenschaften, so dass eine klare Entscheidungsfindung möglich ist [...]. Im Verlagsgeschäft dagegen weiß man nicht schon vorher, welches Buch ein Knüller wird" (Taleb, 2008, S. 286).

Diese „Richtigkeit", die bei wirklich vielen Trainern und Beratern schon recht „flexibel" wiedergegeben wird, was sich wahrscheinlich auch nicht allzu bald ändern wird, führt uns zu folgenden Fazit: „Seien Sie vorbereitet!

---

21 Energie, Wahrnehmung, Urteilsvermögen und Zurechtfinden in Lebensereignissen.

22 „Erstens verfügten weder Katherine Briggs noch ihre Tochter Isabel Myers über irgendeine Qualifikation auf dem Gebiet der psychometrischen Testverfahren, als sie den Test entwickelten. Zweitens lassen die Teilnehmer sich oft nicht eindeutig einer der Kategorien zuordnen. Sie tendieren innerhalb der Kategorien vielleicht ein kleines bisschen mehr zu diesem als zu jenem (sind beispielsweise ein bisschen mehr extrovertiert als introvertiert), [...]. Am verräterischsten aber ist, dass viele Leute, die den Test wiederholen, anschließend in einer anderen Schublade landen. Einigen Studien zufolge kommt dies bei mindestens der Hälfte der Fälle vor. Das deutet darauf hin, dass entweder ein ziemlich hoher Prozentsatz der Bevölkerung schwerwiegende Probleme, sprich eine Persönlichkeitsstörung hat oder dass der Test kein zuverlässiger Indikator für den ‚Typ' ist" (Robinson & Aronica, 2010, S. 131f.).

Engstirnige Vorhersagen haben eine schmerzlindernde oder therapeutische Wirkung. Hüten Sie sich vor dem betäubenden Effekt magischer Zahlen" (Taleb, 2008, S. 251) oder monumentalen und generalisierten ‚Halbregel'-Weisheiten.

## Learner-driven education: ein Paradigmenwechsel

Fassen wir kurz zusammen: Aufmerksamkeit ist der Ausschluss uninteressanter Information. Interessante Information steht dem Lernenden im digitalen Zeitalter nahezu zu jeder Zeit an jedem Ort zu Verfügung. Aber die Frage bleibt: Wie kommen die Informationen in jeden einzelnen Lernenden hinein und wie generieren diese dort aktionsfähiges Wissen? Und wie kommt dieses in Form von Kompetenzen als Fähigkeiten zum selbstorganisierten Handeln wieder heraus? Von den neurobiologischen Grundlagen bis hin zur Selbstorganisation in Unternehmen: Wir beginnen erst zu verstehen, wie die vielschichtigen kognitiv-emotionalen Prozesse im Einzelnen oder in der Gruppe funktionieren und wie wir uns mit der Kenntnis davon in der modernen komplex-dynamischen Welt zurecht finden können. Eines aber ist sicher: Die Rolle des Chefs und des Lehrenden als Dozent Gesprächs-komatöser Wachzustände hat sich im Lerner-zentrierten, digitalen Zeitalter hin zu einem Lernprozessbegleiter selbstgesteuerten Lernens gewandelt. Lernen heißt einmal mehr Suchen. Sinn des Lernens ist die Vorschau – auch und gerade in unsicheren Zeiten. Und Sinn der Vorschau ist die Ermöglichung der Tat: so specialize in the unpredictable!

## Fakten, Fakten, Fakten: nur Blütendiagramme können uns noch retten!

„Das Ziel der Gehirnaktivität ist eine Minimierung von Daten und nicht die Erfassung einer möglichst großen Datenmenge. [...] Dieser ‚Flaschenhals der Datenreduktion' symbolisiert eine zentrale Aufgabe aller Lebewesen [...]. Wenn wir diese Fähigkeit bei unserem Tun aber ausschalten – wie das in den meisten fachorientierten Planungen mit ihrer Datenflut heute immer noch der Fall ist – darf es nicht wundern, dass dieses Tun dann von Fall zu Fall in die Irre führt" (Vester, 2008, S.23f).

Ein wesentlicher Grund für die Aufrechterhaltung einer möglichst großen Daten- und Faktenmenge scheint für Bildungs- und Zertifizierungseinrichtungen in der angenehmen Prüfbarkeit zu liegen. Zu Beginn von Kapitel drei haben wir bereits einige Unterschiede zwischen Qualifikationen und Kompetenzen dargestellt. Ein weiterer ist der der Prüfbarkeit: Abfragbares Wissen memorierter Datenmengen oder Gebrauchsanweisungen lässt sich relativ leicht in (theoretischen) Prüfungen überprüfen, Kompetenzen dagegen nur in der Praxis „als Fähigkeiten disponieren und durch Erfahrungen konsolidieren" (Erpenbeck & Heyse, 2007, S. 468).

Was landläufig unter Lernen verstanden wird, spiegelt dieses Fakten-Wissen als Bestehensmerkmal für Prüfungen wider: Lernen wird mit Auswendiglernen von Informationen und Daten gleichgesetzt, die nach bestandener Informations- und Datenwiedergabe, nämlich den Prüfungen, auch wieder vergessen werden dürfen – so scheint es. Bei einer hohen Prüfungsdichte erscheint es oft sogar ratsamer, den neuronalen Datenspeicher für die nächste Datenaufnahme vor der nächsten Prüfung möglichst rasch zu löschen. Eine robuste „Lernen-Prüfen-Vergessen"-Strategie ist mitunter äußerst förderlich für den Prüfungserfolg. Welch ein Erfolg!

Lernen besteht aber nicht nur aus Auswendiglernen und der auswendig gelernten Wiedergabe von Antworten. Lernen heißt vielmehr auch Suchen, nach Fragen suchen. Aber auch das Erlernen von sozialen Kompetenzen wie Teamfähigkeit, Querschnittkompetenzen wie Führungskompetenz, das Lernen des Lernens in Gruppen oder in Teams oder auch das Lernen des organisationalen Lernens wird in der Arbeitsumgebung beiläufig, wenn überhaupt, und eher zufällig gelernt. „Wir lernen nicht spontan, dass wir nicht lernen, dass wir nicht lernen. Das Problem liegt in der Struktur unseres Verstandes: Wir lernen keine Regeln, sondern nur Fakten" (Taleb, 2008, S. 6).

Und wir lernen nicht nur Fakten, sondern Fakten und Fakten und Fakten. Ein äußerst erfolgreicher Wissenschaftler brachte es als Student beim Anfertigen einer Abschlussdokumentation im Rahmen eines mehrjährigen Hochbegabtenförderprogramms an einer deutschen Großforschungseinrichtung trefflich auf den Punkt: „Diese gewisse – nennen wir sie ruhig Verrücktheit[23] – ist für mich jedoch lebensnotwendig, denn wer ohne einen seelischen Schaden zu nehmen die Grundpraktika in Zoologie und Botanik überstehen will, sollte über alles Paradoxe herzhaft lachen können, andererseits wird er in den systematischen Sümpfen ein jähes Ende finden und von einer unglaublichen Menge von diplo- und triploblastischem Getier dem Kreislauf als Nährsalze wieder zur Verfügung gestellt. Schließen möchte ich meine kleine Selbstdarstellung mit einer geradezu unglaublichen Erkenntnis und gleichzeitigem existenziellen Appell an die Menschheit: Nur Blütendiagramme können uns noch retten!"

Dem ist nichts hinzuzufügen.

Um es aber auch gleichwohl mit den Worten eines renommierten Neurowissenschaftlers zu sagen: „Wäre ein menschliches Gehirn nichts weiter als ein kompliziertes Denk- und Erinnerungsorgan, dann sollte es durch intellektuelle Ratespiele und das Auswendiglernen von Telefonbüchern am besten zu unterhalten und zu warten sein" (Hüther, 2007a, S. 25).

## „ ...and then I left"
## Prof. Mitras „child-driven education"

Wie können wir neben dem notwendigen Fakten-Lernen auch das selbständige Lernen lernen? Die Antwort ist recht beeindruckend: wir können es bereits und haben es seit und vor unserer Geburt schon gekonnt. Kleine Kinder wollen und können von sich aus lernen. Man muss es ihnen nicht sagen, sie besonders motivieren oder ihnen die Notwendigkeit des Lernens für zukünftige Herausforderungen detailliert begründen. Die Frage lautet daher

---

23 Gemeint ist hier die, dieser Textpassage voran stehende, Selbstdarstellung: „Außerdem bin ich ein aufgeschlossenes Kerlchen mit einem mir nachgesagten Schwiegermutterslieblingslächeln. Ob dies nun wahr ist oder nicht, ich nehme dennoch von mir an, ein lustig unkomplizierter Zeitgefährte zu sein, dem sehr viel daran liegt, andere Menschen zum Lachen zu bringen. Dies kann zuweilen schon einmal ungewöhnliche Formen annehmen, doch wer zu viel Monty Python rezitiert und sich galoppierend durch vollgestopfte Fußgängerzonen fortbewegt, riskiert nun mal, von Außenstehenden unverständliche Blicke einzufangen. Auch pfeife ich meist in regem musikalischem Diskurs mit Oberpfeifer Andreas auf mich und den Rest der Welt."

eigentlich: Wann, wo und wie verlernen wir unser selbständiges Lernen? Oder wie können wir dem Ver- oder „Weg"-lernen sinnvoll vorbeugen?

Sugata Mitra, Professor für Educational Technology an der School of Education, Communication and Language Sciences an der Newcastle University (UK), richtet sich mit seinen außergewöhnlichen Ideen und Projekten an diejenigen, die von den herkömmlichen Bildungssystemen eher schwer oder gar nicht erreicht werden können. Im Jahr 1999 installierten Professor Mitra und seine Kollegen beispielsweise in „einem Loch in einer Wand"[24] in einem Slum in Neu Delhi einen Internet-fähigen PC mit einem high-speed-Internet-Zugang und ließen ihn dort zurück. Aber erst nachdem sie eine versteckte Kamera angebracht hatten, um das Treiben vor dem Computer zu observieren (Mitra et al., 2005, S. 407ff). Was sie so beobachten konnten, waren die Kinder des Slums, wie sie zuerst selbst, dann von- und schließlich miteinander spielerisch erforschten und sich selbständig beibrachten, wie man einen Computer benutzt und wie man mit ihm online geht.

Und mit selbständig meint Professor Mitra selbständig im eigentlichen Sinne, wie folgendes Beispiel aus seinem äußerst motivierenden und belebenden TED-talk „The child-driven education" zeigt: „At that point, I became a little more ambitious and decided to see what else could children do with a computer. [...] I gave them a computer with a speech-to-text interface, which you now get free with Windows, and asked them to speak into it. So when they spoke into it, the computer typed out gibberish, so they said, „Well, it doesn't understand anything of what we are saying." So I said, „Yeah, I'll leave it here for two months. Make yourself understood to the computer." So the children said, „How do we do that?" And I said, „I don't know, actually." [Laughter] And I left. [Laughter]" (Mitra, 2010).

Das obige Hole-in-the-Wall-Projekt hat aufgezeigt, dass auch ohne jegliche direkte Anweisung eines Lehrers als formaler Erzieher Lernen durch Selbst-Instruktion und durch geteiltes Wissen informell erfolgen kann. Benötigt wurde lediglich eine Hole-in-the-Wall-Lernstation (Mitra et al., 2005, S. 409) als Lernumgebung, die die natürliche Neugierde der Kinder und das kollaborative Lernen anregt.

---

24 im Rahmen ihres bahnbrechenden Projektes „Hole-in-the-Wall" (Mitra et al., 2005, S. 407; Mitra & Dangwal, 2010, S. 672).

Diese neue Pädagogik nennt Mitra in Anlehnung an die minimal-invasive Chirurgie „minimally invasive education (MIE)" (Mitra et al., 2005, S. 408)[25].

In ihrer 2010 erschienenen Studie „Limits to self-organising systems of learning – the Kalikuppam experiment" stellen Mitra und Dangwal (2010, S. 673) die Frage, ob Tamil-sprechende Kinder in einem abgelegenen, indischen Dorf Grundlagen der Molekularbiologie, verfasst in Englisch, selbständig lernen können. Und mit „selbständig" meint Professor Mitra wieder folgendes: „I called in 26 children. They all came in there, and I told them that there's some really difficult stuff on this computer. I wouldn't be surprised if you didn't understand anything. It's all in English and I'm going. [Laughter] So I left them with it. I came back after two months" (Mitra, 2010).

Ein weiteres Beispiel für die schlichte Schönheit und Sinnhaftigkeit einer „minimally invasive education" stellt – im digitalen Zeitalter des cloud-computing – Professor Mitras „UK Granny Cloud" dar: In dem „Soles and Somes"-Projekt[26], wie es offiziell heißt, stehen hunderte freiwillige Großmütter aus Newcastle via einer kostenlosen Skype-Videokonferenz Kindern aus Indien einmal wöchentlich als Vorleser und Ausbildungs-Mentoren zur Verfügung. Interkulturelle Kompetenz, Medien- und Informationskompetenz werden hier ebenso erlebbar gemacht und trainiert, wie auch eine globale Intergenerationale Kompetenz. Und wir erinnern uns: Kompetenzen sind Fähigkeiten selbst-organisierten Handelns.

Professor Mitra beendet seinen TED-talk mit der Einschätzung, dass Bildung ein sich selbst-organisierendes System sei: „I think we've just stumbled across a self-organizing system. A self-organizing system is one where a structure appears without explicit intervention from the outside. Self-organizing systems also always show emergence, which is that the system starts to do things, which it was never designed for. Which is why you react the way you do, because it looks impossible. I think I can make a guess now. Education is a self-organizing system, where learning is an emergent phenomenon" (Mitra, 2010).

---

25 Die weiteren Erfolgsgeschichten dieses Projektes sind auf www.hole-in-the-wall.com zu finden.

26 http://solesandsomes.wikispaces.com/

An dieser Stelle wird deutlich, dass man die Bildung und die Kultur einer lernenden Organisation und ihres Teilsystems „Talentmanagement" als ein selbst-organisiertes System betrachten sollte. Die neue, minimal invasive Pädagogik unterstützt die autopoietischen Selbstorganisationsprozesse dieser Bildungskultur, steht damit aber auch der heutigen, eher noch industriell geprägten Bildungskultur gegenüber.

## That's it.
## Sir Ken Robinsons „Changing Education Paradigms"

Sir Ken Robinson[27] tritt in der RSA Benjamin Franklin Medal Lecture vor der Royal Society for the encouragement of Arts, Manufactures and Commerce (RSA) in seinem Vortrag „Changing Paradigms – How we implement sustainable change in education" vehement für einen notwendigen Paradigmenwechsel im Bildungswesen ein: „So the challenge for me is not to reform education but to transform it into something else. I think we have to come to a different set of assumptions" (Robinson, 2008).

Zu einem veränderten Set an Annahmen zu gelangen, ist gerade heute für alle Lernprozesse in Bildungs- und Arbeitsorganisationen äußerst notwendig, wenn man das Lernen, die Stärken, Potentiale und Talente eines jeden einzelnen tatsächlich entdecken und fördern will. In seinem Buch „In meinem Element – Wie wir von erfolgreichen Menschen lernen können, unser Potential zu entdecken" ist ein „bunter Strauß von Geschichten über die kreativen Reisen ganz unterschiedlicher Menschen" enthalten, die erzählen, „wie sie ihre spezielle Talente entdeckt haben" (Robinson & Aronica, 2010, S. 11). Der Blick fokussiert dabei auf das Potential und die Kreativität des Menschen und auf die Augenblicke, bei denen ihre eigenen Talente ihnen zu ihren eigenen Herzensangelegenheiten (Leidenschaften) wurden. Wo und wie kann man diesen essentiellen inneren Kontakt zwischen 'talent' und 'passion' herstellen? Und in welcher Lern- und Arbeitsumgebung und durch welches Lern-, Reflexions- und Handlungsformat unterstützen?

---

27 Sir Ken Robinson ist britischer Autor, weltweiter Experte für Kreativität und Gesellschaftsentwicklung und wurde 2003 von Queen Elizabeth II. für seine Verdienste in der Bildung zum Ritter geschlagen.

Was auffällt ist die ungeheure Bandbreite an Talenten und die schier unüberblickbare Vielzahl an geradlinigen als auch queren Lebensläufen. Was folgt daraus für uns und für unsere Bildungssysteme, für unsere Arbeits- und unsere Lebensgemeinschaften? Der „Chef von Porsche", Matthias Müller, sagt in dem Spiegel-online Interview „Top-Talente erkennt man nicht im Bewerbungsgespräch", „wie er junge Talente zu Karriere-Schlenkern ermutigte": „Ich frage mich tatsächlich, ob der geradlinige Weg der beste ist. Ich habe gerade von der Vielfalt meines Lebenslaufs enorm profitiert. Unabhängig davon kommt es aber immer auf das Potential des Einzelnen an. Ob einer den geraden Weg nimmt oder Schlenker macht, spielt keine so große Rolle" (Spiegel-online, 2011b). Wir benötigen also ein Bildungs- und Wirtschaftssystem, welches beides ermöglicht und die Vorteile beider Systeme positiv und konstruktiv verstärkt.

Jeder Staat auf der Welt, so Robinson, sei gerade dabei, sein Bildungssystem zu reformieren. Und dies aus zwei Gründen. Der Erste sei ein ökonomischer: Wie können wir unsere Kinder so erziehen, dass sie ihren Platz in den Wirtschaftssystemen des 21. Jahrhunderts finden, ohne das wir erkennen können, wie unsere Wirtschaft am Ende der nächsten Woche aussähe. Der Zweite ein kultureller und globaler: Wie können wir unsere Kinder erziehen, so dass sie eine kulturelle Identität besäßen – bei gleichzeitiger Globalisierung?

Das eigentliche Problem sei hier, dass wir den zukünftigen Herausforderungen mit Modellen und „Lösungen" der Vergangenheit begegnen wollen. „The problem is that the current system of education, in my view and experience, was designed and conceived and structured for a different age. It was conceived in the intellectual culture of the Enlightenment and in the economic circumstances of the Industrial Revolution" (Robinson, 2008). Hierin seien auch Annahmen über soziale Strukturen und geistige Kapazitäten enthalten: „The real intelligence consists in the capacity for a certain type of deductive reasoning and a knowledge of the Classics originally, what we come to think of as academic ability. This is deep in the gene pool of public education that there are really two types of people, academic and non-academic" (Robinson, 2008).

Die heutige Herausforderung besteht darin, dass in unserer digitalen Welt interessante Informationen an jedem Ort zu jeder Zeit für die Kinder zu Verfügung stehen. Da Aufmerksamkeit der Ausschluss uninteressanter Information ist, konkurrieren die Inhalte, die wir in der Schule lernen sollen, mit den interessanten Inhalten der digitalen Welt. Sind schulische Themen und Präsentationen interessanter, ist die Aufmerksamkeit bei den schulischen Themen und Präsentationen, wenn nicht, dann nicht.

Kann die Lehrperson zudem nicht adäquat mit den neuen Medien der digitalen Welt umgehen, sind hier die Schüler eher die Lehrpersonen für die Lehrer. Was in geringem Umfang zu vernachlässigen ist bzw. was für ein kollektives Lernen sogar recht förderlich wäre, führt bei größerem Lerndefizit der Lehrer dazu, dass diese Lehrer auch allgemein als adäquater Ansprechpartner für die Schüler zunehmend ausfallen. Auf ähnliche Herausforderungen für die heutigen Führungskräfte aller Branchen verweist der US-amerikanische Vier-Sterne General Stanley McChrystal in seinem TED-talk „Listen, learn ... then lead" (McChrystal, 2011).

Wenn wir uns das industrielle Bildungsmodell näher anschauen, stellen wir fest, dass es eine Hauptannahme gibt: „What is there this assumption that the most important thing kids have in common is how old they are? It is like the most important thing about them is their date of manufacture. [...] If You are interested in the model of learning, you don't start from this production-line mentality" (Robinson, 2008). Wir bilden also Schüler und Studenten, nach Jahrgängen sortiert, in einer linearen Produktionslinie aus, so dass sie am Ende der Ausbildung oder des Studiums standardisiert vom Bande plumpsen. Diese Standards richten sich nach den Nachfrageanforderungen der zukünftigen Arbeitgeber, also der Abnehmer bzw. Aufkäufer. Die individuellen Stärken, Potentiale und Talente der Schüler und Studenten spielen eine eher untergeordnete bis gar keine Rolle: „We still educate people from outside in" (Robinson, 2008).

Für das industrielle Modell gibt es einige Schlüsselwörter: wie die Nützlichkeit, welche das Curriculum prägt; wie die Linearität, welche Wahlen und Annahmen durchdringt, was zählt oder was nicht. Beim industriellen Modell geht es essentiell um Konformität und Standardisierung[28]. „But I think we need to shift from this industrial paradigm to an organic paradigm[29] and I think it is perfectly doable", so Robinson (2008).

---

28 vgl. Robinson (2008).
29 Was sich hinter diesem „organischen Modell" verbirgt wird gegen Ende des fünften Kapitels sowie im sechsten Kapitel erklärt.

Was aber bedeutet dieses organische Modell für das Rollenverständnis der Lehrenden und Führungskräfte einerseits und für die essentiellen Lernkompetenzen der Lernenden und Mitarbeiter einer Organisation andererseits. „Wieder neue Lernmodelle und Seminare?" Nicht ganz. Das Konzept stammt aus dem Jahre 1680 und heißt Mathetik oder „Mathetica, d.h. Lernkunst"[30].

## Für den Lehrenden[31]:
## Comenius lebt – Didaktik UND Mathetik

„Die neuzeitliche Wissenschaft (Francis Bacon, René Descartes) ist ihrem Wesen nach ‚ars' – ‚Kunst' […] –, die uns ermöglicht, Dinge zu verfertigen, Sachen ins Werk zu setzen, die bislang niemand für möglich gehalten hatte. Das pädagogische Pendant dieser neuen Wissenschaft waren im 17. Jahrhundert die ars didactica, die didaktische Kunstlehre, die Kunst des Lehrens (ars docendi), und die Kunst des Lernens (ars mathetica). Demgemäß hatte sich die Didactica magna dem Leser in ihrem Titel als ‚universelle Kunst, alle alles zu lehren', vorgestellt" (Schaller, 2004, S. 57).

Schauen wir in den Originaltext der „Didaktischen Ährenlese" von Johann Amos Comenius (1592-1670) „Spicilegium Didacticum Artium Discendi ac Docendi Summam brevibus Praeceptis exhibens" (Comenius, 1680) oder in die deutsche Übersetzung „Mathetica, d.h. Lernkunst" (Winkel, 1996), so finden wir 43 Ratschläge, wie wir das Lernen selbst erlernen können.

Beispielsweise heißt der zweite Ratschlag: „Lernen heißt suchen, etwas zu wissen, oder das Wissen (die Kenntnis) der Dinge suchen" (Winkel, 1996, S. 130). Suchen geschieht nicht – was im übrigen auch bei der Benutzung von Suchmaschinen hilfreich ist – durch die Wiedergabe von auswendig gelernter Information, sondern durch Fragen. Um wiederum die richtigen Fragen stellen zu können, ist Fakten-Wissen natürlich auch nicht verkehrt. Aber auch nicht erschöpfend. Wie lernen und lehren wir also die richtigen Fragen selbständig

---

30 vgl. Winkel, R. (1996): Mathetica, d.h. Lernkunst.
31 Mit „Lehrende" sind hier all diejenigen angesprochen, die entweder in Aus- und Fortbildungsinstitutionen oder in Firmen und Familien lehren. Da Lernen auch heißt, sein Lern- und Arbeitsverhalten zu ändern, sind hier insbesondere auch Führungskräfte, Vorgesetzte und Change-„Beauftragte" angesprochen.

zu stellen? Wenn wir uns an das Projekt „Hole in the Wall" von Professor Mitra erinnern, kann man erahnen, was damit gemeint sein könnte und was nicht.

Lernen heißt Suchen. Jedes Lernorgan, jedes Gehirn sucht bzw. lernt hierbei für sich. Selbstorganisiertes Lernen erhält so eine völlig neue Bedeutung: anders als selbst kann das Gehirn nicht lernen. Der Lehrende kann dem Lernenden [32] Lernumgebungen ermöglichen, aber für den Lernenden lernen, kann er nicht.

Der abschließende 43. Ratschlag schließt mit dem Verweis auf „das große Unterrichtswerk des Verfassers [„Opera didactica magna, Amsterdam 1657; Nachdruck Prag, 1957] [...], wo er die mathetischen und die didaktischen (Lern- und Lehr-)Saaten gleichsam in die Scheuer zusammengetragen findet" (Winkel, 1996, S. 147). Didaktik und Mathetik ergänzen sich zu einem vertieften Verständnis von Lernprozessen: einmal aus der Sicht des Lehrers (Didaktik) und einmal aus der Sicht des Schülers (Mathetik): „MATHETIK geht auf das griechische Verb 'mathein' bzw. 'manthanein' zurück [...]. Beide Verbformen stehen im Infinitiv und bedeuten 'lernen'. 'Manthanein' steht im Infinitiv Präsenz und 'mathein' im Infinitiv Aorist. Der zuerst genannte meint eine lineare, abfolgende Tätigkeit, während der zweite ein punktuelles, plötzliches Tun bezeichnet. 'Manthanein' weist also auf einen Prozeß hin, während 'mathein' auf ein plötzliches Erkennen deutet. Beide Verben bedeuten lernen um der Bildung willen. MATHETIK ist demnach die Klärung des im Unterricht stattfindenden Lerngeschehens – und zwar aus der Sicht des Schülers" (Chott, 1998).

Für die weitere Darstellung der Werke von Johann Amos Comenius sei auf die Deutsche Comenius Gesellschaft e.V. verwiesen, für die weitere Darstellung der Mathetik mit all seinen umfangreichen Begründungen und Legitimationen, Implikationen und Implementierungen auf die Veröffentlichungen von Prof. Dr. Peter O. Chott, insbesondere auf sein Buch „Lernen lernen, Lernen lehren" (2001).

Da der Mensch mit Spiegelneuronen ausgestattet ist (siehe die einführenden Abschnitte dieses vierten Kapitels), ist er unter anderem in der Lage, sich in sein Gegenüber einspiegeln, einfühlen zu können. Dies gilt auch

---

32 Mit „Lernende" sind hier all diejenigen angesprochen, die ihre Freude am eigenen Lernen wieder entdecken und fortdauernd nutzen möchten.

prinzipiell für alle Lehrenden und alle Führungskräfte, zumal der Lehrende auch einmal ein Lernender war – und im Übrigen auch noch ist und immer sein wird. Dank der Spiegelneuronen und dem Einfühlungsvermögen, dem Gedächtnis und seinen persönlichen Lernerfahrungen, sollte ein Perspektivenwechsel im Lehr-/Lernprozess (Didaktik/Mathetik), in der Verkäufer/Käufer-Beziehung als auch in jedweder Sender/Empfänger-Kommunikation[33] ein wechselseitiges Verständnis ermöglichen und dadurch auch eine tiefergehende Qualität. Denn „Nichts beflügelt Menschen so sehr wie das Gefühl, mit ihrer Arbeit einen guten Schritt weitergekommen zu sein. Manager können die Motivation ihrer Mitarbeiter deutlich steigern, indem sie unnötige Hindernisse aus dem Weg räumen und sie optimal unterstützen" (Amabile & Kramer, 2010, S. 37).

Die häufig gestellte Frage nach der dringlichen Erhöhung der Motivation von Schülern, Studenten und Mitarbeitern, wäre – neben dem immer währenden und nachdrücklichen Verweis auf Frederick Herzberg's „One More Time – How Do You Motivate Employees?" (2003) – der obige Hinweis, „unnötige Hindernisse aus dem Weg [zu] räumen und sie optimal [zu] unterstützen".

Diese Rollen als 'Nicht-Verhinderer' oder 'Unterstützer' scheinen trivial. Blickt man aber auf die fulminante Ausprägung von defensiven Lern- und Arbeitsroutinen[34] und deren unterschiedliche Einschätzung[35], welche Auswirkungen diese in den Organisationen haben und wie häufig sie auftreten, so liegt in dieser schlichten Empfehlung ein zentraler Schlüssel für viele fast schon pathologische Lernprozessschwierigkeiten und -störungen.

Die positive und konstruktive Rolle als 'Ermöglicher' und 'Unterstützer' von Lernprozessen spiegelt sich in der „Ermöglichungsdidaktik" wider, wo der Lehrende die Rolle eines Lernbegleiters, Mentors oder Mediators einnimmt. Es gibt hier viele, mit Preisen ausgezeichnete Projekte oder Unternehmungen in Bildungs- und Wissenschaftsorganisationen, die diese Rolle der Lehrenden

---

33 vgl. „Sender-Empfänger-Modell" von Friedemann Schulz von Thun.
34 welche im ersten Abschnitt von Kapitel sieben „Was bislang geschag" weiter ausgeführt werden.
35 welche im zweiten Abschnitt von Kapitel sieben „…und warum es nicht geklappt hat" weiter ausgeführt werden.

als Lernprozessbegleiter als festen und zentralen Bestandteil der pädagogischen Konzeption hervorheben und umsetzen [36]. Dass dieses auch in Wirtschaftsorganisationen größere theoretische wie auch praktische Bedeutung erlangt, hat sich „mathetica", auf die Fahnen geschrieben [37].

## Für den Lernenden:
## Selbstorganisiertes Lernen – Kompetenz der Zukunft

Wenn man sich mit dem Begriff des selbstorganisierten Lernens vertraut machen will, findet man in der Regel eine Abgrenzung zwischen den Begriffen des 'selbstorganisierten', 'fremdorganisierten', 'selbstgesteuerten' und 'fremdgesteuerten' Lernens. 'Fremd' und 'Selbst' dürften sich mühelos erschließen lassen. Der Unterschied bei den beiden anderen Begriffsteilen liegt darin, dass einem bei der (Selbst-)„Steuerung" das Ziel vorgegeben wird, aber man die Wahl des Weges selber steuert. Bei der (Selbst-)„Organisation" beschließt man selber sowohl das Ziel als auch den Weg dorthin.

Worüber man eher nicht so oft nachdenkt, ist, was der Begriff der „Selbstorganisation" eigentlich und un-eigentlich bedeutet: „Selbstorganisation hat jedenfalls weder etwas mit „Laissez-faire" noch mit „Durchwursteln" oder chaotischen Alltagsstrukturen zu tun. Umgekehrt legt das Wort „Selbstorganisation" es scheinbar nahe, an besonders ausgeprägte Eigeninitiative zu denken: selbst organisiertes Lernen im Gegensatz zu fremd bzw. von außen organisiertes Lernen. Kreativität und Willensstärke, so könnte man meinen, führen

---

[36] beispielsweise in Schutz (2002), Chott & Schutz (2005) und Mitra & Dangwal (2010).
[37] Die mathetica bietet strategieumsetzende Lernarchitekturen, deren unternehmensspezifische Module mit den Lehrenden und Lernenden vor- und nachbereitet werden und in ein individuelles Lern- und Entwicklungskonzept münden. Dieses ist strategisch in die Organisations- und Personalentwicklung integriert und mathetisch für unterschiedliche Lernstile und Personengruppen individualisiert. Lernorte und Lerneinbindungen könnten dabei flexibel gewählt und gestaltet werden. Je nach Reifegrad der Lern- und Entwicklungsprozesse und je nach unternehmerischer Zielvorstellung bietet mathetica klassische Lehr- und Lernformate (wie Vortrag, Seminar, Workshop, Trainings und Coaching, etc.) an als auch, neuro- und lernbiologisch sinnvollere, eher mathetische, Lerner-zentrierte Formate.

zum Erfolg und zeichnen den leistungsstarken Manager aus. Organisieren wir uns lieber selbst als von außen über uns verfügen zu lassen. Basisdemokratie statt Fremdbestimmung, [...]. Die Theorie der Selbstorganisation erhält hier eine besondere Affinität zu emanzipatorischen Werten und aufklärerischen Idealen. Das mag man sympathisch finden, doch auch dies bringt uns einem Verständnis nicht näher" (Haken & Schiepek, 2006, S. 65).

Da der Begriff des selbst-organisierten Lernens oft als schicker Marketing-Begriff oder Qualitätsmerkmal von Organisationen und Einzelpersonen verwandt wird, möchten wir – die Autoren – eine klare Linie ziehen zu dieser Anwendung als eine Pillepalle-Pädagogik, die das selbstorganisierte Lernen schlicht nicht ist. Ganz im Gegenteil: Da beim selbstorganisierten Lernen nahezu alle Entscheidungen von den Systemmitgliedern selbst getroffen und ausgeführt werden, kann der kurzfristige Lernaufwand für den Lehrenden und den Lernenden immens sein. Zwei weitere „unangenehme" Aspekte kommen hinzu:

Erstens trifft man nahezu alle Entscheidungen selbst, wodurch man auch lernt, sich selbst entscheiden zu müssen – was wiederum positiv eine Selbstwirksamkeit bewirkt. Mit der Entscheidung hat man aber auch die Verantwortung „gewonnen", die man so jedoch keinem Anderen in die Schuhe schieben kann.

Zweitens führt der Modebegriff des selbstorganisierten Lernens oft dazu, dass man erst einmal in diese am Anfang aufwendigere Lernmethode investiert – vorerst. Wenn dann die Umwelt verstanden hat, dass man selbstorganisiert lernen kann und somit selbstständig, verantwortungsbewusst, umsichtig, reflektiert, gebildet, ..., ist, behält man den Schein gerne bei und wechselt wieder zu anderen Methoden, die nicht so viel Eigenengagement erfordern. Dies ist gerade in „Hotel-Mama"-Lebensumgebungen sehr einfach möglich und beliebt.

Der Vorteil, der sich mittel- und langfristig einstellen kann, wenn man selbstorganisiert lernt, ist die Fähigkeit zum selbstorganisierten Handeln – was die Definition von Kompetenz darstellt.

Zwei weitere Fehl-Dehnungen des Begriffs wollen wir noch zerstreuen: man kann beim selbstorganisierten Lernen auch mit anderen zusammen lernen; denn „selbst" muss nicht „allein für sich" heißen – ähnlich wie „allein" nicht das Gleiche ist wie „einsam" und man „gemeinsam einsam" seien kann.

Zweitens sollte man die „entweder-das-Eine-oder-das-Andere"-Logik, wie sie im didaktischen Bereich schon verbreitet zu sein scheint, beim selbstorganisierten wie auch bei anderen Lernmethoden eher nicht anwenden, sondern das selbstorganisierte Lernen zusammen mit anderen Methoden und Formen anwenden: „In einer Firma wird dem einzelnen Mitarbeiter genau vorgegeben, was er zu tun hat. [...] Dieser geplanten Organisation und detaillierten Steuerung eines Systems stellt die Synergetik der Natur folgend ein anderes Prinzip gegenüber, nämlich das der Selbstorganisation. [...] In der Praxis kommt es stets auf eine geschickte Kombination aus Organisation und Selbstorganisation an" (Haken, 2005, S. 17).

Zurück zu Selbstorganisationsdispositionen, sprich zu den Kompetenzen. Diese spielen für den Einzelnen in der Zukunft eine immer größer werdende Rolle sowohl für den Alltag als auch für einen nicht so häufig auftretenden Bewerbungsprozess: entscheidend sind neben den Qualifikationen zunehmend die Kompetenzen, die man bislang erworben hat. Professor Christian Scholz formuliert dies auf seine eigene erfrischende Art und Weise: „Wie Unternehmen müssen auch Einzelpersonen ihre Ich-Aktien im Kompetenzportfolio mischen: Da gibt es Kompetenzen, die gegenwärtig am Markt voll durchsetzbar sind ('Milchkuh-Kompetenzen') und andere, bei denen die Ertragskraft zumindest hoch wahrscheinlich ist ('Star-Kompetenzen'). Gleichzeitig besteht aber die Gefahr, zu lange an solchen Kompetenzen festzuhalten, die am Markt nicht mehr nachgefragt werden ('Arme-Hunde-Kompetenzen'). Und dann gibt es noch die 'Fragezeichen-Kompetenzen', deren Entwicklung noch nicht abzusehen sind" (Scholz, 2003, S. 149f). Diese Einteilung ist nicht nur recht spaßig, sondern auch völlig treffend: „Der Umgang mit den eigenen Kernkompetenzen als überlebensfähigen Wettbewerbsfaktoren wird damit zum zentralen Aspekt der individuellen Karriereplanung aller Mitarbeiter" (Scholz, 2003, S. 144).

Ferner sollte man – der Einschätzung von Professor Mitra folgend, dass Bildung ein sich selbst-organisierendes System sei – die „Sprache", die „Logik", die „Prinzipien" dieses Systems verstehen lernen. Selbständiges Lernen als „emergentes Phänomen" zu betrachten und zu erlernen lernen, wäre eine, wenn nicht, die Vorbereitung auf unsichere, komplex-dynamische Zeiten: „Sie müssen nicht belehrt, sondern sie müssen ermutigt werden, hinauszugehen und die Welt nicht nur einfach wahrzunehmen, sondern selbst zu entdecken.

Es muß ihnen Gelegenheit gegeben werden, sich Wissen anzueignen, das ihnen hilft, hinter die Fassaden zu schauen, verborgene, von außen nicht sichtbare Zusammenhänge zu erkennen und sich auf diese Weise besser als bisher in der Welt zurechtzufinden" (Hüther, 2007a, S.87).

# KAPITEL 5

# „Möhrchen-driven" Talentmanagement 1.0 Angriff der Klonkrieger

Das folgende Kapitel beschäftigt sich mit der gegenwärtigen Praxis im Talentmanagement. Diese orientiert sich an dem in der Wirtschaft vorherrschenden Talentbegriff, wie er in Kapitel drei erläutert wurde. Wer entsprechend vertraut ist mit den üblichen Talentmanagement-Programmen und -Prozessen, kann dieses Kapitel getrost überspringen bzw. gleich zur Diskussion im letzten Abschnitt dieses Kapitels übergehen. Allen anderen Lesern empfehlen wir das Kapitel als Überblick über die gängige Talentmanagement-Praxis, welche sich aus dem in der Wirtschaft vorherrschenden Talentbegriff ergibt.

Zu Beginn steht die Schilderung der Zielsetzung und prinzipiellen Funktionsweise von strategischem Talentmanagement. Im Anschluss daran folgt eine Begutachtung des Reifegrads, d.h. eine Einschätzung der Wirksamkeit entsprechender Programme im deutschsprachigen Raum anhand der 2010 durchgeführten Studie von Graf et al.. Das „High-Potential Programm" eines mittelständigen IT-Dienstleisters und das „Organisational Talent Review" eines global agierenden Pharma-Konzerns werden exemplarisch dargestellt. Abschließend steht die Diskussion und Bewertung der existierenden Programme, insbesondere vor dem Hintergrund des Talentbegriffs im eigentlichen Sinne.

## Talentmanagement als Stellenbesetzungs- und Nachfolgemanagement

Die gegenwärtige Herangehensweise an das Management von Talenten ist als Reaktion auf das unmittelbare Problem zu verstehen, vor dem Unternehmen im Zuge der im zweiten Kapitel dargestellten globalen Veränderungen stehen: Kritische Funktionen im Unternehmen mit kompetenten Mitarbeitern zu besetzen. Talentmanagement konzentriert sich folglich – im Gegensatz zum breit angelegten Personalmanagement – auf die tatsächlich knappen und für den Unternehmenserfolg kritischen Talente. In vielen Fällen sind das in erster Linie Führungskräfte. Talente sind dabei jene Personen, welche nach Meinung der Organisation für „mission critical key positions" auf unterschiedlichen hierarchischen Ebenen und für unterschiedliche Funktionsbereiche in Frage kommen (vgl. Graf et al., 2010). Darauf aufbauend ist die unmittelbare Aufgabe von Talentmanagement:

1. die qualifizierte interne Nachbesetzung von Schlüsselpositionen und
2. eine nachhaltige Bindung hoch qualifizierter Mitarbeiter an das Unternehmen.

Graf et al. orientieren sich mit dieser Definition an Collings und Mellahi, welche die folgende Definition für strategisches Talentmanagement geben:

„We define strategic talent management as activities and processes that involve the systematic identification of key positions which differentially contribute to the organization's sustainable competitive advantage, the development of a talent pool of high potential and high performing incumbents to fill these roles, and the development of a differentiated human resource architecture to facilitate filling these positions with competent incumbents and to ensure their continued commitment to the organization" (Collings & Mellahi, 2009, S. 304).

Die Kernaufgabe von Talentmanagement besteht nach Graf et al. sowie nach Collings und Mellahi darin, die für eine solche Aufgabe am besten geeigneten Mitarbeiter in Schlüsselpositionen zu positionieren und langfristig an das Unternehmen zu binden. So verstanden kann Talentmanagement auch als Stellenbesetzungs- bzw. Nachfolgemanagement für Schlüsselpositionen bezeichnet werden.

In Abbildung 10 ist der Rahmen, in welchem strategisches Talentmanagement stattfindet, nach Graf et al. (2010) in sieben Phasen dargestellt. Anhand der zukünftigen zentralen Geschäftstreiber gemäß der Unternehmensstrategie (1) müssen zunächst die zukünftigen Schlüsselpositionen im Unternehmen identifiziert werden (2). Für diese Schlüsselpositionen müssen im Anschluss zentrale Schlüsselkompetenzen skizziert (3) und durch Bündelung der Schlüsselkompetenzen entsprechende Job-Familien gebildet werden (4).

Auf diesen ersten vier Schritten baut das Grundkonzept der Nachfolgeprozesse und Governance im Talentmanagement auf (5). Dieses besteht in der Regel aus mehreren „Talentepools", d.h. aus Gruppen von Talenten für jede Hierarchieebene bzw. für jede Art von Schlüsselposition, aus denen heraus Talente schließlich in frei werdende oder neu geschaffene Stellen befördert werden können. Die genaue Funktionsweise ist selbstverständlich je nach Firma unterschiedlich. Die letzten beiden Punkte des Talentmanagement-Rahmens bilden schließlich der Identifikationsprozess der richtigen Talente (6) sowie das Management der Talentepools, d.h. insbesondere die Entwicklungs- und Bindungsmaßnahmen für Talente (7). Eine ausführliche Diskussion der „Best Practices" im Talentmanagement findet sich bei Steinweg (2009).

```
┌─────────────────────────────┐         ┌─────────────────────────────┐
│ Definition der zukünftigen  │         │ Identifikation zukünftiger  │
│ zentralen Geschäftstreiber  │ ◄─────► │ Schlüsselpositionen         │
│ gemäß Unternehmensstrategie │         │                             │
└─────────────────────────────┘         └─────────────────────────────┘
                                                    │
┌─────────────────────────────┐         ┌─────────────────────────────┐
│ Skizzierung zentraler       │ ◄─────► │ Bildung von Job-Familien    │
│ Schlüsselkompetenzen        │         │ durch Bündelung der         │
│                             │         │ Schlüsselkompetenzen        │
└─────────────────────────────┘         └─────────────────────────────┘
                                ▼
           ┌──────────────────────────────────────────┐
           │ Grundkonzept der Nachfolgeprozesse und   │
           │ Governance im Talentmanagement           │
           └──────────────────────────────────────────┘
                                ▼
           ┌──────────────────────────────────────────┐
           │ Prozess zur Identifikation der richtigen │
           │ Talente                                  │
           └──────────────────────────────────────────┘
                                ▼
           ┌──────────────────────────────────────────┐
           │ Management des Talentepools              │
           │ und konkrete Maßnahmen zur nachhaltigen  │
           │ Bindung                                  │
           └──────────────────────────────────────────┘
```

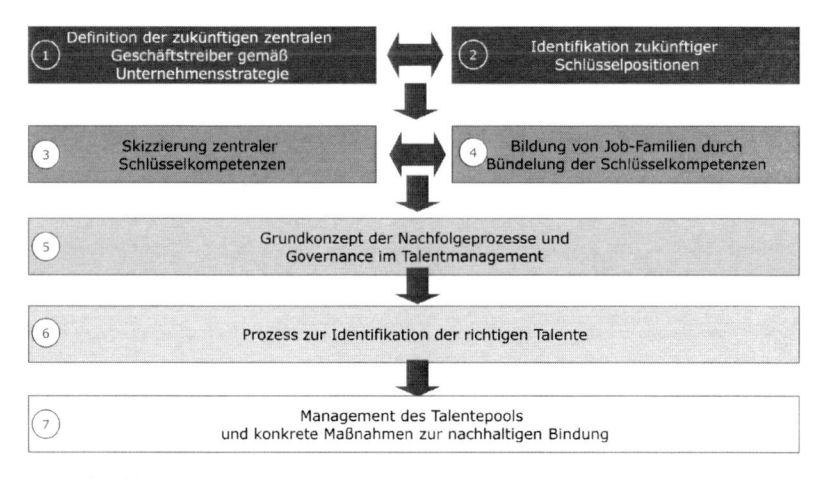

Abbildung 10: Strategisches Talentmanagement in sieben Phasen.
Mit freundlicher Genehmigung entnommen aus Graf et al. (2010).

## Der Reifegrad von Talentmanagement im deutschsprachigen Raum

Trotz der Vielzahl der seit 1998 zum Thema erschienenen Literatur sucht man vergeblich einen systematischen Vergleich von Talentmanagement-Praktiken über eine Vielzahl von Unternehmen hinweg. Stattdessen findet oftmals eine krampfhafte Suche nach dem „Best-Practice" statt. Hierfür werden die Verfahrensweisen einzelner Firmen beschrieben und deren Erfolg zumeist unsystematisch bewertet. Alternativ finden sich Publikationen, in denen auf Studien, Umfragen oder anderweitigen „Datenerhebungen" basierende, normative Aussagen über Talentmanagement-Praktiken gemacht werden: Welche Aspekte bislang vernachlässigt wurden, was in Zukunft besonders wichtig sei, etc. Eine Ausnahme stellt in dieser Hinsicht die Studie von Graf et al. (2010) dar. Sie ermöglicht die Einordnung der teilnehmenden Unternehmen und Organisationen in ein Reifegradmodell anhand zuvor festgelegter Kriterien.

An der Studie haben sich neben weiteren Firmen ca. 70 % der im DAX notierten, ca. 80 % der im ATX notierten und ca. 55 % der im SMI notierten Aktiengesellschaften beteiligt. Zu den Teilnehmern gehören beispielsweise Volkswagen, Siemens, die Deutsche Bank, IBM, Roland Berger Strategy Consultants, die Deutsche Telekom, die Deutsche Bahn, Lufthansa, SAP, Haniel, Eon, Bayer und EnBW. Ingesamt umfasst das Sample rund 100 Firmen. Alle Teilnehmer der Studie hatten 2008 gemeinsam einen Jahresumsatz von ca. 831 Milliarden Euro. Sie beschäftigen ferner knapp drei Millionen Menschen. Abbildung 11 gibt einen Überblick über die Teilnehmer der Studie.

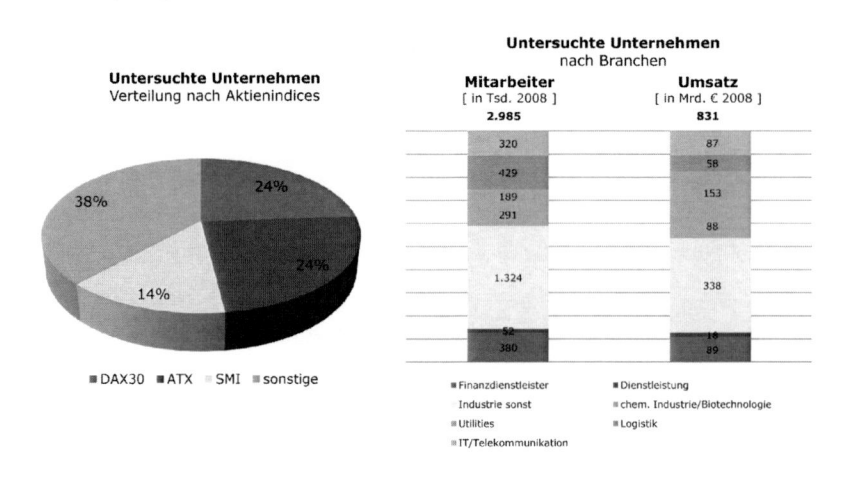

Abbildung 11: Teilnehmer der Studie zum Reifegrad von Talentmanagement von Graf et al. (2010)

Die Studie von Graf et al. (2010) basiert auf dem sogenannten „Talentmanagement Index", einem Fragenkatalog mit qualitativen und quantitativen Elementen. Der Index gliedert sich in die drei Dimensionen strategisches, operatives und methodisch/instrumentelles Talentmanagement. Für jede Dimension werden unterschiedliche Einzelelemente aufgeführt, welche sich jeweils in vier Reifegrade gliedern:

"**Reifegrad I:** das Talentmanagement–Element wird je nach Situation und Herausforderung unterschiedlich in der Organisation eingesetzt;

**Reifegrad II:** es liegt eine Standardisierung im Einsatz und der Verwendung des Elements vor, die Umsetzung erfolgt (noch) nicht immer einheitlich;

**Reifegrad III:** das Element wird konsequent gemanagt und optimiert;

**Reifegrad IV:** das Element ist strategisch, zukunftsorientiert ausgerichtet." (Graf et al., 2010)

Ziel der Studie war es, für jedes teilnehmende Unternehmen den entsprechenden Reifegrad in den drei Dimensionen strategisches, operatives und methodisch/instrumentelles Talentmanagement zu bestimmen. Unter Zuhilfenahme des „Talentmanagement Index" wurden die hierfür relevanten Informationen zur Talentmanagement-Praxis bei den teilnehmenden Firmen in Interviews mit führenden HR-Verantwortlichen gesammelt.

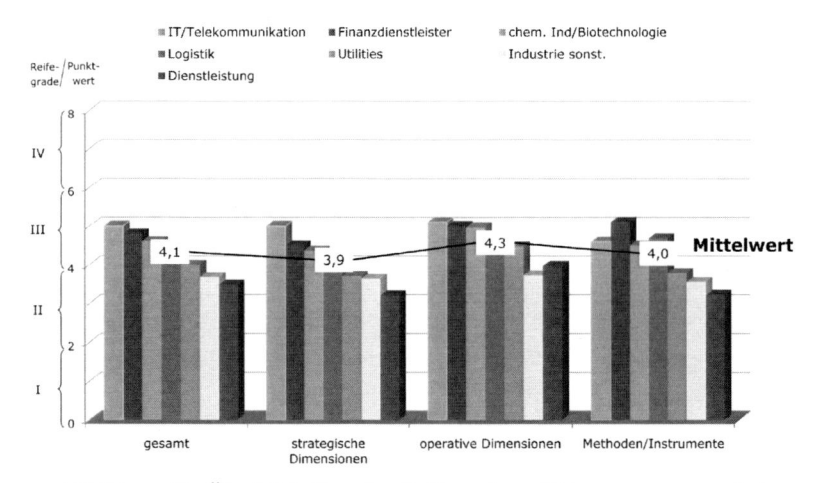

Abbildung 12: Überblick über den Reifegrad von Talentmanagement bei den Teilnehmern der Studie von Graf et al. (2010) nach Branchen.

Abbildung 12 gibt einen Überblick über den Reifegrad des Talentmanagements bei den Teilnehmern der Studie. Sowohl insgesamt, als auch für jede einzelne der drei Dimensionen ist der durchschnittliche Reifegrad aller teilnehmenden Firmen einer Branche auf der Y-Achse ablesbar. Neben dem Reifegrad ist hier auch eine Punkteskala angegeben. Dabei entspricht der Bereich von 0-2 Punkten Reifegrad I, >2 bis 4 Punkte Reifegrad II, >4 bis 6 Punkte Reifegrad III und >6 bis 8 Punkte Reifegrad IV. Der angegebene Mittelwert ist der arithmetische Mittelwert der von allen teilnehmenden Firmen erzielten Punktwerte in jeder der drei Dimensionen bzw. insgesamt.

Der durchschnittliche Reifegrad des Talentmanagements aller Studienteilnehmer liegt mit 4,1 Punkten demnach beim Übergang von Reifegrad II zu Reifegrad III. Ein typisches Unternehmen dieser Stichprobe hat es also in den letzten Jahren geschafft, Einsatz und Verwendung der Talentmanagement-Instrumente zu standardisieren. Eine solche Firma steht nun vor der Herausforderung, die einzelnen Elemente konsequent zu managen und zu optimieren sowie ein zukunftsorientiertes Talentmanagement zu etablieren. In Bezug auf den durchschnittlichen Reifegrad stellen Graf et al. fest: „[Es] ist hier ein eklatantes Missverhältnis von Talentmanagement, seinen strategischen Aufgaben und dem heute gelebten Talentmanagement in den Organisationen offensichtlich" (2010). In keiner der untersuchten Branchen kann man von einem strategisch ausgerichteten Talentmanagement (d.h. von Reifegradstufe IV mit Punktwerten von >6 bis 8 Punkten) sprechen. Im Branchenvergleich sind hierbei keine extremen Unterschiede zu erkennen: Alle Branchen befinden sich im Durchschnitt zwischen drei und fünf Punkten und liegen damit zwischen Reifegrad II und III. Die Talentmanagement-Programme von Firmen, die in der IT-Branche, als Finanzdienstleister oder in der chemischen Industrie tätig sind, weisen den höchsten Reifegrad auf. Die Dienstleistungsbranche bildet hingegen das Schlusslicht. Dies ist insbesondere deshalb überraschend, da vor allem im Dienstleistungssektor kompetente Mitarbeiter den entscheidenden, wenn nicht einzigen Wettbewerbsvorteil darstellen.

Obgleich zwischen den drei Dimensionen keine eklatanten Unterschiede im Reifegrad erkennbar sind, lässt sich feststellen, dass die strategische Dimension am wenigsten, die operative Dimension am höchsten entwickelt ist. Dies passt zu der Beobachtung, dass Firmen zwar Talentmanagement betreiben, das Thema jedoch nicht sonderlich strategisch angehen. Graf et al. bemerken hierzu:

„[D]ie Verantwortlichen [orientieren sich] trotz ausgeklügelter Instrumente und Methoden, aufwändigster operativer Mechanismen und Prozesse primär an der Gegenwart, nämlich an den im Moment vorhandenen Kompetenzen und Performancewerten der Mitarbeiter" (2010). Es wird in diesem Zusammenhang von einem „personalbestandsorientierten Talentmanagement" gesprochen.

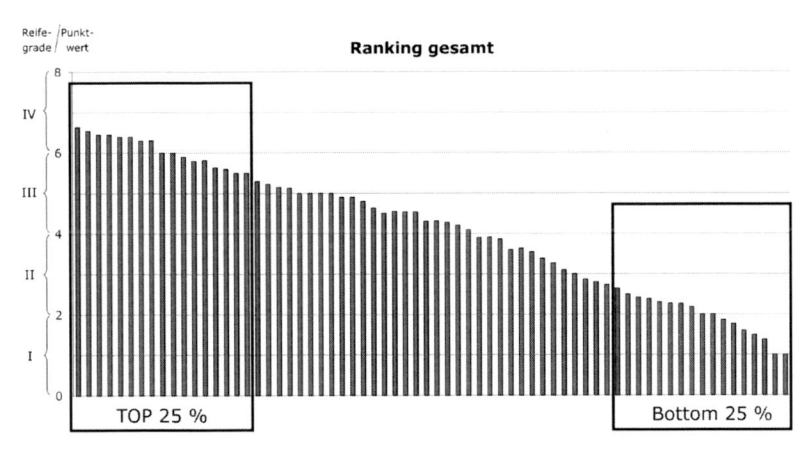

Abbildung 13: Gesamtranking aller Studienteilnehmer von Graf et al. (2010).

Abbildung 13 veranschaulicht die Verteilung der erzielten Punktzahlen aller teilnehmenden Unternehmen. Sie liegen allesamt zwischen 1,0 und 6,6 bei einem arithmetischen Mittelwert von 4,1. Das obere Quartil liegt zwischen 5,5 und 6,6 – das untere Quartil zwischen 1,0 und 2,7 Punkten. Die oberen 25% befinden sich damit am Übergang von Reifegrad III zu Reifegrad IV, die unteren 25% am Übergang von Reifegrad I zu Reifegrad II. Nur acht Unternehmen, das sind etwas mehr als 13% der Studienteilnehmer, erreichen eine Wertung von über 6 Punkten und liegen damit im Bereich von Reifegrad IV. Etwa gleich viele Unternehmen liegen zwischen 0 und 2 Punkten und damit im Bereich von Reifegrad I. Die Talentmanagement-Programme von ca. drei Viertel der Studienteilnehmer lassen sich demnach Reifegrad II und III zuordnen.

Betrachtet man die Ergebnisse der Studie unter Berücksichtigung des in Abbildung 10 dargestellten strategischen Talentmanagement-Rahmens, so stellt man fest, dass eine zukunftsorientierte Ausrichtung des Talentmanagements an der Unternehmensstrategie oft bereits an den ersten beiden Punkten scheitert: An der Bestimmung der zukünftigen zentralen Geschäftstreiber gemäß der Unternehmensstrategie (1) sowie der darauf basierenden Identifikation der zukünftigen Schlüsselpositionen im Unternehmen (2). „Welche Schlüsselfähigkeiten zur erfolgreichen Geschäftsgestaltung in fünf Jahren gefordert sind, darüber können die Personalverantwortlichen durchwegs keine klare Antwort geben – meist stellen sie sich diese Frage auch gar nicht", so Graf et al. (2010). Insofern verwundert es nicht, dass es der Mehrzahl der Unternehmen nicht möglich ist, eine nachhaltige und dementsprechend sinnvolle Entwicklung ihrer Talente zu betreiben. Lernarchitekturen, Aus- und Weiterbildungsprogramme und Entwicklungspfade können nicht an den speziell für die Zukunft des Unternehmens relevanten Kompetenzen ausgerichtet sein, wenn diese nicht bekannt sind.

Bei strategischem Talentmanagement geht es in erster Linie um die Sicherung der geschäftlichen Zukunft. Wer also die heute relevanten Schlüsselpositionen als Referenz für sein Talentmanagement-Programm heranzieht, geht das Risiko ein, morgen feststellen zu müssen, dass man intern nicht über die nötigen Talente verfügt, um wichtige Schlüsselpositionen zu besetzen. Nichtsdestotrotz betreibt ein Teil der Studienteilnehmer ein solches, am Status Quo ausgerichtetes Stellenbesetzungs- und Nachfolgemanagement. Nur wenigen Organisationen ist es bislang gelungen, ihr Talentmanagement stärker auf ihre mittel- oder gar langfristige Strategie auszurichten.

Abschließend stellen Graf et al. fest, dass Talentmanagement zwar engagiert und unter Aufwand erheblicher Ressourcen betrieben wird, die Richtung jedoch häufig unklar ist. Es wird postuliert, dass Talentmanagement zum heutigen Zeitpunkt in vielen Unternehmen „[...] nicht jene Professionalität aufweist, [die] notwendig wäre, [um] Talentmanagement wirklich als zentralen Erfolgsfaktor für Unternehmen zu etablieren" (Graf et al., 2010).

## Talentmanagement in der Praxis

Der folgende Abschnitt soll anhand zweier Praxisbeispiele aufzeigen, wie operatives Talentmanagement konkret in Unternehmen aussehen kann. Dabei handelt es sich zum einen um einen mittelständischen IT-Dienstleister[1], zum anderen um einen global agierenden Pharma-Konzern[2]. Beide Unternehmen haben nicht an der von Graf et al. durchgeführten Studie teilgenommen. Der Talentmanagement-Index war zum Zeitpunkt der Interviews mit den Firmenvertretern leider nicht verfügbar. Eine vergleichbare Befragung wie in der Studie von Graf et al. war demnach nicht möglich. Es wird an dieser Stelle deshalb ausdrücklich nicht versucht, eine Einordnung in das Reifegradmodell von Graf et al. (2010) vorzunehmen. Beide Beispiele dienen ausschließlich der Veranschaulichung gegenwärtiger Talentmanagement Praktiken am Einzelfall.

## Nachwuchsprogramme für Senior Leadership bei einem mittelständischen IT-Dienstleister

Das untersuchte Unternehmen beschäftigt weltweit rund 1300 Mitarbeiter und erwirtschaftet einen Jahresumsatz von ca. 240 Millionen Euro. Das Thema Talentmanagement wurde innerhalb des Unternehmens erstmals vor gut vier Jahren in Angriff genommen. 2006 und 2007 wurde für Manager aus verschiedenen Hierarchieebenen der gesamten Organisation jeweils eine gemeinsame Weiterbildungsveranstaltung an einer europäischen Business School veranstaltet. Ziel der anderthalb-tägigen Veranstaltung war allgemein die Entwicklung von Leadership Potential. Hierzu wurden Fallstudien bearbeitet und Vorträge gehalten. Eine unmittelbare Verbindung der Maßnahmen zur strategischen Ausrichtung und Entwicklung des Unternehmens bestand zu diesem Zeitpunkt nicht.

---

1 Die hier verwendeten Informationen stammen aus einem Telefoninterview mit dem Director für Business Marketing, welches am 12. November 2010 geführt wurde.

2 Die hier verwendeten Informationen stammen aus einem Telefoninterview mit einem der Talentmanagement Partner im HR Development des Konzerns, welches am 3. Dezember 2010 geführt wurde.

Basierend auf dem Feedback der ersten beiden Veranstaltungen startete im Jahr 2008 das auf zwei Jahre ausgelegte „High-Potential Programm" (HiPo-Programm). Zielgruppe waren „Pre Senior Manager", welche zu diesem Zeitpunkt als aussichtsreiche Kandidaten für Beförderungen gehandelt wurden und bereits mehr als zwei Jahre in der derzeitigen Position tätig waren.

Die gut 20 Teilnehmer des Programms wurden von ihren direkten Vorgesetzten für das Programm vorgeschlagen. Zu den Auswahlkriterien gehörten: eine hohe Performance, ein starkes Engagement für die Firma sowie vorhandene Kenntnisse über die Komplexität des Unternehmens. Ziel des Programmes war die Förderung des potentiellen Nachwuchses für das Senior Management sowie die Stärkung des Verständnisses für Arbeitsweise, Strategie und Herausforderungen der Firma. Das HiPo-Programm war dabei deutlich strukturierter als die Veranstaltungen in den Jahren zuvor und hatte eine klarere Zielsetzung. Während der zwei Jahre fand alle sechs Monate ein „on-site Modul", d.h. ein zentrales Treffen aller Teilnehmer statt. Unter einem Leitmotiv, beispielsweise „one community" oder „chances in challenging times", wurden hier innerhalb von zwei Tagen relevante Trainings angeboten. Darüber hinaus waren die Teilnehmer des Programms in vier Gruppen aufgeteilt und arbeiteten in der Zeit zwischen zwei Treffen an einem, für die Firma tatsächlich relevanten Projekt, welches einen Bezug zum vorher definierten Leitmotiv aufwies. Hierzu gehörten zum Beispiel Verbesserungsmaßnahmen in der firmeninternen Kommunikation, die Durchführung einer Mitarbeiterbefragung oder die Optimierung der Sales-Prozesse. Am Ende des Projekts stand die Präsentation vor dem Unternehmensvorstand. Die Projektarbeit fand zusätzlich zum Tagesgeschäft statt und beanspruchte ca. zwei Arbeitstage im Monat, d.h. ca. zwei Wochen über den Gesamtzeitraum von sechs Monaten. Das Programm ist im Jahr 2010 ausgelaufen. Beförderungen fanden weitgehend unabhängig davon und je nach Bedarf statt. Aufgrund der guten Erfahrungen in den Jahren 2008 bis 2010 soll das Programm in den kommenden zwei Jahren jedoch neu aufgelegt werden.

Parallel zum Talentmanagement fand innerhalb des Unternehmens die aktive Beschäftigung mit der Unternehmenskultur und den Werten der Firma statt. Auf Initiative des Vorstands erarbeitete das Top-Management im Jahr 2006 die Leitwerte der Unternehmung. Zentrale Fragen waren hierbei: „Was wollen wir auf welchem Wege erreichen?" und „Welche Werte brauchen wir dafür?" In den kommenden Jahren wurden die Werte sowohl nach außen kommuniziert, als auch eine interne Kommunikationskampagne gestartet. Bei der 2009 durchgeführten Mitarbeiterbefragung wurde deutlich, dass insbesondere die jüngere Generation diese formal definierten Unternehmenswerte kennt. Die älteren Mitarbeiter, insbesondere Baby Boomer, sind sich hingegen weitaus weniger über die Unternehmenswerte der Firma bewusst. Nichtsdestotrotz spiegeln sich die Werte der Firma, entsprechend der Befragung von 2009, im Handeln aller Mitarbeiter wieder. Sowohl beim Recruiting als auch bei der Schulung neuer Mitarbeiter wird außerdem seit 2008 verstärkt auf die Identifikation mit den Werten des Unternehmens geachtet. Innerhalb des High-Potential Programms gab es keine formelle Verankerung der Unternehmenswerte.

## Das „Organisational Talent Review" eines global agierenden Pharma-Konzerns

Bei dem hier betrachtete Unternehmen handelt es sich um ein internationales Pharma-Unternehmen, welches auf eine gut hundert Jahre alte Unternehmenshistorie zurück geht. Im Jahr 2009 beschäftigte das Unternehmen knapp 100.000 Mitarbeitern und erwirtschaftete einem Jahresumsatz von rund 44 Milliarden Euro.

Talentmanagement ist bei dem betrachteten Unternehmen fest im Human Resource Management verankert. Das sogenannte „Organisational Talent Review" (OTR) erstreckt sich dabei über die gesamte Organisation, d.h. über alle Business-Units und geographischen Einheiten. Ziel des OTR ist das Füllen der „Leadership-Pipeline", d.h. die Sicherstellung eines stetigen Nachwuchses an Führungskräften. Hierzu gehört sowohl die Identifikation der richtigen Talente, als auch deren gezielte Entwicklung für Aufgabenbereiche mit größerer Verantwortung. Die zentrale Bedeutung des OTR wird von einer langjährigen Führungsfigur besonders hervorgehoben: „Identifying and developing talent is one of our most important priorities."

Zum Talent-Pool zählen dabei neben der gesamten Managementpopulation auch Fachexperten. Neben Performance ist für die Auswahl der Top-Talente auch bei diesem Konzern die Potentialeinschätzung der

Mitarbeiter entscheidend. Hierzu zählen neben funktionaler Kompetenz auch Werte und Verhalten („values and behavior") des jeweiligen Talents. Manager und Experten, welche in den jährlichen Mitarbeitergesprächen zu den Top-Performern gehören (obere 10-15%), werden zu Beginn des OTR-Prozesses von ihren Vorgesetzten in enger Zusammenarbeit mit dem Senior Manager, HR-Generalisten und Mitarbeitern aus dem Talentmanagement eingeschätzt. Hier arbeitet das betrachtete Unternehmen mit einem Interviewtool namens „learning agility, sustained performance", welches die Potentialeinschätzung sowohl genauer, als auch vergleichbarer machen soll. Im Zentrum steht die Anpassungsfähigkeit und Flexibilität des Mitarbeiters, welche in den vier Kategorien „change agility", „result agility", „people agility" und „mental agility" bestimmt wird. Außerdem wird mit sogenannten „Multi-Rater Feedbacks" gearbeitet: Mitarbeiter haben hier die Möglichkeit, sich durch von ihnen selbst bestimmten Kollegen einschätzen bzw. bewerten zu lassen.

Im Anschluss an die Potentialeinschätzungen finden so genannte „Talking Talent Sessions" statt. Nach Besprechung der Ergebnisse des OTR werden die Talente hierbei in sechs Kategorien eingestuft. Die Bezeichnungen reichen von „High-Potential" für das absolute Top-Talent über „High Professional" im Mittelfeld bis zu „Too Soon" für Talente, die erst weniger als ein Jahr innerhalb des Unternehmens sind. Auch hieran sind Senior Leadership, HR-Generalisten und Mitarbeiter aus dem Talentmanagement beteiligt.

Im Anschluss an die Talking Talent Sessions finden Feedback-Gespräche mit den Talenten statt, in denen Zielvereinbarungen für das kommende Jahr getroffen werden und die persönliche Entwicklung der Talente besprochen wird. Talente haben darüber hinaus die Möglichkeit an speziellen Entwicklungsprogrammen teilzunehmen. Bei der Vergabe der Plätze spielt die Einschätzung des Talents in den Talking Talent Sessions eine entscheidende Rolle. Die Programme selbst sind allesamt auf die Förderung von Leadership ausgelegt. Der Konzern veranstaltet z.B. jährlich eine zweiwöchige „Corporate Learning"-Veranstaltung in Zusammenarbeit mit renommierten Universitäten, welche speziell für das Top-Talent ausgelegt ist. Ein anderes Beispiel sind spezielle Trainings für „Women in Leadership". Zu den Förderangeboten gehören darüber hinaus auch umfangreiche Mentoring- und Coachingprogramme. Auch bei internen Bewerbungen und natürlich für Beförderungen werden die Ergebnisse der Talking Talent Sessions herangezogen.

Das Talentmanagement selbst wird anhand mehrerer Kennzahlen überwacht. Hierzu gehört unter anderem die Quote der Stellenbesetzungen durch interne Talente, als auch eine Kennzahl für den Verlust von Top-Talenten. Der beschriebene Prozess findet dabei in jährlichen Zyklen statt – beginnend mit den Mitarbeitergesprächen im Oktober/November eines jeden Jahres.

## Herausforderungen für Talentmanagement 1.0

Sowohl anhand der Studie von Graf et al. (2010) als auch durch die Praxisbeispiele wird deutlich: Talentmanagement ist im deutschsprachigen Raum derzeit noch stark am Personalbestand orientiert. Es handelt sich in erster Linie um das Management der Nachfolge für bestehende Schlüsselpositionen, d.h. hauptsächlich höhere Führungsfunktionen. Insbesondere die Ergebnisse der Studie von Graf et al. (2010) zeigen, dass sowohl die strategische Ausrichtung des Talentmanagements, als auch dessen nachhaltige Verankerung im Top-Management bislang vielerorts fehlt. Ferner basiert die „Nominierung" von Talenten oft lediglich auf der Einschätzung von Performance und Potential eines Mitarbeiters. Sowohl seine Ambition als auch die Lern- und Entwicklungsfähigkeit bleiben allzu oft unbeachtet. Gerade diese stellen jedoch zentrale Aspekte von Talenten im eigentlichen Sinne dar. Insbesondere, wenn es um die zukünftige Leistungsfähigkeit in neuen Verantwortungsbereichen geht, ist das Gespann aus Performance und Potential für die Identifikation echter Talente zwar hilfreich, aber nicht hinreichend. Dazu kommt, dass die Einschätzung des Potentials eines anderen Menschen keine leichte Aufgabe ist. Nur wenige Führungskräfte verfügen über die hierfür nötigen Kompetenzen (vgl. Graf et al., 2010). Zur gleichen Schlussfolgerung kommen auch Enaux und Henrich: „Daher können Vorgesetztenurteile in der Regel nur sehr eingeschränkt zur Einschätzung von Potentialen genutzt werden – denn diese Urteile beziehen sich meist auf Beobachtungen in der aktuellen Funktion – und ein Schluss auf die erfolgreiche Bewältigung zukünftiger, meist anspruchsvollerer Aufgaben ist somit per se spekulativ und damit fehlerbehaftet" (2011, S. 28). Auch individualpsychologische Einzelbetrachtungen helfen dabei kaum. Entsprechende Tests können die Realität organisationaler Komplexität, in welcher zukünftige Führungskräfte ihre Wirkkraft entfalten müssen, nicht annähernd realistisch abbilden, geschweige denn valide Prognosen treffen (vgl. Martin & Schmidt, 2010, S. 30f).

Umso wichtiger ist daher die saubere Klärung, ob ein Mitarbeiter wirklich die Ambitionen hat, Karriere zu machen und über Talente im eigentlichen Sinne verfügt, d.h. zu prüfen, ob der Mitarbeiter:

1. über einen Grundstock an bereits ausgeprägten und lebensbiografisch bewährten Teilkompetenzen verfügt,
2. die Leistungsveranlagung besitzt, sich neue Kompetenzen schnell anzueignen und
3. den Willen formuliert, mit und aus den eigenen Kompetenzen etwas zu machen (vgl. Heyse & Ortmann, 2008, S.10).

Diese prinzipielle Reflexions- und Lernfähigkeit als Merkmal von Talenten im eigentlichen Sinne unterscheidet sich von dem eher allgemeinen und keineswegs einheitlich verwendeten Potentialbegriff.

Zuletzt soll an dieser Stelle noch etwas zu der in den meisten Unternehmen herrschenden „Talentmentalität" gesagt werden. Talentmanagement in all seinen Facetten ist nahezu ausnahmslos getrieben von den zu besetzenden Stellen. Dies steht in diametralem Gegensatz zu der von uns geschilderten Herangehensweise für die Entfaltung von Talenten im eigentlichen Sinne. Das Talent ist nicht der zentrale Faktor im Talentmanagement – die aktuell zu besetzenden Stellen sind die zentralen Faktoren. Die Förderung der einmal ausgewählten Talente erschöpft sich in der Regel in standardisierten und weitgehend linearen Weiterbildungsmaßnahmen in Form von Seminaren, Tagungen, Workshops, etc.. Die Teilnahme hieran fungiert dabei als Anreizsystem für das kontinuierliche Erbringen von Leistung. Management by Mohrrübe. Die Nachteile einer solchen Vorgehensweise formuliert Wieland Cichon, Professor für Projektmanagement, Organisation und Wirtschaftsinformatik an der Hochschule für angewandte Wissenschaften in München, folgendermaßen: „Unserer Einschätzung nach gibt es keine Nachbereitung, keine Begleitung, kein Mentoring. Der praktische Nutzen [von Seminaren] ist selten erkennbar, das nachhaltige Lernen fehlt. Es ist ein kurzsichtiges Geschäft. Das bedeutet nicht automatisch, dass diese Seminare schlecht sind. Was aber fehlt, ist die Einbindung in ein Lern- und Entwicklungskonzept. Hier müssen die Unternehmen dringend ansetzen" (Cichon, 2011, S.14f).

Die existierende Talententwicklungskultur im Talentmanagement 1.0-Kosmos beschreiben auch Enaux und Henrich: „Häufig werden in der Praxis die identifizierten Talente in Talent-Pools, Förderkreisen etc. zusammengefasst. In einem nächsten Schritt werden dann häufig Entwicklungsprogramme zusammengestellt, die für alle Mitglieder dieses Pools vorgesehen sind [...]. In der Praxis ergeben sich darüber hinaus noch weitere Probleme und Nachteile: Training nach dem Gießkannen-Prinzip [...], der Klassenraum dominiert als Lernform [...] und fehlende Integration mit PE-Instrumenten" (2011, S. 41f).

Unserer Einschätzung nach liegt die Ursache für die hier beschriebenen Probleme bestehender Talentmanagementpraktiken in den ihnen zugrunde liegenden handlungsleitenden Grundüberzeugungen des Personal- und Talentmanagements. Talente werden nach ihrer Nützlichkeit für das heutige Geschäft des Unternehmens bewertet und mit einem auf Konformität ausgerichteten, mechanistischen Entwicklungsapparat für diese Stellen ausgebildet. Sofern eine Zukunftsvision und entsprechende Personalplanung existiert, arbeitet man hier für gewöhnlich mit der bewährten Methode von Komplexitätsreduktion durch Simplifizierung. Vor diesem Hintergrund erklärt sich auch der von uns gewählte Titel für dieses Kapitel: Unternehmen züchten sich eine Armee von Klonkriegern. Gleichheit in Form und Funktion sind erwünscht. Eine strategische Ausrichtung des Talentmanagements, welche auf die Entwicklung von Kompetenzen abzielt, die für die Zukunft des Unternehmens kritisch sind, findet kaum statt. Es werden keine individuellen Entwicklungsprogramme für einzelne Talente entwickelt, welche Vielfalt und Kreativität der Talente fördern. Auch für die Lösung realer Probleme und Herausforderungen für das Unternehmen, bei denen innovatives Denken hilfreich ist, werden Talente so gut wie nicht herangezogen (vgl. Graf et al., 2010). Dabei ist „[n]eben der Wiederholung [...] das Einbinden in einen kontinuierlichen Lernprozess mit einem Lernkonzept entscheidend für den Erfolg [von Seminaren und Bildungsmaßnahmen]. Lernen erstreckt sich über einen Zeitraum, es erfolgt am und im Projekt. Solche Lernphasen müssen definiert und eingeplant werden. Ansonsten sind vorbereitende Seminare herausgeworfenes Geld", so auch Wieland Cichon (2011, S.14).

Die Leitwerte dieser als „industriell" beschreibbaren Herangehensweise an Talentmanagement lassen sich einer „organischen" Auffassung von Talentmanagement gegenüberstellen.

| Industrielles Talentmanagement | Organisches Talentmanagement |
|---|---|
| Nützlichkeit | Vitalität |
| Linearität | Kreativität |
| Konformität | Vielfalt |
| Standardisierung | Individualisierung |

Tabelle 1: Industrielles vs. Organisches Talentmanagement (vgl. Robinson, 2008, S.16f).

Diese „Vernachlässigung" der Talente in Form eines „industriellen" Talentmanagements schlägt sich auch darin nieder, dass es die unmittelbaren Vorgesetzten oftmals nicht als ihre Aufgabe betrachten, sich aktiv um die persönliche Entwicklung der Talente in ihrem Verantwortungsbereich zu kümmern. Gleichzeitig kommt in vielen Organisationen genau diesen Führungskräften jedoch die zentrale Rolle beim Talentmanagement zu. Die Konsequenz ist schnell erklärt: Die Linien-Manager fördern, wenn überhaupt, oftmals nur den Typ Talent, der ihrem eigenen mentalen Muster entspricht – und das sind in vielen Fällen „die tough guys mit Stahlkappen auf den Ellenbogen", so eine der Interviewpartnerinnen der von Graf et al. durchgeführten Studie (Graf & Laske, 2010, S. 22). Talente, die nicht in das aktuell herrschende Muster passen oder sich in einem Hierarchie-Silo gefangen sehen, aus dem man sie befreien müsste, damit sie sich richtig entfalten können, verkümmern dementsprechend in solchen Systemen (vgl. Bryan & Joyce, 2007). Dieses sich selbst erhaltende, auf den Erfolg von Karrieristen ausgerichtete System wird auch von Professor Lutz von Rosenstiel (Spiegel-online, 2011a) beschrieben und kritisiert. Echte Individualisten mit einzigartigen Talenten haben es hingegen schwer in diesem System zu bestehen, welches auf den Grundwerten Nützlichkeit, Linearität, Konformität und Standardisierung basiert.

Wir sind der festen Überzeugung, dass es diesbezüglich eines Umdenkens bedarf. Unternehmen müssen ihr Bild davon ändern, was ihre Mitarbeiter, was ihre Talente für sie sind und wie sie deren Arbeitsalltag gestalten wollen. Daniel Pink sagt hierzu: „If we start treating people like people, and not assuming that they're simply horses, you know, slower, smaller, better smelling horses, if we get past this kind of ideology of carrots and sticks [...], I think we can actually build organizations and worklives that make us better off [...]" (Pink, 2010).

Aus den oben genannten Gründen wurde für die bestehende Form von Talentmanagement die Bezeichnung „Talentmanagement 1.0" gewählt. Ähnlich wie beim „Web 1.0" sind die Nutzer, d.h. die Talente, in erster Linie Konsumenten eines standardisierten, von der Administration zur Verfügung gestellten Programms. Nur ein Programm, das die Entfaltung von Talenten im eigentlichen Sinne zum Ziel hat und die Talente sich selbst managen lässt, wird den Potentialen der Talente jedoch wirklich gerecht. Zu dieser Schlussfolgerung kommen auch Graf et al: „Talente wollen ernst genommen werden, wollen selbst gestalten und an ihrer und der Entwicklung der Organisation maßgeblich mitarbeiten", heißt es hier (2010). Die mit diesem Paradigmenwechsel verbundene organische Form von Talentmanagement wird im Folgenden als „Talentmanagement 2.0" bezeichnet. Ein solches Talententfaltungsmanagement muss leisten, was Robinson (2008, S. 16f) in folgender Aussage für Lernarchitekturen jeglicher Art formuliert:

„We need to conceive of institutions individually, not systemwide, as ones which don't just value utility but respect and promote living vitality, the energy of the organisation and its potential to be transformative. That doesn't think in terms of linearity but thinks of creativity and multiple options and multiple possibilities for everybody in it. That is not about conformity but about diversity and that is critically about customisation."

Um dies leisten zu können, muss Talentmanagement 2.0 ein wertebasiertes und organisch-mathetisches Talententfaltungsmanagement sein. Dies erfordert von Unternehmen die ganzheitliche Beschäftigung mit und Ausrichtung von Organisationsstruktur, Lernkultur und den handlungsleitenden normativen Grundlagen des strategischen und operativen Geschäfts.

# KAPITEL 6

# Talentmanagement 2.0: organisch-mathetisches Talententfaltungsmanagement

Nach dem Überblick über bestehende Praktiken im Talentmanagement möchten wir in diesem Kapitel unsere Konzeption einer neuen Form von Talententfaltung in Unternehmen vorstellen. Das folgende Kapitel stellt insofern den Kern dieses Buches dar.

Talentmanagement 2.0 ist nicht als Weiterentwicklung von Talentmanagement 1.0 zu verstehen. Aufbauend auf dem Talentbegriff im eigentlichen Sinne basiert Talentmanagement 2.0 auf einer anderen Grundidee. Im Fokus der Aufmerksamkeit stehen die Talente der Talente. Ziel ist deren Freisetzung, Entfaltung und Nutzung innerhalb des Unternehmens. Entwicklungsprogramme im Rahmen von Talentmanagement 2.0 sind daher in erster Linie nicht nur an der zu besetzenden Stelle, sondern vielmehr an dem zu entfaltenden Talent ausgerichtet. Talente sollen innerhalb der Organisation die Möglichkeit haben, ihr Potential zu entdecken und zu entfalten und für eine Sache einzusetzen, von der sie wirklich überzeugt sind. Talentmanagement 2.0 ist demnach ein wertebasiertes, organisch-mathetisches Talententfaltungsmanagement, das die Wettbewerbsfähigkeit des Unternehmens auch unter sich ändernden Rahmenbedingungen sichert.

Zu Beginn dieses Kapitels soll geklärt werden, welche Punkte besonders zentral sind, damit Talente in einem Unternehmen die idealen Rahmenbedingungen zu ihrer Entfaltung vorfinden. Der folgende Abschnitt skizziert die daraus folgende Aufgabe eines lebenslangen Entfaltungs- und Möglichkeitsmanagements für Talente. Im Anschluss daran werden zwei Praxisbeispiele von der Deutschen Bank AG und der Crytek GmbH angeführt, wo eine Form von Talentmanagement 2.0 praktiziert wird. Zuletzt steht die ausführliche Darstellung und Bewertung von Talentmanagement 2.0 und eine Einschätzung seiner Bedeutung für die Zukunft.

# Vier Faktoren für die Entfaltung von Talenten in Unternehmen

Im zweiten Kapitel wurde bereits auf die Forschungsergebnisse von Hewlett et al. zu den sich verändernden Prioritäten bei Generation Y verwiesen. Es wurde festgestellt, dass die Kriterien in einem hervorragenden Team zu arbeiten, herausfordernde Aufgaben zu haben, viele neue Erfahrungen zu machen sowie eine explizite Leistungsevaluation und -anerkennung zu erfahren für die Arbeitnehmer von morgen zunehmend wichtiger werden als finanzielle Aspekte (2009, S. 74). Insbesondere bei den besten Bewerbern ist dieser Trend nicht nur nachvollziehbar, sondern auch gerechtfertigt: Sie sind bei den Arbeitgebern hochbegehrt – ein hohes Gehalt können sie überall erwarten; Größere Unterschiede bestehen bei der Unternehmenskultur und den Möglichkeiten für die persönliche Entwicklung der Mitarbeiter. Geld allein ist demnach kein Alleinstellungsmerkmal. Wer Talente dennoch in erster Linie mit hohen Gehältern ködert, macht das eigene Unternehmen zum Jagdrevier. Wer sich mit viel Geld gewinnen lässt, der lässt sich auch mit noch mehr Geld wieder abwerben.

Wer die besten Talente auch langfristig behalten will, muss seine Anstrengungen daher auf die Punkte konzentrieren, welche für Top-Talente den entscheidenden Unterschied machen. Zudem betonen Hewlett et al., dass auch die Baby Boomer Generation großen Wert auf die oben genannten Kriterien legt (2009, S. 74). Neben der Bedeutung dieser Kriterien für die einzelnen Generationen sind diese Kriterien auch entscheidend im „Kampf um [die] Talente in China" (Schmidt, 2011, S.6ff), der gerade in China „wütet" und vor allem westliche Unternehmen zwingt, „härter zu kämpfen, um sie für sich zu gewinnen" (Schmidt, 2011, S.9).

Im Folgenden werden vier zentrale Aspekte für Talentmanagement 2.0 vorgestellt: die Integration von Talenten in das Unternehmen, anspruchsvolle Aufgaben für Talente, Talentführungskompetenz und Talententfaltung in Teams.

## Anpassung – Ja, Assimilation – Nein: Das Borg-Paradoxon

Damit Menschen ihr volles Potential entfalten und ihre beste Leistung für eine Firma erbringen können, ist es wichtig, dass sie richtig in die Firma integriert sind. Sie müssen wissen, was die Firma auszeichnet, wie ihre Mission und Vision aussehen, was die Menschen verbindet und antreibt und was ihre Rolle dabei ist. Peter M. Senge formuliert die „gemeinsame Vision" als einen der Kernbausteine der lernenden Organisation. Visionen „erzeugen ein Gefühl von Gemeinschaft, das die Organisation durchdringt und die unterschiedlichsten Aktionen zusammenhält" (2008, S. 252). Gemeinsame Visionen beziehen ihre Macht dabei aus einem gemeinsamen Interesse. Dieses gemeinsame Interesse der Mitarbeiter einer Firma entspringt aus ihrer Mission und ihren Werten. Vor allem Talente aus Generation Y verspüren das Bedürfnis, an etwas Größerem mitzuwirken und zusammen mit anderen die gemeinsame Vision zu verwirklichen (vgl. Dorsey, 2009, S. 58f). Doch auch allgemein lässt sich sagen, dass Menschen sich mehr mit einer Firma verbunden fühlen, wenn diese von einer gemeinsamen Vision getrieben wird (vgl. Lawler III, 2008, S. 39). Senge nennt z.B. AT&T, Ford und Apple, deren Erfolgsgeschichten stark von einer gemeinsamen Vision geprägt sind (Senge, 2008, S. 252). Auch „Social Capital" hat als Konstrukt in der wirtschaftspsychologischen Literatur seit dem 1998 erschienen Artikel von Nahapiet und Ghoshal „Social capital, intellectual capital, and the organizational advantage" stark an Bedeutung gewonnen. Die Autoren betonen hier die Bedeutung von sowohl strukturellen als auch relationalen und kognitiven Aspekten sozialer Netzwerkstrukturen von Mitarbeitern in Organisationen für die Lernfähigkeit der Firma und damit, insbesondere in wissensbasierten Firmen, für deren Erfolg. Firmen müssen daher in den Aufbau von Social Capital investieren, wenn sie im weltweiten Wettbewerb bestehen wollen.

Vielerorts wird davon ausgegangen, dass Talente quasi automatisch überdurchschnittlich engagiert sind und überdurchschnittliche Leistungen erbringen. Diese Überzeugung wird von Martin und Schmidt (2010) jedoch als Irrtum bezeichnet: Talente wollen ihre individuellen Ziele explizit mit den Unternehmenszielen abgestimmt sehen. Sie wollen sich selbst organisieren und selbstbestimmt handeln. Gleichzeitig wollen sie Teil eines größeren

Ganzen sein. Beides lässt sich nur durch eine gemeinsam erschaffene Vision zusammenbringen: Talente werden ihr Potential nur dann entfalten können und zum vollen Einsatz bringen, wenn sie eine intrinsische Motivation für ihre Aufgabe entwickeln. Das heißt, wenn sie einen Sinn in ihrer Aufgabe sehen und sich ihre Aufgabe zu eigen machen. Sie müssen Werte, Vision, Mission und Überzeugung der Firma teilen, sich ihrer Bedeutung für den Gesamterfolg der Firma bewusst sein und ihrer Aufgabe mit Freude nachgehen.

Diese Feststellung ist jedoch nicht als alleinige Aufgabe für die Talente zu verstehen. Es liegt vielmehr am Management, welches akzeptieren muss, dass intrinsische Motivation nicht verordnet werden kann: Gemeinsame Werte und eine gemeinsame Vision entstehen nicht in einem Top-Down-Prozess[1]. Obgleich diese Feststellung hier im Kontext von Talentmanagement gemacht wird, gilt die gleiche Aussage für Arbeitnehmer im Allgemeinen. Talente sind insofern ein Sonderfall, als dass sie in der komfortablen Situation sind, ihren Forderungen besonderen Nachdruck verleihen zu können. Eine ausführliche Diskussion zu intrinsischen Motivatoren und extrinsischen Anreizsystemen, den sogenannten „Hygienemaßnahmen", findet sich bei Herzberg (2003).

Talentmanagement 2.0 fußt auf der Grundidee einer Organisation als organisches, lebendiges Gewebe. Zwischen der Organisation und dem Individuum besteht eine wechselseitige Beziehung: Die Organisation wirkt auf den Einzelnen, sie selbst wird wiederum durch die Mitarbeiter am Leben gehalten und befindet sich in einem ständigen Wandel. Die Werte einer Organisation, die gemeinsame Vision und Kultur sind das Ergebnis dieses Prozesses. Sie entstehen im expliziten und impliziten Dialog zwischen den Mitarbeitern, d.h. in deren täglicher Zusammenarbeit: „Wirklich gemeinsame Visionen brauchen Zeit zum Wachsen. Sie sind eine natürliche Folge der Interaktionen von individuellen Visionen" (Senge, 2008, S. 266). Ebenso verhält es sich mit Sozialkapital. Auch dieses lässt sich nicht von heute auf morgen dazu kaufen, sondern wächst unter den richtigen Rahmenbedingungen durch die gemeinsame Arbeit im Unternehmen.

Man kann also festhalten: Talente können und müssen sich den Eigenarten eines Unternehmens anpassen. Aber dieser Prozess darf keine Assimilation

---

1 Mehr zu solch paradoxen Handlungsaufforderungen findet sich bei Watzlawick et al. (2007, S. 178ff).

sein, bei der sich die Talente ihrem Schicksal fügen müssen und mit der Organisation verschmolzen werden. Firmen, die versuchen, junge Talente aus Generation Y und Z nach dem Borg-Prinzip – „Sie werden assimiliert werden: Widerstand ist zwecklos" – der eigenen Unternehmenskultur und der herrschenden Praxis anzupassen, werden scheitern. Entweder, weil sie hiermit die besten Talente nicht für sich gewinnen können werden – warum sollten diese zu einem Unternehmen gehen, das von Ihnen eine solch radikale Form der Anpassung fordert, wenn ihnen alle Türen offen stehen – oder, weil eine solche Einstellung, selbst wenn sie „erfolgreich" ist, das Potential, welches in der Vielseitigkeit der Talente steckt, durch Standardisierung systematisch vernichtet.

Damit Talente sich in einem Unternehmen wirklich entfalten können, werden Unternehmen diese Feststellung verinnerlichen müssen. Tun sie dies nicht, dann wird es nicht nur zunehmend schwierig, die besten Talente zu gewinnen und auch langfristig zu halten, sondern auch deren Potential für das Unternehmen zu nutzen. Hewlett et al. sind sich sicher, dass die Generation Y Unternehmen dazu zwingen wird, sich entsprechend zu entwickeln (vgl. Hewlett et al., 2009, S. 76).

## Talente langweilen sich nicht lange – sie ziehen weiter

Der zweite zentrale Aspekt von Talentmanagement 2.0 sind anspruchsvolle Aufgaben für Talente. Bereits Chambers et al. schrieben 1998, dass der Schlüssel für die Entwicklung von Talenten in den Aufgaben liegt, mit denen sie betraut werden: „like it or not, people learn by being put in situations that require skills they don't have – a truth poorly served when "Who can do this job best right now?" dominates staffing decisions." (Chambers et al., 1998, S. 55). Genau diese Mentalität herrscht jedoch nach wie vor in vielen Unternehmen. Talente müssen oftmals mehrere Jahre in einem „Talent-Pool" verbringen und Entwicklungsmaßnahmen „über sich ergehen lassen", bevor sie mit einer anspruchsvolleren Aufgabe betraut werden. Dazu kommt, dass Führungskräfte ihre besten Leute oft nur ungern gehen lassen. Ein Grund hierfür liegt in einer Kultur, bei der Talentförderung nicht als zentrale Aufgabe von Vorgesetzten gesehen wird. Stattdessen versuchen Manager, die besten Leute in ihrer eigenen Abteilung zu halten. Leicht entsteht so bei den Talenten das Gefühl der Unterforderung. Gleichzeitig nehmen die Talente wahr, dass sehr wohl Aufgaben existieren, welche sie einerseits mehr fordern würden und gleichzeitig von höherem Nutzen für die Organisation wären. In Kombination führen diese beiden Punkte bei den Talenten in erster Linie zu Frust. Im schlimmsten Fall fühlen sie sich gar vernachlässigt und bekommen den Eindruck, dass ihre persönliche Entwicklung der Organisation in der Tat unwichtig ist. An dieser Stelle ist das Talent so gut wie verloren. „Ein Headhunter in Peking bestätigte dieses Phänomen[2] und sagte, dass seine Firma [...] bei ihrer Suche nicht nur ständig auf neue potentielle Kandidaten [stößt], sie bekommt auch mehr unaufgeforderte Anfragen von Führungskräften westlicher Unternehmen, die zunehmend frustriert sind" (Schmidt, 2011, S.8).

So ist es nach Martin und Schmidt (2010, S. 29) nicht verwunderlich, dass vierzig Prozent der High-Potentials dem Senior Leadership nicht mehr vertrauen, jeder Fünfte glaubt, dass seine persönlichen Pläne von denen abweichen, die das Unternehmen für ihn ersonnen hat und ein Viertel aller Talente sogar den Gedanken hegt, das Unternehmen noch in diesem Jahr zu verlassen.

Unternehmen müssen sich darüber im Klaren sein, dass sie es sich aus zweierlei Gründen nicht leisten können, Talente systematisch zu unterfordern:

1. Wenn Talente nicht ihre volle Leistung abrufen und ihre ganzes Potential entfalten, wird das Unternehmen auf Dauer nicht wettbewerbsfähig bleiben.
2. Die Kosten für den „Ersatz" von Talenten werden durch den zunehmenden Wettbewerb weiter steigen.

Talente möchten sich weiterentwickeln und ihr Potential entfalten. Es ist Aufgabe des Arbeitgebers, sie bei diesem Prozess so gut wie möglich zu unterstützen. Gleichzeitig profitiert das Unternehmen davon. Fördert man sie nicht entsprechend, so verfügen vor allem frische Hochschulabsolventen und Young Professionals aus Generation Y über eine Vielzahl an Alternativen. Die Zeiten, zu denen Arbeitnehmer sich „frustriert loyal" in ihr Schicksal gefügt haben,

---

2 Das Phänomen, „dass einige ihrer wichtigsten chinesischen Mitarbeiter tägliche Anrufe von Headhuntern erhalten" (Schmidt, 2011, S 8).

sind vorbei. Talente langweilen sich nicht lange – sie ziehen weiter, auf der Suche nach anspruchsvollen Aufgaben, die sie wirklich begeistern. Und nur in der Arbeit an solchen wird sich ihr wahres Potential zeigen und entfalten können. „Regardless of our native general intelligence, our energy, and our ambition, we break through the level of good ability to exceptional ability in those areas that fundamentally excite us" (Butler, 2007, S. 112).

Auch aus diesem Grund bedarf es daher „klar formulierte[r] Entwicklungspläne mit bedeutungsvollen Projekten und Aufgaben [sowie der] gezielte[n] und individuelle[n] Förderung" von Talenten (Graf et al., 2010). Bei den Entwicklungsprogrammen muss es sich dabei um maßgeschneiderte Lernarchitekturen handeln, welche die individuelle Kompetenzentwicklung eines jeden Talents ermöglichen. Es geht eben nicht um ein „Abarbeiten" eines einmal definierten Talente-Curriculums, sondern um eine sinnvolle Einpassung von gezielten Entwicklungsmaßnahmen.

## Talentführungs(inkompetenzkompensations)-kompetenz: Wie führt man Menschen, die nicht gemanagt werden wollen?

Talente wollen selbstorganisiert arbeiten und sich selbst managen. An Vorgesetzte werden daher bei der Führung von Talenten besondere Anforderungen gestellt: Es geht weniger um das Überwachen und Kontrollieren der Talente als vielmehr darum, sie bei ihrer Entwicklung im Unternehmen zu unterstützen. Vorgesetzte müssen Talente weniger „managen" und mehr „führen", d.h. die Talente darin unterstützen, den für sie richtigen Weg zu finden und sich selbst zu organisieren. Noch ist die Erkenntnis, dass es dieser sogenannten „Talentführungskompetenz" bedarf, jedoch nicht weit verbreitet (vgl. Graf et al., 2010). Durch unser kleines Wortspiel in der Überschrift dieses Abschnitts soll deutlich werden, dass es mitunter schwierig sein kann, Talente richtig zu führen. Wir sind jedoch der festen Überzeugung, dass es sich lohnt, die nötige Zeit und Energie darein zu investieren, diese Kompetenz zu erlernen. Und dies gerade weil die richtige Führung von Talenten so elementar für deren Entwicklung ist.

„Management hat im Wesentlichen einen militärischen, politischen und ökonomischen Hintergrund – und keine innovative und kreative Basis. Krieg, Politik und Produktion basieren auf Macht [...]. Bei Innovation geht es um die Dinge selbst, nicht um Macht" (Rixhon, 2011, S. 104). Diese treffende Formulierung Rixhons bringt die Vorstellung, die viele Talente von Management haben, auf den Punkt und macht gleichzeitig deren Ängste ersichtlich. In Erwartung dessen, was sie im Unternehmensalltag erwartet und welches Bild sie davon haben, in Zukunft „fremd-gemanagt" zu werden, graut es vielen Talenten vor der damit verbundenen Unternehmenspolitik, den Machtspielchen und der Klüngelei.

Insbesondere Hochschulabsolventen, welche sich ihre Arbeit in den letzten Jahren vollständig selbst eingeteilt haben und sich dabei selbst organisiert haben, wissen oft nicht, wie sie mit dieser neuen Situation umgehen sollen. Menschen pflegen unterschiedliche Arbeitsstile, um ihre Leistung abzurufen. Dies betont auch Peter Drucker: „Just as people achieve results by doing what they are good at, they also achieve results by working in ways that they best perform" (1999, S. 48). Talente, das heißt Menschen, die auf Erfolge zurückblicken können, besonders effizient arbeiten und hohe Leistungen erbringen, haben ganz offensichtlich eine Ahnung davon, wo ihre Stärken liegen und was ihr Arbeitsstil ist. Einmal mehr geht es darum, sich der hierbei auftretenden Vielfalt bewusst zu werden, diese zu akzeptieren und dem Drang nach Standardisierung zu widerstehen. Führungskräfte sollten demnach nicht versuchen, Talente dem eigenen Arbeitsstil „gleichzuschalten". Die Kunst liegt vielmehr darin, ihnen dabei zu helfen, sich mit ihrer individuellen Art im Unternehmen einzubringen und sich zum Wohle aller Beteiligten Akteure zu entwickeln.

Der Umgang mit hochmotivierten Talenten stellt dabei andere Anforderungen an Führungskräfte als der Umgang mit unmotivierten „9to5"-Mitarbeitern. Für viele Führungskräfte heißt das de facto, dass sie zunächst einmal selbst einen Lernprozess durchmachen müssen, um diese andere Art von Führung erstmal zu lernen. Die jahre- oder gar jahrzehntelang perfektionierte Rolle des „Kameltreibers" verfehlt im Umgang mit Talenten nicht nur seine Wirkung – sie erzielt höchstwahrscheinlich das genaue Gegenteil: So wird aus dem motivierten Talent ganz schnell ein desillusionierter „business as usual" Mitarbeiter bzw.- Ex-Mitarbeiter (Führungsparadoxon[3]). Klar, der typische Karrierist mit BWL-Studium und „Leadership-Experience" aus Case-Studies an der Uni und von Career-Events, wird wissen, wie er mit Führung à la „Zuckerbrot und Peitsche" umzugehen hat. Wer sich jedoch mehr erwartet als einen 08/15-Chef in einem 08/15-Job, der bringt andere Erwartungen an seinen Chef mit. In diesen Fällen schlägt die anfängliche Verunsicherung bei der Konfrontation mit einem Chef der Marke „Kameltreiber" („was will der von mir?") schnell in Enttäuschung („das hatte ich mir aber anders vorgestellt...") und schließlich in Kapitulation um („dann muss ich mir wohl etwas anderes suchen"). Wer Talente im eigentlichen Sinne in seinem Verantwortungsbereich hat, sollte es stattdessen wagen, sich nach dem von Daniel Pink formulierten Motto zu verhalten: „You probably want to do something interesting – let me just get out of your way!" (Pink, 2010). Was Firmen wie Google mit einer 80/20-Regelungen[4] oder anderen Maßnahmen auf organisationaler Ebene umsetzen, fängt jedoch beim Führungsverhalten des direkten Vorgesetzten an. So lange man hier noch nach den Prinzipen des Talentmanagement 1.0 arbeitet, werden auch solche Best Practice Modelle ihren Zweck nicht erfüllen.

Werfen wir doch mal einen Blick auf eine aktuelle Studie, welche sich mit den Erwartungen junger Talente an Führungskräfte beschäftigt. In Bezug auf Generation Y schreiben Meister und Willyerd (2010, S. 70), dass diese von ihren Vorgesetzten vor allem Hilfe bei ihrer Karriereplanung und dem Weg durch die Organisation, klares, direktes und regelmäßiges Feedback, Mentoring und Coaching, Unterstützung bei der Bewerbung für Personalentwicklungsmaßnahmen und eine flexible Zeitplanung erwarten.

Es geht also keinesfalls um einen laissez-fairen Führungsstil, bei dem man den Talenten sagt: „Ach macht ihr mal – das wird schon." Im Gegenteil: Basierend auf einer starken Vertrauensbasis und gemeinsamen Werten wünschen sich vor allem Talente der Generation Y und Z starke Persönlichkeiten als Führungskräfte. Menschen, die nicht nur auf der Ebene persönlicher

---

3 Ähnlich wie beim Lernparadoxon führen die Handlungen, die wir vornehmen, um Talente in Unternehmen zu halten und zum Erfolg zu führen, in Wirklichkeit dazu, dass die Talente entweder innerlich kündigen oder das Unternehmen ganz verlassen.

4 Mitarbeiter bei Google haben 20% ihrer Arbeitszeit zu ihrer freien Verfügung und können in dieser Zeit z.B. eigenen Projekten oder neuen Produktideen nachgehen.

Zielvereinbarungen kommunizieren können, sondern vor allem über die nötigen personalen und sozial-kommunikativen Kompetenzen verfügen, um ihnen gleichzeitig als Vorbild und als Mentor zur Verfügung zu stehen.

Talente wissen heutzutage sehr genau, in welchen Bereichen ihre Stärken liegen und wo sie dementsprechend einen Kompetenzvorsprung gegenüber ihren Kollegen und Vorgesetzten haben und auch, wo nicht. Vier-Sterne General Stanley McChrystal (2010) spricht in diesem Kontext von seinen Erfahrungen, die er in Bezug auf den Umgang mit Informationstechnologie gemacht hat: Ein typischer Rekrut hat heute mehr Ahnung von modernen Kommunikationstechnologien als General McChrystal mit seinen 37 Jahren Erfahrung in der US-Armee. Generation Y und Z ebenso wie nachfolgende Generationen werden morgen noch mehr als heute einen entsprechenden Kompetenzvorsprung gegenüber ihren Vorgesetzten mitbringen. Die Herausforderung für Führungskräfte liegt nun darin, diese Tatsache nicht als Bedrohung aufzufassen, sondern als Chance. Das Eingeständnis, seinen Schützlingen nicht in jeder Hinsicht überlegen zu sein, ist ein Zeichen von Stärke und kann für den Umgang mit Talenten den entscheidenden Unterschied machen. Authentische Führungspersönlichkeiten, welche sich für die Menschen in ihrem Verantwortungsbereich uneigennützig einsetzen und diese in ihrer persönlichen Entwicklung unterstützen, sind es, was Talente sich wünschen. Und wenn Sie sich als Führungskraft jetzt fragen, ob man Ihnen dann noch den nötigen Respekt entgegenbringen wird, dann möchten wir Sie aus unserer persönlichen Erfahrung versichern, dass es nichts gibt, vor dem selbstreflektierte Menschen mehr Respekt haben, als Führungspersönlichkeiten, die ihre eigenen Schwächen offen eingestehen können. Die scheinbare Aufgabe an Autorität bezweckt de facto einen Anstieg im Ansehen bei den Talenten in Ihrem Verantwortungsbereich. Sie werden es Ihnen mit Höchstleistungen und Loyalität zurück zahlen.

Obgleich Generation Y diesen Wünschen besonderen Ausdruck verleiht, stellen auch Talente aus Generation X und der Baby Boomer Generation diese Forderungen. Hier wird der Wunsch nach Wertschätzung durch die Organisation und der Unterstützung bei der persönlichen Entwicklung sogar besonders deutlich. Meister und Willyerd sprechen davon, dass Generation Y jetzt dafür sorgt, dass es endlich zu dem Wandel kommt, den sich bereits andere Generationen gewünscht haben. Die Frage „Am I continuing to learn and grow?"

sei schließlich für Mitarbeiter jeden Alters von zentraler Bedeutung (2010, S. 71). Porsche-Chef Matthias Müller beschreibt, wie ein Chef Talente in seinem Verantwortungsbereich unterstützen sollte: „Am wichtigsten ist [...], dass diese Talente sich selbst Gedanken über ihre Zukunft machen und nicht nur der Chef: Wo möchte ich in zwei Jahren sein? Traue ich mir schon eine vertikale Entwicklung zu oder will ich über ein Job Enrichment erst noch andere Erfahrungen sammeln? Wenn diese Fragen geklärt sind, können die Vorgesetzten konkrete Möglichkeiten aufzeigen" (Spiegel-online, 2011b). Im Zentrum der Führungsverantwortung steht die persönliche Beziehung zwischen der Führungsperson und dem Talent und die Frage, welche sich jeder Vorgesetzte stellen sollte: wie kann ich deine persönliche Entwicklung so gut es geht unterstützen und dafür sorgen, dass du in deiner Zeit bei mir möglichst viel von mir lernen kannst?

Fassen wir kurz zusammen:

Führungskräften kommt bei der Förderung von Talenten im Unternehmen eine Schlüsselrolle zu. Einerseits sind sie näher an den Talenten dran als z.B. die HR-Abteilung, andererseits sind sie in der Regel selbst am Kerngeschäft des Unternehmens beteiligt und kennen das tägliche „Business" wesentlich besser als die Mitarbeiter der Personalabteilung. Eine zentrale Leistung im Talentmanagement, die formalen Entwicklungsprogramme der HR-Abteilung in Bezug zu den tatsächlich im Job relevanten Kompetenzen zu stellen, sollte demnach idealerweise von den direkten Vorgesetzten erbracht werden. Diese haben die Möglichkeit, Talente zu erkennen, mit ihnen über ihre persönliche Entwicklung zu sprechen und sie dabei so gut es geht zu unterstützen. Neben spannenden Aufgaben für Talente und dem Fördern des Zugehörigkeitsgefühls nannten deshalb bereits Chambers et al. Wertschätzung und gutes Leadership als zentrale Punkte für die Bindung von Talenten an die Firma: „Send them a clear message that they are valucd [...]. And wherever possible, give them a great boss" (1998, S. 56).

## Alleine ein Talent – im Team ein Star

Insbesondere in Schlüsselpositionen ist es wichtig, dass Talente nicht nur für sich genommen, sondern vor allem bei der Arbeit in Teams zu hervorragenden Leistungen imstande sind. Diesem Wunsch nach einem hervorragenden

Team und entsprechenden Teamleistungen wird auch auf Seiten der Talente Ausdruck verliehen (vgl. Hewlett et al., 2009, S.74). Genauso wie die besten Sportler im Fußball oder Basketball mit anderen Top-Spielern auf dem Platz stehen wollen und davon mitunter die Wahl ihres Vereins abhängig machen, geht es den Top-Talenten in der Wirtschaft. Sie haben gelernt, dass sie im Zusammenspiel mit anderen, die genauso wie sie Talent und Leidenschaft in das Team tragen, erstens ihre beste Leistung abrufen können und zweitens sich selbst am besten weiterentwickeln können. Peter M. Senge zitiert den amerikanischen Ausnahme-Basketballspieler Bill Russell, der in seinen 13 Jahren bei den Boston Celtics elfmal den Meisterschaftstitel der NBA gewann:

„Unsere Absicht und unsere Begabungen machten uns zu einem Team von Spezialisten und wie bei jedem Spezialistenteam hing unsere Leistung sowohl von hervorragenden Einzelleistungen ab als auch von einer guten Zusammenarbeit. Niemand musste uns erklären, dass wir einander in unseren speziellen Begabungen ergänzen mussten; das war einfach eine Tatsache, und wir alle suchten nach Möglichkeiten, um unser Zusammenspiel noch effektiver zu machen" (Russell & Branch, 1979 in Senge, 2008, S. 284).

Anhand dieses Beispiels lassen sich einige zentrale Feststellungen zur Arbeit in Teams machen:

- Talente ziehen andere Talente an – Wer gut ist, will mit den Besten arbeiten.
- Gute Teams sind mehr als die Summe ihrer Teile.
  Die Teammitglieder ergänzen sich gegenseitig und können gemeinsam erstaunliche Leistungen erbringen.
- Sowohl die Teammitglieder als auch das Team lernen durch die gemeinsame Arbeit.

Ausnahmetalenten wie Bill Russell kommt in Teams eine besondere Bedeutung zu. Sie haben die Fähigkeit, die anderen Teammitglieder mit sich zu reißen, sie zu motivieren und zu höheren Leistungen zu inspirieren, als sie sich selbst zutrauen. Genau hierin bestand die besondere Qualität von Russell: Während es mit Wilt Chamberlain seinerzeit einen – für sich allein genommen – „besseren" Spieler auf seiner Position gab, zeichnete sich Russell dadurch aus, dass er sein Team uneigennützig zum Sieg führte. Senge spricht in diesem Kontext von der Ausrichtung des Teams. Je besser die Ausrichtung des Teams, desto höher seine Leistungsfähigkeit (vgl. Senge, 2008, S. 285ff). „Team-Lernen" ist „de[r] Prozess, durch den ein Team seine Fähigkeit, die angestrebten Ziele zu erreichen, kontinuierlich ausrichtet und erweitert" (Senge, 2008, S. 287). Es stützt sich dabei sowohl auf talentierte Einzelpersonen, als auch auf eine gemeinsame Vision der Teammitglieder. Und dennoch ist Team-Lernen mehr als das: Auch wenn in einem großartigen Jazzensemble lauter talentierte Musiker sitzen und diese eine gemeinsame Vision haben, kommt es am Ende darauf an, dass die Musiker zusammen spielen können (vgl. Senge, 2008, S. 287).

Das Gleiche gilt für Organisationen und insbesondere für eine organische Form von Talentmanagement. Teams sind die zentralen Arbeitseinheiten von Unternehmen. Und Talente können und wollen die Katalysatoren für die Arbeit in den Teams sein. Es ist Aufgabe des Talentmanagements, den Talenten die Arbeit in erstklassigen Teams zu ermöglichen und auf diesem Wege ihre Entfaltung zu unterstützen und ihr Potential für das Unternehmen zu nutzen. Diese unter dem Stichwort „Teaming" laufende Aufgabe funktioniert dabei nicht nach dem Steckkastensystem, wo man „mir nichts dir nichts" alle möglichen Charaktere kombinieren kann und das Team danach einfach funktionieren wird. Im Gegenteil: Jeder Mitarbeiter und jedes Talent muss als individuelle Person anerkannt und geschätzt werden. Ist dies der Fall, so wird auch klar, warum den zwischenmenschlichen Beziehungen der einzelnen Teammitglieder und damit vor allem auch emotionalen Faktoren eine besondere Bedeutung zukommt. Peter M. Senge stellt in diesem Kontext fest: „We all know that a team that can't tell the truth about its emotional state limits its strategic thinking as well, because the cognitive and emotional are so connected" (Senge et al., 2010, S. 39f). Nur Teams, welche sowohl auf der mental-kognitiven als auch auf der emotionalen Ebene harmonieren, werden ihr Potential vollständig entfalten können. Mehr noch: „Für einen Steve Jobs ist ein Team mehr als die Summe von einzelnen Leuten. Es ist eine Arbeitsumgebung" (Elliot & Simon, 2011, S. 67).

## Lebenslanges Entfaltungs- und Ermöglichungsmanagement

Die hier besprochenen Kriterien für die Entfaltung von Talenten in Unternehmen verdeutlichen, dass der Erfolg eines „organischen" Talentmanagements 2.0 von einer Vielzahl unterschiedlicher Faktoren abhängt. Talentmanagement 2.0 lässt sich weder als standardisiertes, lineares Entwicklungsprogramm für Talente betreiben, noch sollte der Fokus auf der Einzelleistung des Individuums, gemessen in Ein-Jahres-Rhythmen, liegen. Es geht vielmehr um das gezielte und anhaltende Management der wechselseitigen Erwartungen, Möglichkeiten und Grenzen zwischen Organisation und individuellem Talent. Dieser Prozess sollte bereits bei der Einstellung eines Mitarbeiters anfangen. Talentmanagement 2.0 bedeutet operativ ein lebenslanges Entfaltungs- und Ermöglichungsmanagement für Talente.

Dies beinhaltet eine Vielzahl an Aufgaben, nicht nur für die HR-Abteilung eines Unternehmens, sondern vor allem für die Unternehmensführung sowie die darunter liegenden Führungsebenen. Talentmanagement 2.0 sollte daher ganzheitlich angegangen werden und mit dem bewussten Verinnerlichen der zu Grunde liegenden Talentmentalität und deren weitreichender Konsequenzen beginnen. Es setzt ferner eine holistische und organische Auffassung der Organisation als komplexes Gefüge zwischenmenschlicher Beziehungen heraus. Nur dann kann man die Rolle, welche besonderen Talenten in diesem Gefüge zukommt, wirklich verstehen und ihnen entsprechende Entwicklungsmöglichkeiten bieten.

## Talententfaltungsmanagement in der Praxis

Im Folgenden soll anhand zweier Beispiele dargestellt werden, wie Talentmanagement 2.0 in Unternehmen konkret umgesetzt werden kann. Bei den Beispielen handelt es sich zum einen um die Deutsche Bank AG, dem mit gut 80.000 Mitarbeitern und einer Bilanzsumme von knapp 2 Billionen Euro größten Kreditinstitut der Bundesrepublik Deutschland[5], zum anderen um den 1999 gegründeten deutschen Computerspieleentwickler Crytek GmbH mit ca. 600 Mitarbeitern[6]. Die Deutsche Bank hat bei der Studie von Graf. et al. teilgenommen, die Crytek GmbH nicht. Die Ergebnisse der Studie wurden jedoch anonymisiert veröffentlicht und sind den Autoren auch im Fall der Deutschen Bank AG nicht bekannt. Da es sich bei den Beispielen um Formen von Talentmanagement 2.0 handelt, wird an dieser Stelle auch nicht der Versuch unternommen, eine Einordnung in das Reifegradmodell von Graf et al. (2010) vorzunehmen, welches von uns als Ranking von Talentmanagement 1.0 Programmen verstanden wird.

## Talententfaltung bei der Deutschen Bank AG

Die Deutsche Bank verfügt, ähnlich wie das in Kapitel fünf betrachtete global agierende Unternehmen und andere Großkonzerne, über ein im höchstem Maße institutionalisiertes und systematisiertes Talentmanagement-Programm im Stile von Talentmanagement 1.0. Hier wird beispielsweise mit 360° Feedback und einer „7-Kompetenzen Matrix" gearbeitet. In den vergangenen Jahren kam das Top-Management jedoch zu der Erkenntnis, dass ein solches System vor allem die Talente in der Coverage Funktion „Investment Banking und Advisory" nur unzureichend in ihrer Entwicklung unterstützt. Eines der zentralen Probleme war die Lücke, welche zwischen der HR-Abteilung und dem eigentlichen „Business", d.h. dem operativen Tagesgeschäft, klaffte. Dieser Herausforderung begegnete man mit der Neuschaffung verschiedener Stellen: zunächst mit dem „Business Leiter", später mit dem so genannten „Chief of Staff". Wenngleich diese Ansätze anfangs erfolgsversprechend aussahen, wurde das grundlegende Problem dadurch nicht gelöst: Sowohl die Business Leiter als auch die Chiefs of Staff wurden sukzessive ein Teil von Human Resources

---

5 Die für dieses Buch verwendeten Informationen stammen aus einem Telefoninterview mit Herr Armin von Falkenhayn, Managing Director bei der Deutschen Bank AG im Bereich Corporate Finance und Head of Talent Resource Management, für Europa, den mittleren Osten und Afrika (EMEA), geführt am 9. Dezember 2010.

6 Die für dieses Buch verwendeten Informationen stammen aus einem Telefoninterview mit Herr Heiko Fischer, bis März 2011 Head of Resourceful Humans bei der Crytek GmbH, geführt am 17. November 2010.

und entfernten sich immer weiter vom Tagesgeschäft. Im Jahr 2009 wurde die Entfaltung der Talente in der geographischen Region „EMEA" („Europe, Middle East and Africa") schließlich zum Aufgabenbereich von Herrn Armin von Falkenhayn. Gleichzeitig zu seiner Aufgabe als „Head of Talent Resource Management" ist Herr von Falkenhayn, im Gegensatz zu den obigen Stellenbeschreibungen, als „Senior Client Executive" im Bereich „Corporate Finance" tätig. In seinen 21 Jahren bei der Deutschen Bank hat er selbst in seinem heutigen Verantwortungsbereich für Talentmanagement Karriere gemacht und gehört heute zum europäischen Top-Management. Diese Doppelfunktion ermöglicht Herrn von Falkenhayn das zu leisten, was zuvor nicht gelungen war: Die Verbindung zwischen expliziter, institutionalisierter Talentförderung und dem operativen Geschäft herzustellen. Seine eigene persönliche Entwicklung und Karriere waren dabei ausschlaggebende Faktoren für die Übertragung dieses Verantwortungsbereichs an Herrn von Falkenhayn.

Herr von Falkenhayn versteht unter seiner Aufgabe die ideale Entwicklung und Nutzung der in seinem Verantwortungsbereich vorhandenen Talente – sowohl für das Unternehmen, als auch für die Talente selbst. Dabei wirkt er einerseits als Koordinator für die HR-Verantwortlichen und Business Manager, andererseits als zentraler Ansprechpartner für Talente. Diese können sich jederzeit an ihn wenden, ihre Anliegen vorbringen und ihre persönlichen Erwartungen und Entwicklungspläne mit ihm besprechen. Die Aufgabe von Herrn von Falkenhayn liegt einerseits in der Beratung der Talente bei der Planung ihrer persönlichen Entwicklung, andererseits darin, sie dabei bestmöglich zu unterstützen und entsprechende Möglichkeitsräume bereit zu stellen. Herr von Falkenhayn ist in dieser Funktion für ca. 450 sogenannte „Juniors", d.h. Mitarbeiter, die weniger als zehn Jahre bei der Deutschen Bank sind, verantwortlich.

Herr von Falkenhayn ist dabei selbst ein Talent der Deutschen Bank. In den vergangenen zwanzig Jahren arbeitete er sich durch die diversen Hierarchieebenen bis in eine der anspruchsvollsten Positionen innerhalb des Unternehmens. Auch jetzt führt er diese Aufgabe nach wie vor aus. Dies verschafft ihm, gemäß seiner eigenen Einschätzung, eine besondere „Glaubwürdigkeit" für die Aufgabe als Talentmanager – einerseits gegenüber den Talenten, andererseits gegenüber der Unternehmensführung und der HR-Abteilung. In seiner Rolle ist er Vorbild für viele junge Talente im Unternehmen und kann das Interesse der Firma an der persönlichen Entwicklung der Talente glaubhaft verkörpern. Seine Position ermöglicht es Herrn von Falkenhayn an den kritischen Druckpunkten im Unternehmen anzusetzen, so dass die besten Talente in ihrer Entfaltung optimal unterstützt werden und dabei „Bereichsegoismen" überwunden werden können.

Obgleich die persönliche Entwicklung eines jeden Talents unterschiedlich ist, skizziert Herr von Falkenhayn zwei typische Fälle für die Entfaltung der unternehmensinternen Talente:

Bei den Talenten, welche ihre Stärken kennen, die sich mit ihrer gegenwärtigen Aufgabe wohl fühlen und welche überdurchschnittliche Leistungen erbringen, gilt es, diese hohe Produktivität und die Freude an der Arbeit langfristig aufrecht zu erhalten.

Den Talenten, deren Leistung zwar okay ist, die jedoch noch nicht die Aufgabe gefunden haben, bei der sie ihr Potential voll und ganz entfalten können, gilt es dabei zu helfen, den für sie idealen Job zu finden und sie zu Stars zu entwickeln.

Zu konkreten Maßnahmen gehören Rotationen zwischen einzelnen Produktsparten und geographischen Einheiten, Entwicklungs- und Weiterbildungsprogramme ebenso wie Coaching- und Mentoring-Angebote. Wichtig ist jedoch, dass diese keinem der Talente „verordnet" werden, sondern in enger Absprache gemeinsam abgestimmt werden. Außerdem existieren keine Silo-Karrieren, bei denen ein Wechsel in eine andere Produktsparte unmöglich wird. Besonders hier wurden nach der Wirtschaftskrise im Jahr 2009 Erfolge verbucht. Statt Leute entlassen zu müssen, konnten in vielen Fällen Wechsel in andere Positionen ermöglicht und Talente auf diesem Wege im Unternehmen gehalten werden. Herr von Falkenhayn legt besonderen Wert darauf, dem Interesse der Deutschen Bank an einer langfristigen gemeinsamen Entwicklung mit jedem einzelnen Talent Ausdruck zu verleihen.

## „Resourceful Humans" bei der Crytek GmbH

Als Crytek vor knapp 10 Jahren gegründet wurde, bestand das Unternehmen der drei Brüder aus Coburg neben ihnen selbst nur aus einer Online-Community, die über die ganze Welt zerstreut war. Was sie vereinte, war die gemeinsame Vision eines Computerspiels, wie die Welt es noch nicht gesehen hatte. Seit ihrem ersten Spiel, dem im Jahr 2004 erschienenen Titel „Far Cry", gilt das heute in Frankfurt ansässige Unternehmen als einer der fortschrittlichsten Computerspieleentwickler der Welt. Die Erfolgsgeschichte von Crytek basiert dabei auf den Werten: Vertrauen, Teamwork und Respekt. Ursprünglich durch die drei Gründerbrüder verkörpert, bilden diese heute das Fundament einer Unternehmenskultur, bei der die Talententfaltung in sich selbst organisierenden Teams im Zentrum der Aufmerksamkeit steht.

Auf den Karriere-Seiten der Website von Crytek findet sich die Aufforderung: „Become a Hero!" Bereits hier wird ersichtlich, dass es bei Crytek nicht die übliche Trennung in Talente und „Nicht-Talente" gibt. Stattdessen hat sich Crytek der Aufgabe verschrieben, die besten Leute für sich zu gewinnen. Obgleich auch andere Unternehmen dieses Ziel haben, scheint Crytek diese Aufgabe in besonderem Maße zu gelingen. Die Feststellung, dass Talente andere Talente anziehen, bewahrheitet sich hier einmal mehr. Unter einem Held muss man sich bei Crytek dabei ein Talent im Sinne von Bill Russell vorstellen – ein Teamplayer, welcher sich uneigennützig für die gemeinsame Vision einsetzt, hohe Ansprüche an sich selbst und die Anderen stellt und bereit ist, jeden Tag sein Bestes zu leisten. „Wir machen den Leuten keine Illusionen", so Heiko Fischer, Personalchef bei der Crytek GmbH bis März 2011, „bei uns zu arbeiten, heißt, hart zu arbeiten. Aber wir wollen unseren Mitarbeitern maximale Freiheiten bieten und gemeinsam etwas Großes erreichen." Bereits mit „Far Cry" und erneut mit „Crysis", welches im Jahr 2007 auf den Markt gekommen ist, hatte sich Crytek das Ziel gesetzt „etwas zu machen, wovon die Welt sagte, es sei unmöglich", so Fischer.

Nach dem Erfolg mit „Far Cry" ist das Unternehmen in wenigen Jahren enorm gewachsen. Dieser Prozess war mit einer umfangreichen Reorganisation des Unternehmens verbunden. Dabei ist es den drei Gründern zu verdanken, dass besonderer Wert darauf gelegt wurde, den „Geist" der Gründerzeit, die Kultur und Stimmung des Unternehmens in den ersten Jahren, zu erhalten. Alleinstellungsmerkmal und Erfolgsgeheimnis von Crytek, damals wie heute, ist seine einmalige Struktur und die konsequente Umsetzung der Unternehmensphilosophie. Nach dem Motto: „Structure follows Strategy" oder vielmehr „Structure follows Culture" setzt Crytek in besonderen Maße auf die Arbeit in Teams. Dabei verfolgt die Unternehmensführung eine auf demokratischen Prinzipien und Selbstorganisation beruhende Strategie. Fischer spricht in diesem Kontext explizit von einer organischen Organisationsstruktur.

Jedes Entwicklerstudio von Crytek besteht aus mehreren, sich selbst organisierenden Teams von maximal 30 Personen. Jedem Team kommt dabei eine spezifische Aufgabe in der Entwicklung eines Spiels zu. Obgleich die Teams zu Beginn eines Projekts einen Projektplan mit Zeitbudgets und Meilensteinen aufstellen, findet die Arbeit stets in zweiwöchigen Schritten statt. Die Aufgaben für die kommenden zwei Wochen setzen sich die Teams dabei selbst und am Ende jedes so genannten „Sprints" muss ein Ergebnis stehen, das für sich allein genommen im fertigen Produkt verwendet werden kann. Crytek verfolgt damit die Philosophie eines „Agile Managements" und arbeitet mit einem, in der Softwareentwicklung nicht unüblichen, Prozess namens „Scrum". Eine solche Arbeitsweise ermöglicht es den Teams, sich ihre Ziele selbst zu stecken und der eigenen Leistungsfähigkeit anzupassen, sich neuen Herausforderungen zu stellen und sich damit stetig weiter zu entwickeln sowie selbst aktiv Einfluss auf das Design des fertigen Produkts zu nehmen. Getrieben von einer gemeinsamen Vision stellt diese Organisationsform ein Gegenkonzept zu einem hierarchischen Top-Down Prozess dar. Das fertige Produkt hat so zwar oft nicht mehr viel mit dem ursprünglich geplanten Produkt zu tun, dies ist in der Softwareentwicklung, bei der Innovationen in Monatszyklen stattfinden, jedoch ohnehin weder möglich noch erstrebenswert. Gestärkt wird durch diese Organisationsform hingegen die persönliche Entwicklung der Teammitglieder und das Lernen in den Teams und der gesamten Organisation.

Doch nicht nur die Projektarbeit basiert auf diesen sich selbst organisierenden Teams. Auch das Recruiting und die Besetzung von Führungspositionen übernehmen die Teams zu einem großen Teil selbst. Potentielle neue Mitarbeiter lernen zunächst alle Mitglieder des Teams kennen, für das sie sich bewerben, arbeiten nicht nur einen, sondern mehrere Tage oder Wochen innerhalb des Teams aktiv mit und führen bereits ihr erstes Entwicklungsgespräch, bevor eine Entscheidung über ihre Einstellung getroffen wird. Nur wenn alle Teammitglieder zustimmen, wird der neue Mitarbeiter eingestellt. Ebenso basisdemokratisch entscheiden die Teams über ihren „Producer" und „Development Director", welche kreative und administrative Führungsaufgaben übernehmen und die Arbeit mit den anderen Teams koordinieren.

Hinter dieser Organisationsform steht die Überzeugung, dass jeder im Team ein unerschöpfliches Talent besitzt, das sich dann entfalten wird, wenn Leidenschaft und Begabung in hervorragenden Teams zusammen kommen. Aus diesem Grund werden den Teams und seinen Mitgliedern so viele Möglichkeiten zur Selbstorganisation wie möglich gegeben. Fischer nennt seine Abteilung daher auch nicht „Human Resources" sondern „Resourceful Humans". Er verfolgt das anspruchsvolle Ziel, seine Abteilung binnen fünf Jahren „überflüssig" zu machen. Ziel ist die sukzessive Übertragung von Verantwortung an die Teams. Diese können schließlich am besten darüber entscheiden wie, an was und mit wem sie arbeiten wollen und können. Bei Crytek wird Fischers Vision als ganzheitlicher Prozess gesehen und ist Teil der strategischen Ausrichtung des Unternehmens. Der Spieleentwickler sieht seine Mission darin, die Talente aller Mitarbeiter zu entfesseln und gemeinsam etwas Außerordentliches zu erschaffen. Konkret heißt das in der Spieleentwicklung, die bestmögliche Software zu entwickeln und „mit der Hardware Sachen zu machen, von denen die Hardware-Ingenieure nicht gedacht hätten, das sie möglich sind", so Fischer.

## Wertebasiertes Talententfaltungsmanagement

Wie insbesondere aus dem Praxisbeispiel der Crytek GmbH ersichtlich wird, ist ein konsequent umgesetztes wertebasiertes Talententfaltungsmanagement ein Alleinstellungsmerkmal. Andere Unternehmen werden in der Lage sein, einem Mitarbeiter oder Bewerber ein höheres Gehalt zu bieten. Oder sie können ihn mit Personalentwicklungsprogrammen locken und jährliche Unternehmensakademien in noblen Tagungshotels in Aussicht stellen. Aber was sie nicht kopieren können, ist eine auf den Unternehmenswerten basierende und konsequent umgesetzte Atmosphäre der Talententfaltung. Hierbei handelt es sich nicht um eine Strategie „aus der Box", die sich von jedem beliebigen Unternehmen kopieren lässt. Es geht vielmehr um die Verankerung einer Mentalität der Talententfaltung in der Strategie eines Unternehmens und deren Ausgestaltung unter Berücksichtigung der individuellen Werte und Identität eines spezifischen Unternehmens. Selbstverständlich können dies auch andere Unternehmen machen. Da jedoch jede Firma anders ist und sich in seinen Werten von seinen Konkurrenten unterscheidet, entsteht stets eine einzigartige Umgebung für die Entfaltung von Talenten.

Professor Lutz von Rosenstiel betont die Bedeutung von „gelebten" Unternehmenswerten folgendermaßen: „Unternehmenswerte sollen nicht nur auf dem Papier stehen, nicht nur Bestandteil der Strukturen und Artefakte sein, sondern es geht auch um 'gelebte Werte'. Dazu benötigt man Mitarbeiter mit den entsprechenden Fertigkeiten, Fähigkeiten und Kompetenzen, wobei angesichts der zunehmend schwerer vorhersehbaren, aber sicherlich immer komplexeren werdenden Zukunft den Kompetenzen eine besondere Bedeutung zukommt" (von Rosenstiel, 2007, S. 57).

Diese Mitarbeiter zu finden, zu halten und zu entwickeln, ist es, was ein konsequent umgesetztes wertebasiertes Talententfaltungsmanagement zu leisten im Stande ist. Solche Mitarbeiter sind es, die sich mit der Identität der Firma identifizieren und deren Einsatzbereitschaft und Loyalität auf mehr basiert als auf den Herzbergschen Hygienefaktoren, d.h. Gehalt und sonstigen Kompensationsleistungen. Auf sie ist das als organisch verstandene Unternehmen angewiesen, denn „kommunizierte Unternehmenswerte werden zur leeren Hülle, wenn sie nicht durch kompetente Mitarbeiter gelebt werden" (von Rosenstiel, 2007, S. 57).

Wie wir bei den Beispielen in diesem Kapitel gesehen haben, gibt es natürlich auch etliche positive Beispiele für Unternehmen, welche Talentmanagement 2.0 bereits betreiben. Auf die Frage, wie er als Vorstandsvorsitzender junge Talente bei Porsche fördern würde, antwortet Matthias Müller im Interview mit dem Spiegel: „Porsche lebt von seinem Wertesystem. Diese Kultur lässt sich am besten bewahren, indem man Menschen mit Potential innerhalb des Unternehmens von unten nach oben entwickelt. Sicher kann da mal ein Seiteneinsteiger dazukommen – unser Ziel ist es aber, die meisten Führungspositionen aus den eigenen Reihen zu besetzen" (Spiegel-online, 2011b). Nun steht es außerhalb unserer Möglichkeit zu verifizieren, ob diese Aussage auch den realen Praktiken entspricht, wie sie Talente bei Porsche tatsächlich erleben. Zumindest macht die Aussage jedoch Hoffnung, dass auch Großkonzerne wie Porsche, welche üblicherweise über in höchstem Maße bürokratisierte Talentmanagementpraktiken im Stile von Talentmanagement 1.0 verfügen, zu einem stärker wertebasierten Talententfaltungsmanagement in der Lage sind.

Abschließend möchten wir die Kernpunkte eines wertebasierten Talententfaltungsmanagements noch einmal kurz und prägnant zusammenfassen:

- Wer ein wertebasiertes Talententfaltungsmanagement betreibt, differenziert sich von anderen Arbeitgebern und pflegt die Identität der Firma nach außen und innen.
- Talente, die auf der Suche nach einer Firma sind, mit der sie sich identifizieren können, haben es leichter, diese Frage für sich zu beantworten.
- Die Verbindung zwischen Talent und Arbeitgeber steht qualitativ auf dem festen Fundament geteilter Werte.
- Wer sich mit den Unternehmenswerten identifiziert, wird eine höhere intrinsische Motivation verspüren. Als Konsequenz daraus steigen sowohl die Lern- als auch die Leistungsbereitschaft der Talente.
- Mitarbeiter haben größere Freude an ihrer Arbeit, erfahren mehr Wertschätzung, wollen die Organisation aktiv mitgestalten und entwickeln ein stärkeres Zusammengehörigkeitsgefühl.

## Organisch-mathetisches Talententfaltungsmanagement als nicht-kopierbares Alleinstellungsmerkmal und Wettbewerbsvorteil der Zukunft

In diesem letzten Abschnitt des sechsten Kapitels werden wir die Überlegungen der vorangegangenen Kapitel mit den notwendigen Bedingungen für eine Atmosphäre der Talententfaltung zu einem organisch-mathetischen Talententfaltungsmanagement (TEM) entwickeln und darstellen. Dieses diskutieren wir im anschließenden Kapitel sieben vor dem Hintergrund der Lernenden Organisation.

Zunächst möchten wir noch einmal auf die von Chambers et al. 1998 im „war for talent" formulierten Fragen zurückkommen: „Tell me again: Why would someone really good want to join your company? And how will you keep them for more than a few years?" (Chambers et al., 1998, S. 45).

Im vierten Kapitel haben wir neben der Didaktik als Kunst des Lehrens (ars didactica) auch die Kunst des Lernens (ars mathetica) kennengelernt. Der Lehrende kann den Prozess der Lernens nicht für den Lernenden übernehmen. Er kann nicht für den Lernenden lernen. Wissend um die Notwendigkeit beider Künste für einen dauerhaft erfolgreichen Lernprozess, besteht die Aufgabe des Lehrenden darin, dem Lernenden eine unterstützende Lernumgebung als Ermöglichungsraum bereitzustellen.

Was hat diese mehrere Jahrhunderte alte Erkenntnis über Lern- und Entwicklungsprozesse jedoch mit den zentralen Fragen des „war for talent" zu tun? Nun – neben der in der Literatur ausführlich beschriebenen Sicht der Unternehmen, welche auf der Suche nach den Talenten sind –, sollte sich unser Blick mit ebenso großer Vehemenz auf die Talente richten, welche ihrerseits nach Unternehmen suchen, in denen sie sich entfalten können. Wenn Schüler oder Studenten das erste Mal in Kontakt mit der Wunderwelt der Wirtschaft kommen, geschieht dies meist in Form mehrwöchiger Praktika oder auf den eingangs beschriebenen Recruiting-Events. Oft setzen hier dann auch schon die ersten Talentbindungsprogramme ein, die vielversprechende „Talente" in die bereits erwähnten exklusiven „talent communities" aufnehmen und fortlaufend mit Marketing-Maßnahmen beglücken.

Reflektiert man als Talent schließlich während oder nach einem Praktikum (oder während der ersten Monate im Job) die oben genannten Fragen, so stellt man sie sich – eben aus Sicht des Talents – wohl eher so: Warum bin ich eigentlich gerade zu diesem Unternehmen gegangen? Was ist an dieser Lern- und Arbeitsumgebung so besonders, dass ich auch die nächsten Monate und Jahre hier bleiben möchte? Und leider auch allzu oft: Was hindert mich eigentlich daran, meine Talente zu entfalten, dank derer ich doch gerade für diese Tätigkeit ausgesucht worden bin?

Je mehr wir uns mit Talentmanagement beschäftigt haben – sowohl wissenschaftlich als auch auf ganz persönlicher Ebene – desto mehr sind wir geneigt die Antwort zu geben, dass es die Talentmanagement-Programme selbst sind, welche hierfür verantwortlich sind. Bürokratisiertes, am Personalbestand orientiertes Nachfolgemanagement ist schlichtweg nicht darauf ausgelegt, menschliche Talente in ihrer ganzen Vielfalt im Unternehmenskontext zur Entfaltung zu bringen. Und der Grund, warum sich hieran bis dato kaum etwas geändert hat, ist die zugrunde liegende Talentmentalität in den

Köpfen der Geschäftsführer, Linien-Manager und HR-Verantwortlichen. Außerdem ist Talentmanagement 1.0 ja nicht per se schlecht: Den Zweck der Stellenbesetzung erfüllt es ja mehr oder weniger gut. Unternehmensberater Wolf Lasko schreibt hierzu: „Der Grund liegt in den 'Programmen', die uns von Kindheit an mit auf den Weg gegeben wurden. Vielleicht waren Sie als Kind äußerst schnell mit allem, was Sie taten. Von Ihren Eltern wurden Sie jedoch stets angehalten, langsam und sorgfältig zu sein, alles gut vorzubereiten und in Ruhe durchzuführen. Ihr Talent, Dinge schnell zu erledigen, wurde durch das Programm 'Langsam und sorgfältig' überlagert. Heute erledigen Sie Ihre Aufgaben zwar sehr genau, aber ohne Begeisterung und – folglich – wenig erfolgreich. Würden Sie Ihr eigentliches Talent wiederentdecken, stünden Ihnen ganz andere Möglichkeiten offen: Sie könnten rasch arbeiten und, da Sie es mit Begeisterung tun, gleichzeitig exzellente Ergebnisse erzielen" (Lasko, 2001, S. 30).

Jeder Mensch besitzt eine Vielzahl dieser so genannten Programme, die meisten davon aus gutem Grund. Talentierte und Begabte haben in der Regel in ihrer Kindheit, der Schule und der Hochschule gelernt, damit umzugehen, d.h. sie zu vermeiden oder sie für sich zu nutzen. Eben jene Programme sind es aber auch, welche der Entfaltung der Talente eines Menschen oftmals im Wege stehen. Andreas Salcher gibt in seinem viel beachteten und viel diskutierten Buch „der talentierte Schüler und seine Feinde" einen schmerzlichen Überblick über die Feinde und die Freunde eines talentierten Schülers. Der Nobelpreisträger des Jahres 1999 für Medizin, Günter Blobel, sagt am Ende seines Vorwortes zu diesem Buch: „Es [ist] geradezu ein Gebot der Stunde, die richtigen Schlüsse aus den Thesen von Andreas Salcher zu ziehen" (Salcher, 2010, S. 12). Nun, wer ist aber Freund und wer Feind? „Die Freunde des talentierten Schülers unterstützen diesen dabei, seinen eigenen Weg zu gehen. Wenn er einmal stürzt, richten sie ihn wieder auf, wenn er aufgeben will, geben sie ihm Zuversicht, wenn er scheitert, helfen sie ihm dabei, neu anzufangen, und wenn er gerade einen großen Erfolg erreicht hat, sorgen sie dafür, dass ihm dieser nicht zu Kopf steigt – denn er wird wieder fallen" (Salcher, 2010, S. 207).

Meist sind die Themen, mit denen sich Talente mit Freude beschäftigen, hochkomplex; die Lern- und Arbeitswelten, in denen solche Themen zu bearbeiten sind, sind es meist auch – hochkomplex. Wen wundert es da, dass auch die talentierten Persönlichkeiten, die in hochkomplexen Welten hochkomplexe Themen bearbeiten, selbst auch eher speziellere Persönlichkeiten sind – entweder als extrovertierte Variante Primadonnen gleich oder als introvertierte Variante eher als eine Art Mr. Spock[7], Neo[8] oder allwissender Dr. Spencer Reid[9]. Wenn wir uns vergegenwärtigen, wie Menschen im Allgemeinen, Führungskräfte oder Unternehmer im Speziellen auf Komplexität oder auf ihre Freunde reagieren – in der Fernseh-Serie „Criminal Minds" trefflich als sogenannter „Reid-Effekt"[10] dargestellt – so wird die alltägliche Herausforderung deutlich. Wüthrich et al. bringen unsere Beobachtungen hierzu auf den Punkt: „Wie wir [...] sehen konnten, setzt Management im Umgang mit Komplexität einseitig auf Reduktionsstrategien. So richtet sich Führung heute größtenteils auf Normierung und Standardisierung der Mitarbeitenden und der Systeme in und von Organisationen. Beherrschbarkeit von Menschen ist das Ziel, Gleichheit das Mittel. Ausfluss dieser Bemühungen sind u.a. das dreistufige Assessment-Verfahren, das einheitliche Beurteilungssystem oder die standardisierte Laufbahnplanung" (Wüthrich et al., 2009, S. 92f).

Aus unternehmerischer Sicht mögen diese Bemühungen unter dem Aspekt der Planbarkeit der Zukunft des Unternehmens mitunter sinnhaft erscheinen. Aus Sicht der Talente, die in ihrer Individualität eine solche Normierung durchlaufen müssen, sind sie es eher nicht (siehe unsere abschließenden Bemerkungen zu Talentmanagement 1.0 im fünften Kapitel). Auch im Kontext des Lernens allgemein – von Innovations- und Forschendem Lernen ganz zu schweigen – ist der Ansatz der Komplexitätsreduktion, Normierung und Standardisierung

---

7 Mr. Spock ist im Star-Trek-Universum anfangs Erster- und wissenschaftlicher Offizier, der als Halb-Vulkanier seine Gefühle unterdrückt, stets rein logisch entscheidet und im Anblick unglaublicher Phänomene und lebensbedrohlicher Gefahren den Ausdruck „faszinierend" prägte.

8 In dem Film Matrix (1999) spielt Keanu Reeves den Angestellten Thomas: „tagsüber ein normaler Angestellter und nachts ein gefürchteter Hacker namens Neo" (IMDb, 2011).

9 Special Agent Dr. Spencer Reid hat in der Serie „Criminal Minds" drei Doktortitel, einen IQ von 187 und ein eidetisches Gedächtnis mit einer Einlesegeschwindigkeit von 20.000 Wörtern pro Minute.

10 „Wenn ‚Spence' auf der Bildfläche erscheint, kann es schon mal sein, dass Hunde zu bellen und Kinder zu weinen anfangen. Seine Kollegen nennen dieses Phänomen den ‚Reid-Effekt'" (Sat1, 2011).

mittel- und langfristig eher kontraproduktiv. Daher heißt es auch bei Wüthrich et al.: „Wir sind überzeugt, dass Vielfalt die Basis der besseren Lösung darstellt. Das sollte uns jedoch nicht davon abhalten, einfache Routineprobleme mithilfe standardisierter Verfahren zu lösen. Bei komplexen Problemen [...] müssen standardisierte Gesamtlösungskonzepte jedoch scheitern. Es sei denn, der Standard ist die Individualität [...] und das ständige Hinterfragen des Standards selbst" (Wüthrich et al., 2009, S.99).

Das heißt, was immer auch als Talententfaltungsmanagement „installiert" werden soll, muss Individualität und ihre ständige, maßvolle reflexive Flexibilisierung zum Standard haben. Eine unternehmerische Vorstellung im Sinne von „wir kaufen und implementieren fluchs eine IT-gestützte Standard-Lösung und haben dann für die nächsten Jahre unsere Ruhe", schafft zwar operative Hektik, kann aber vor den beschriebenen Herausforderungen nicht erfolgreich sein. Neben der reflexiven Individualität ist bei der Talententfaltung und Kompetenzentwicklung auch der stete Umgang mit Veränderungen und all seinen munteren Aus- und Wechselwirkungen zu beachten: „Veränderungen bringen es leider nun einmal mit sich, dass sie bisher Bestehendes durcheinander wirbeln und einen klaren Blick verhindern. Wenn Sie in einem Aquarium Sand aufwühlen, werden Sie eine kurze Zeit nichts deutlich erkennen können. Die Fische und die Pflanzen – oder in unserem Kontext: das Potential, das Talent – sind zwar noch da, aber der Blick wird durch den aufgewirbelten Sand etwas getrübt. [...] Man sieht nichts – Nebel" (Lasko, 2001, S.32).

Dieses wahrscheinlich auftretende „Gestochere im Nebel" ist hier eher die Regel als die normierte Ausnahme[11]. Gerne möge man sich an dieser Stelle an unser Beispiel aus Kapitel zwei erinnern. Und wie im Nebel sollten wir unsere Fahrweise fortlaufend und achtsam den Umständen anpassen, uns der Unsicherheit bewusst sein, das Gefühl jedoch nicht übermächtig werden lassen. Wir müssen realisieren, das gerade bei der Talententwicklung nicht alles plan- und beherrschbar ist bzw. erst in der achtsamen Unplanbarkeit plan- und beherrschbar wird. „Dieses ‚Alles-unter-Kontrolle-haben' sei ein Handeln, das er immer wieder feststelle. Vielmehr bedürfe es ‚der Entdeckung eines die

---

11 Nach Enaux & Henrich beruht die Schwierigkeit auf zwei Facetten: „einem nebulösem Potentialbegriff und der Schwierigkeit der Beobachtbarkeit von Potentialen" (Enaux & Henrich, 2011, S. 27).

Vielfalt widerspiegelndes Menschenbildes.' Es geht im wahrsten Sinne des Wortes um die ‚Re-Humanisierung' der Arbeit und des Managements" zitieren Wüthrich et al. den Personalberater Andreas Harbig (Wüthrich et al., 2009, S. 154). Findet ein Talent eine solche humane Arbeits- und Management-Kultur nicht vor und kann sie bei einem Arbeitgeber nicht einführen, zieht es eben weiter.

Geneigte Fragebogen-Experten mögen jetzt einwenden: „Das ist uns schon längst bewusst. Und daher arbeiten wir stetig an unserem Arbeitsklima und unserer Kultur" – mit Fragebögen. Erlauben Sie uns hierzu den international ausgewiesenen Experten für Unternehmenskultur, Professor Emeritus Edgar Schein, selbst antworten zu lassen: „Es gibt mehrere Gründe dafür, dass Fragebögen zur Unternehmenskultur kulturelle Annahmen nicht erheben – und auch nicht erheben können. Erstens wissen Sie nicht, wonach Sie fragen oder welche Fragen Sie entwickeln sollen. [...] Auf Befragungen gestützte Erhebungen befassen sich so gut wie immer auf öffentlich bekundete Werte im Bereich der Arbeitsbeziehungen. [...] Dies mögen wichtige Dimensionen des Unternehmensklimas sein und sie sollten deshalb auch erhoben werden. Gefährlich wird es, wenn man sie mit der Kultur verwechselt" (Schein, 2010a, S. 70).

Vor dem Hintergrund der obigen Vorüberlegungen und Praxisbeispiele[12] möchten wir unser Modell eines organisch-mathetischen Talententfaltungsmanagements wie folgt darstellen:

Im Mittelpunkt des Talententfaltungsmanagements steht das individuelle Talent bzw. die individuellen Talente. Wie in den vorigen Kapiteln beschrieben, beschränken sich typischen Programme im Stil von Talentmanagement 1.0 bei der Einschätzung und Bewertung von Talenten auf die zwei Dimensionen „Performance" und „Potential". Auf Grundlage der Selbstorganisations-theorie und der Überlegungen von Graf und Sonnert zur „Kompetenzraute" (vgl. Graf & Sonnert, 2011) haben wir diese beiden Achsen in unserem Modell modifiziert. Statt Performance bzw. Performanz verwenden wir für unser Modell eine Kompetenz-Achse. Kompetenzen werden hier als Dispositionen selbstorganisierten Handelns verstanden: Performanz wird erst

---

12 Talententfaltung bei der Deutsche Bank AG und „Resourceful Humans"
bei der Crytek GmbH.

durch Kompetenzen ermöglicht. Ohne Kompetenzen keine Performanz. Ferner lassen sich Kompetenzen mit wissenschaftlich ausführlich erschlossenen und validierten Verfahren erfassen und bewerten (vgl. Heyse, 2007).

Machen wir uns den wechselseitigen Zusammenhang von Performanz und Kompetenz an einem Beispiel klar, das jeder von uns kennt: Auto fahren. Vor der Fahrschule waren wir alle in der Regel bewusst inkompetent: Wir wussten, dass wir nicht Auto fahren konnten. Kein Grund zur Traurigkeit, ab in die Fahrschule – als Novize, als Anfänger mit nahezu null Performanz und null Kompetenz. Mehrere Fahrstunden später dann die Prüfung und – tata – die Fahrerlaubnis (Qualifikation), was eine gewisse Leistung (Performanz) auf dem „Kompetenzniveau" eines Fahranfängers darstellt. Ob man jetzt schon als „kompetent" angesehen wird, kann von Fall zu Fall sehr variieren. Jetzt erfolgt ein Wechselspiel zwischen „Üben, Üben, Üben" und dem Bestehen von schwierigen Fahrsituationen, so dass man irgendwann als „Fortgeschritten" eingeschätzt wird. Weitere „Kompetenzniveaus" sind dann „professioneller" Fahrer (Profi) und herausragender Fahr-Experte. Man hüpft also per Performanz immer eine Kompetenzniveau höher und ist auf diesem neuen Niveau erstmal wieder „Novize", bis man die dem Niveau entsprechende Leistung erbringen konnte. Dann ist man auf diesem Niveau kompetent.

Statt „Potential" verwenden wir für die zweite Achse den Begriff „Innovationskraft" (vgl. Graf & Sonnert, 2011). Am Ende des fünften Kapitels haben wir die Probleme des bestehenden Potentialbegriffs bereits ausführlich diskutiert. Wir sind der Meinung, dass die Fähigkeit, welche Talente auszeichnet und für Unternehmen besonders interessant ist, ihre Innovationskraft ist. D.h. ihre Fähigkeit, in neuen und unbekannten Situationen in kürzester Zeit kreative, neuartige und wirkungsvolle Lösungen zu entwickeln. Abbildung 14 veranschaulicht die Achsen „Innovationskraft" und „Kompetenz" als Weiterentwicklung der klassischen Performance-Potential-Matrix.

Nun ist es mit Kompetenz und Innovationskraft jedoch nicht genug. Bei der Analyse des Talentbegriffs im eigentlichen Sinne im dritten Kapitel haben wir festgestellt, dass es zudem auf den Willen des Talents ankommt, mit und aus den eigenen Kompetenzen etwas zu machen. Diesen Willen fassen wir im Folgenden unter dem Begriff „Ambition" zusammen. In der Ambition der Talente kommt der Anspruch an die eigene Person ebenso wie an die Organisation und die Mitarbeiter der Talente zum Ausdruck.

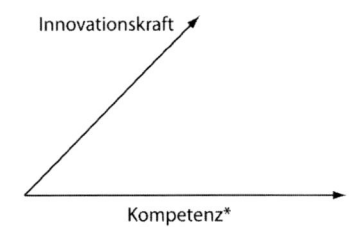

Abbildung 14: Innovationskraft und Kompetenz.

Fehlt noch eine letzte, zentrale Eigenschaft für die Entfaltung von Talenten: ihre Lern- und Beurteilungsfähigkeit. Vor allem diese vierte Dimension ist von großer Bedeutung für die Abgrenzung von Talenten im eigentlichen Sinne von „Talenten" als Statusbezeichnung. Wie wir ebenfalls im dritten Kapitel gezeigt haben, ist eine überdurchschnittlich hohe Lernfähigkeit zentrales Merkmal von Talenten im eigentlich Sinne. Wer über Talente verfügt, weist eine besonders hohe Fähigkeit zum selbstorganisierten Lernen auf und wird in einem auf organisch-mathetischen Talententfaltungsmanagement aufblühen.

Die Fähigkeit, sowohl das Ziel als auch das Mittel des eigenen Lernens, der eigenen Entwicklung zu bestimmen und dann selbstorganisiert zu verfolgen und zu bewerten, ist es, was wir unter dieser Dimension verstehen. Abbildung 15 veranschaulicht die erweiterte Talentraute, welche aus der klassischen Performance-Potential-Matrix und der Kompetenzraute (vgl. Graf & Sonnert, 2011) hervorgegangen ist. Anhand der vier Achsen lassen sich einzelne Talente erfassen und bewerten.

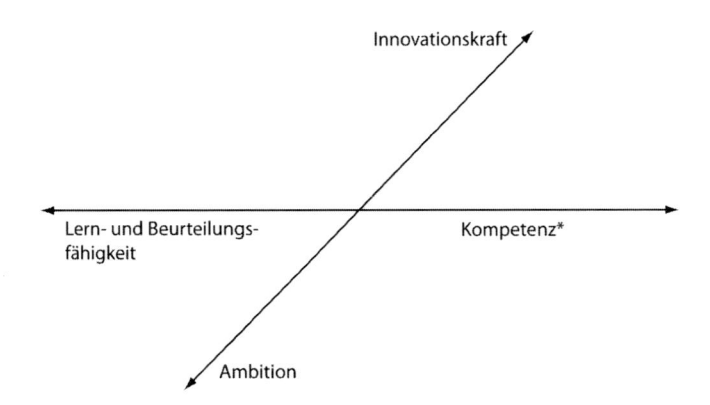

Abbildung 15: Die erweiterte Talentraute

Der nächste Schritt besteht in der Einbeziehung der firmenspezifischen Merkmale für die Entfaltung eines individuellen Talents. Diese möchten wir unter dem Begriff „Ermöglichungsraum" zusammenfassen. Dies beinhaltet sowohl die Lern- und Firmenkultur als auch die spezifischen Entwicklungsmöglichkeiten für das individuelle Talent. Während die Talentraute eine zweidimensionale Fläche beschreibt, welche für jedes Talent verschieden ist, erweitert die Ermöglichungsraum-Achse das Modell in die dritte Dimension (siehe Abb. 16).

Uns ist besonders wichtig, festzuhalten, dass es sich bei dem in Abbildung 16 dargestellten Entwicklungsraum um ein für jedes individuelle Talent spezifisches Konstrukt handelt. Es ist gut möglich, dass manche Talente ihre Entwicklungsmöglichkeiten als besonders groß wahrnehmen und sich in der Entfaltung ihrer Talente praktisch unbeschränkt fühlen, während sich andere Talente in diesem Raum in ihren Entwicklungsmöglichkeiten eingeschränkt fühlen. Aufgabe des Unternehmens innerhalb eines organisch-mathetischen Talententfaltungsmanagements muss es daher sein, die Ermöglichungsraum-Achse für jedes Talent zu maximieren. Hierin zeigt sich die Fähigkeit der Organisation, der Vielfalt an Talenten entsprechende Entwicklungsräume zu bieten und flexibel auf die Entwicklung einzelner Talente zu reagieren.

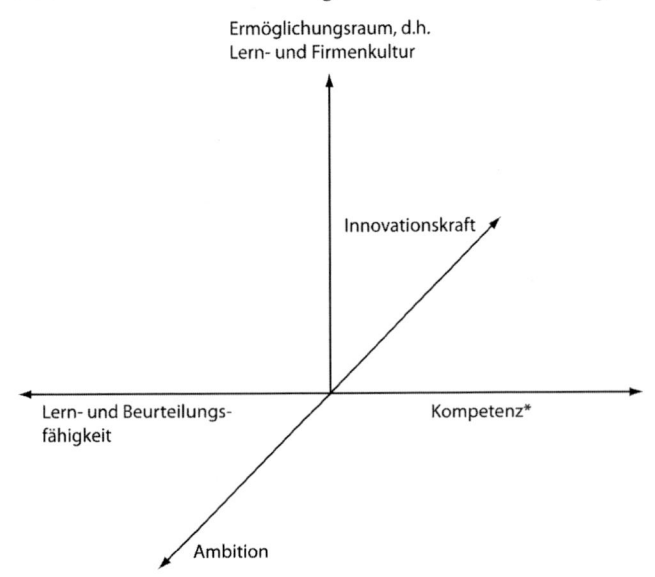

Abbildung 16: Entwicklungsraum für individuelle Talente.

Talententfaltungsmanagement lässt sich schließlich in drei weiteren Dimensionen betrachten: individuelle Lerntiefe, organisationale Lerntiefe und die vergangene Zeit. Individuelle Lerntiefe drückt dabei aus, in welchem Ausmaß die einzelnen Talente innerhalb der Organisation lernen, während die organisationale Lerntiefe dem Reifegrad organisationalen Lernens entspricht. Beide Faktoren werden dabei über eine entsprechende Zeitspanne betrachtet. Abbildung 17 veranschaulicht den Raum, in welchem Talententfaltungsmanagement stattfindet.

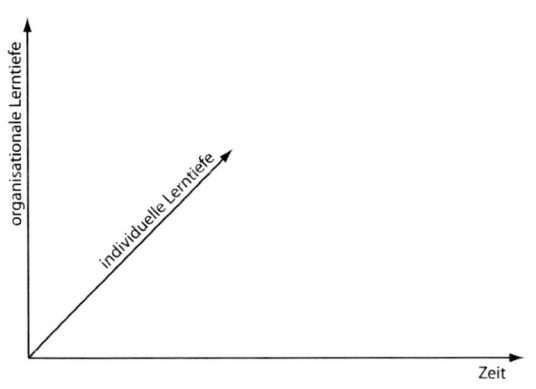

Abbildung 17: Talententfaltungsmanagement als Lerntiefen-Raum.

Innerhalb des in Abbildung 17 dargestellten Raumes finden sich wiederum die selbstgesteuerten und zeitlich-fließenden (plastischen) Entwicklungs- und Karriereräume der Talente einer Organisation wieder (siehe Abb. 18).

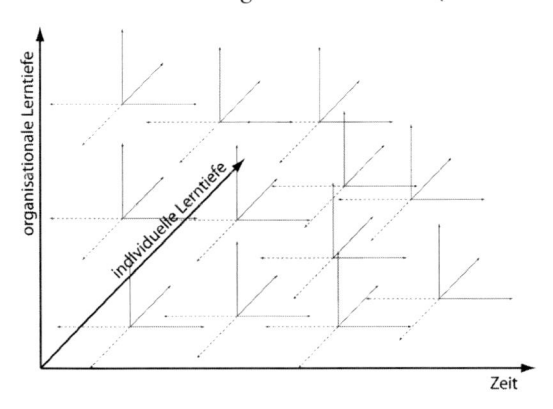

Abbildung 18: Talententfaltungsmanagement mit den Entwicklungsräumen mehrerer exemplarischer Talente

Um Talenten mit ihren spezifischen Eigenarten unternehmerische Entfaltungsräume zu bieten, ist unserer Meinung nach eine Talent-freundliche Lern- und Arbeitskultur notwendig, die auf folgenden „Standards" bzw. Idealen fußt:

- Individualität und ihre ständige, maßvolle reflexive Flexibilisierung,
- ein gemeinsamena Wertebewusstsein und entsprechendes wertegeleitetes Handeln,
- Führung, welche sich der Entfaltung von Talenten und der Erhaltung bzw. Vergrößerung ihrer Vielfalt verschrieben hat,
- ein steter konstruktiver Umgang mit Veränderungen und Fehlern und einer sich daraus ableitenden Fehlerkultur,
- eine Lerner-zentrierte, mathetische und Gehirn-freundliche Lernkultur,
- eine organische, Kompetenz-basierte Arbeitskultur, die eine Talent-freundliche, individuelle Kompetenzentwicklung in unterschiedlichen Gestaltungsräumen mit unterschiedlichen Karrierepfaden ermöglicht und somit letztlich
- eine humane Arbeits- und Management-Kultur.

Unternehmen, welchen es gelingt, diese Punkte umzusetzen, werden damit sukzessive den Entwicklungsraum einzelner Talente und damit die individuelle Lerntiefe vergrößern. Doch auch die organisationale Lerntiefe wird durch eine konsequente Umsetzung zunehmen, wenn Talente als selbstorganisierte und verantwortungsvolle Triebkräfte organisationalen Lernens etabliert werden können. Ein solches Talententfaltungsmanagement ist in der Lage, auch die im Folgenden formulierte Bedingung zu erfüllen:

*„Selbstorganisation und Verantwortung.* Dieses wichtige Gestaltungselement jeder Führungskräfteentwicklung steht nicht ohne Absicht an erster Stelle. Die große Gefahr bei der Etablierung von Führungskräfteentwicklungsprogrammen besteht darin, die Potentialträger zu stark an die Hand zu nehmen und ihnen Entwicklungswege und -maßnahmen auf dem silbernen Tablett zu servieren. Dies fördert die Kosumentenhaltung der Nachwuchsführungskräfte und übersieht, das der Prozess der Führungskräfteentwicklung

so angelegt sein sollte, dass er die zu entwickelnden Führungsqualifikationen fordert und fördert. In diesem Sinne sollte den Nachwuchsführungskräften viel Raum dafür gegeben werden, ihre Entwicklung innerhalb eines Gesamtrahmens und auf der Grundlage von zur Verfügung gestellten Ressourcen eigeninitiativ und selbständig voranzutreiben" (Thomas, 2003, S. 96). Das von uns beschriebene, organisch-mathetische Talententfaltungsmanagement erfüllt diese, von Michael Thomas formulierten Gütekriterien und bricht dabei mit den Paradigmen des Talentmanagement 1.0. In Kombination mit umfangreichen Entwicklungsmöglichkeiten in Form individueller Entwicklungsräume haben Talente im Idealfall so die Möglichkeit, sich vollständig in Selbstorganisation und Eigenverantwortung gemäß ihrer Vorstellungen zu entfalten.

„A successful diversity-focused succession planning process will contribute to a strong, integrated culture that reinforces an organization's vision, strategy, and goals. A creative diversity-based succession planning process attracts and keeps the most talented employees, provides outstanding returns to shareholders and stakeholders, and has guiding purpose that inspires loyalty and long-term commitment to the organization" (Berger & Berger, 2004, S. 278). Auch diese Beschreibung von Berger & Berger trifft auf das von uns entworfene Talentmanagement 2.0 zu. Dabei geht es jedoch nicht um ein Nachfolgemanagement im klassischen, linear-deterministischen Sinne als vielmehr um eine offene Lernumgebung, welche die umfangreiche und ergebnisoffene Talententfaltung unterstützt. In Kombination mit sorgfältigem Kompetenzmanagement entsteht so eine robuste und nachhaltige Organisation. Geprägt ist unser System eines organisch-mathetischen Talententfaltungsmanagements von folgender, durch Rixhon formulierten Überzeugung:

„Ich denke, dass man Innovation nicht managen kann. Man kann einen Nährboden schaffen, der Innovation fördert. Innovation braucht Freiheit. Die Freiheit der Selbstbestimmung. Die Freiheit, altruistische Ziele zu verfolgen. Die Freiheit der Kommunikation. Die Freiheit des Scheiterns. Die Freiheit der Intuition. Die Freiheit der Unvernunft" (Rixhon, 2011, S. 105). Diese Freiheit bildet den Kern unseres Entwurfes. Die Freiheit zur Selbstorganisation.

Vor dem Hintergrund des „War for Talent" und den Einschränkungen von Talentmanagement 1.0 lässt sich daher feststellen, dass ein konsequent umgesetztes Talentmanagement 2.0 im Sinne eines, auf den zentralen Werten einer Organisation basierenden, organisch-mathetischen Talententfaltungsmanagements zentraler Wettbewerbsvorteil der Zukunft sein kann. Zudem ermöglicht es die Aktivierung bislang brachliegenden Potentials in Form von bislang verkümmerten Talenten. Dank der Möglichkeiten zur umfangreichen Talententfaltung verfügt eine Firma, die ein solches Talentmanagement 2.0 betreibt über umfangreiche Kompetenzen – auch solche, von denen man heute noch nicht weiß, dass morgen das Kerngeschäft des Unternehmens von ihnen abhängig sein wird.

# KAPITEL 7
# Die Lernende Organisation reloaded and refreshed

Nachdem wir jetzt eine Vorstellung davon haben, was mit einem organisch-mathetischen Talententfaltungsmanagement gemeint ist, wollen wir diese Konzeption vor dem Hintergrund der Lernenden Organisation diskutieren und aufzeigen, dass jede Organisation, die ein solches Talententfaltungsmanagement implementieren will und kann, als Lernende Organisation erneuert und belebt wird.

## Was bislang geschah…

„Neben diesen offiziellen und intentional gestalteten Ordnungen[1] gibt es aber auch solche, die sich daneben, darüber und darunter ohne gezielte Absicht bilden. Es gibt die „invisible hand" (Adam Smith) des Marktes, die informellen Hierarchien und Kooperationsstrukturen in Betrieben, die Imagebildungen und Publikumspräferenzen […]. Derartigen 'selbstorganisierten Ordnungen' steht man in der Regel höhst ambivalent gegenüber, entziehen sie sich doch einerseits meist jedweder Kontrolle, oft sogar der Einsehbarkeit durch die verantwortlichen Entscheidungsträger, sind aber andererseits unvermeidbar" (Haken & Schiepek, 2006, S. 53).

Ähnlich ambivalent verhält es sich mit den Begriffen „Organisationales Lernen", „Lernende Organisation" und „Organisationskultur": brauchen wir sie überhaupt und, wenn ja, können wir sie planen – verordnen –, oder

---

1 Haken & Schiepek beschreiben diese „offiziellen und intentional gestalteten Ordnungen" wie folgt: „Von Menschen geschaffene soziale Strukturen weisen allein schon deshalb einen besonderen Grad von Ordnung auf, weil sie zur Erfüllung bestimmter Aufgaben wie Produktion von Waren […] eine geeignete Aufbauorganisation haben müssen. Diese Struktur ist meist in Form von Organigrammen, Weisungshierarchien, Vertriebssystemen oder Ablaufschemata festgelegt und einsehbar" (Haken & Schiepek, 2006, S. 53).

verordnen sie sich selbst in einer selbstorganisierten Ordnung und, wenn ja, wie geht dieser Prozess vonstatten?

Beate Liebsch hat in ihrem 2011 erschienen Buch „Phänomen Organisationales Lernen – Kompendium der Theorien individuellen, sozialen und organisationalen Lernens sowie interorganisationalen Lernens in Netzwerken" die lerntheoretischen Perspektiven organisationalen Lernens in ihrem Zeitverlauf von 1963 bis heute systematisierend betrachtet. Mithilfe der drei Kriterien (Lernebene, Lernprozesse, Lernformen) unterscheidet sie vier Forschungsperspektiven, Hauptströmungen bzw. Lernmodelle: die anpassungsorientierte, die kulturelle, die wissensorientierte und die informations- und wahrnehmungsorientierte Perspektive organisationalen Lernens. „Ende der 1970er Jahre entstand durch die Arbeiten von *Argyris* und *Schön* eine eigenständige Lerntheorie organisationales Lernens, die als *kulturelle Perspektive* bezeichnet wird und die bis heute umfangreichste Lerntheorie darstellt" (Liebsch, 2011, S. 118).

Chris Argyris[2] untersuchte – brillant und mit erfrischendem Wortwitz – unter anderem das lernförderliche bzw. lernhemmende Verhalten von „professionellen" Führungskräften: „Indeed, if we were to explain the professionals' behavior by articulating rules that would have to be in their heads in order for them to act the way they did, the rules would look something like this:

When criticizing the company, state your criticism in ways that you believe are valid – but also in ways that prevent others from deciding for themselves whether your claim to validity is correct. When asked to illustrate your criticisms, don't include any data that others could use to decide for themselves whether the illustrations are valid. State your conclusions in ways that disguise their logical implications. If others point out those implications to you, deny them" (Argyris, 2008, S. 41f).

---

2 Chris Argyris (* 16.07.1923) erhielt einen Master-Abschluss in Psychology & Economics (1949), einen Doktor-Grad in Organizational Behavior (1951) und 11 Ehrendoktortitel, war von 1951-1971 als Professor of Administrative Science Fakultätsmitglied der Yale University und seit 1971 James Bryant Conant Professor of Education and Organizational Behavior an der Harvard University. Als Professor Emeritus und Direktor Emeritus der Monitor Company in Cambridge, Massachusetts, ist er weiterhin als Senior Lecturer tätig.

Gerade der letzte Punkt, der der logischen Implikationen, erinnert uns doch zutiefst an die „logically"-Logik Monty Pythons (siehe Kapitel zwei). Sie halten dies für eine humoristische, akademische Übung, die „für das Wirtschaftsleben nun wirklich nicht relevant ist!" Falsch!

Schauen wir uns ein paar Beispiele aus der damaligen Zeit an:

„Vor Jahren, als *Atari* noch führend bei der Entwicklung von Computerspielen war, holte sich das Unternehmen einen CEO aus dem Marketing. In der Kultur, aus der dieser CEO kam, galt ein gutes System individueller Anreize und Karrieremöglichkeiten als Vorbedingung für ein gut geführtes Unternehmen. Doch was fand er bei Atari vor? Eine locker organisierte Ansammlung von Ingenieuren und Programmierern, deren Arbeit anscheinend so wenig strukturiert war, dass man nicht einmal feststellen konnte, wen man für was belohnen sollte![3] Also führte der CEO, der ja genau wusste, wie man einen solchen Sauhaufen in Ordnung bringt, klare persönliche Verantwortlichkeiten und ein individuelles, konkurrentes Belohnungssystem nach dem Muster ‚Ingenieur des Monats' ein – nur um festzustellen, das die Moral im Unternehmen auf den Tiefpunkt sank und einige der besten Ingenieure kündigten" (Schein, 2010a, S. 19).

„Atari, Atari, wer oder was ist Atari?" – mhh., ein vielleicht ‚berechtigter' Einwand. Nun wechseln wir geschwind zu der Unternehmung, die 2010 nach dem Ölgiganten Exxon mit 222 Milliarden Dollar die weltweit zweitgrößte Marktkapitalisierung erreichte – Apple[4]. Heute gilt Apple als Paradebeispiel für ein erfolgreiches und in höchstem Maße innovatives Unternehmen. Das war – beispielsweise in den 1990er-Jahren – nicht immer so:

---

3 Anm. der Autoren: Hier spiegelt sich die immer währende Diskussion wider, inwieweit Gruppenleistungen als Einzelleistungen be-'Not'-bar bzw. be-'Bonus'-bar sind bzw. seien sollten. Für wahre Teams bzw. Teammitglieder stellt sich diese Frage eigentlich und uneigentlich nicht – denn das Team gewinnt oder gewinnt eben nicht (vgl. Kapitel sechs). Einer für alle, alle für einen: kitschig – mag sein –, aber dafür umso treffender – ethisch-moralisch sowieso, aber auch monetär, wie wir täglich in der Bundesliga beobachten können.

4 Apple überholt Microsoft: Die Firma mit dem Apfel ist jetzt das teuerste Technologieunternehmen der Welt (Focus Online, 27.05.2010).

„John Sculley wird in seiner Zeit bei Apple Computer mit ähnlichen Schwierigkeiten zu kämpfen gehabt haben[5], auch wenn heute niemand genau sagen kann, was bei Apple wirklich los war. Er hatte vergeblich versucht, sich in der technischen Kultur, die für Apples Erfolg verantwortlich war, Respekt zu verschaffen. Aber all seine Bemühungen, Apple auf einen besseren Kurs zu bringen, scheiterten am Widerstand der Kultur, die es nun mal gab. Es dürfte kein Zufall sein, dass Apple schließlich mit Steve Jobs einen der Gründer des Unternehmens zurückholte, um wieder auf die Beine zu kommen" (Schein, 2010a, S. 20). Dieses Vorhaben war offensichtlich erfolgreich.

Wir haben es also mit individuellen und – mitunter sehr spezifischen – kulturellen Phänomenen und Zusammenhängen von Lernen, Wissen und Können auf individueller, kollektiver und organisationaler Ebene zu tun, die nicht allgemein durch universell übertragbares Lehrbuchwissen und Fallstudien gesteuert bzw. „gemanaged" werden können. Argyris spricht zwar auch davon, dass die Aktion durch Theorie geleitet wird (vgl. Argyris, 1997, S. 17), meint damit aber nicht nur fachlich-methodisches Wissen und statische, reproduzierbare wissenschaftliche Theorien, sondern mitunter eine tiefergehende Theorie und Vorstellung des eignen Handelns, die bis zu den Wurzeln unseres sozialen Lebens reicht. „Aktionsfähiges Wissen impliziert ungeachtet seines Inhalts kausale Zusammenhänge: Wenn man auf diese oder jene Art handelt, dann wird dies oder jenes wahrscheinlich daraus folgen. Aktionsfähiges Wissen tritt also in Form von Wenn-dann-Vorschlägen auf, die gespeichert und im Alltag aus dem Gedächtnis des Agierenden abgerufen werden können. Aktion und Lernen. Lernen setzt ein, wenn wir einen Fehler entdecken und korrigieren. Ein Fehler ist die Diskrepanz zwischen dem, was wir von einer Aktion erwarten, und dem, was tatsächlich eintrifft, wenn wir diese Aktion umsetzen" (Argyris, 1997, S. 13).

---

5 wie bei Atari, siehe oben (Anm. der Autoren).

## Theories of Action

Chris Argyris und Donald Schön[6] führen in ihrem 1978 veröffentlichen Buch „Organizational Learning – A Theory of Action Perspective" zunächst den Begriff der individuellen „Aktions- und Handlungstheorien (Theories of Action[7])" in seiner allgemeinen Form ein: „Will man das Ergebnis $E$ in der Situation $S$ erreichen, muß man $A$ durchführen[8]". Diese Definition schließt neben den Aktionsstrategien A auch die Werte mit ein, „die die Auswahl der Strategien bestimmen, und die Annahmen, auf denen sie beruhen" (Argyris & Schön, 2006, S. 28). Der Mensch gestaltet also aktiv sich und seine Umwelt und greift dabei auf eigene Entwürfe und Theorien von Aktionen zurück, die ihm anraten, wie er sich zu verhalten habe, um seine Absichten und Ziele gemäß seiner Wertvorstellungen zu erreichen.

Basierend auf Argyris Forschungen zur Wechselbeziehung zwischen Individuen und Organisationen (Argyris, 1957, 1962, 1964)[9] argumentieren Argyris und Schön (1974), dass der Mensch „Mentale Karten" besäße, wie in Situationen zu handeln sei, und das der Mensch durch diese Karten eher geleitet werden würde, als durch die von ihm explizit verkündeten Theorien[10]. Mehr noch, wenige Menschen seien sich dieser Mentalen Karten und der Theorien, die sie benutzten, bewusst. Dies führe zu einer inneren Spaltung zwischen Theorie und Handlung[11] bzw. zu zwei „theories of action":

---

6 Donald Alan Schön (1930-1997) machte nach einem Bachelor-Abschluss in Yale einen Master-Abschluss an der Harvard University, an welcher er zum Doktor der Philosophie promoviert wurde. Von 1972 bis zu seinem Tod war er Professor für Urban Studies and Education am Massachusetts Institute of Technology und prägte Begriffe wie „the learning society", „double-loop learning" und „reflection-in-action".

7 Der Begriff „Theories of Action" wird von unterschiedlichen Autoren mit den Begriffen „Handlungstheorien" oder „Aktionstheorien" übersetzt (vgl. Liebsch, 2011, S. 71).

8 A:= Aktionsstrategie (Argyris & Schön, 2006, S. 28).

9 Argyris, C. (1957): Personality and Organization; Argyris, C. (1962): Interpersonal Competence and Organizational Effectiveness; Argyris, C. (1964): Integrating the Individual and the Organization.

10 Argyris, C. & Schön, D.A. (1974): Theory in practice – increasing professional effectiveness.

11 Argyris, C. (1980): Inner contradictions of rigorous research.

„Die Aktionstheorie kann [dabei] zwei Formen annehmen, je nachdem ob sie für Organisationen oder Individuen gilt: Mit *vertretener Theorie* (‚espoused theory'[12]) meinen wir die Aktionstheorie, die vorgebracht wird, um ein bestimmtes Aktivitätsmuster zu erklären oder zu rechtfertigen. Mit *handlungsleitender Theorie* (‚theory-in-use'[13]) meinen wir die Aktionstheorie, die in der Durchführung dieses Aktivitätsmusters stillschweigend enthalten ist" (Argyris & Schön, 2006, S.29). „When someone is asked how he would behave under certain circumstances, the answer he usually gives is his espoused theory of action for that situation. This is the theory of action to which he gives allegiance, and which, upon request, he communicates to others. However, the theory that actually governs his actions is this theory-in-use" (Argyris & Schön, 1974, S. 6f).

Wenn diese beiden Theorien, die Bekenntnis- und die Gebrauchstheorie, gleich, kongruent oder stimmig sein sollen, es aber offensichtlich nicht sind, können wir den fulminanten Unterschied recht schnell wahrnehmen. Beispiele sind hier auf organisationaler Ebene sowohl die „virtuelle Firmenphilosophie auf der Homepage" und die „reale Firmenphilosophie im Arbeitsalltag", als auch die Flut an damit einhergehenden Lippenbekenntnissen:

„Jeder Mitarbeiter in deutschen Unternehmen hat sie schon so oft gehört, dass er sie eher als ‚running gag' denn als Absichtserklärung oder gar Versprechen versteht. Ganz im Gegenteil: Spätestens in dem Augenblick, in dem der (neuen) Geschäftsführung diese Bekenntnisse über die Lippen kommen, ist sich jeder ganz sicher, dass alles beim Alten bleibt. Hier drei besonderes beliebte Versionen:

‚Die Mitarbeiter sind das wichtigste Kapital unseres Unternehmens'; ‚Führung ist für unser Unternehmen in Zukunft ein zentraler Erfolgsfaktor'; ‚Vertrauen und gegenseitiger Respekt sind die Grundlage für unsere Zusammenarbeit'" (Thomas, 2003, S. 24).

---

12 Der Begriff „espoused theory" wird von unterschiedlichen Autoren mit den Begriffen „vertretene Theorie", „offizielle Handlungstheorie" oder „Bekenntnistheorie" übersetzt (vgl. Liebsch, 2011, S. 71).

13 Der Begriff „theory-in-use" wird von unterschiedlichen Autoren mit den Begriffen „handlungsleitende Theorie" oder „Gebrauchstheorie" übersetzt (vgl. Liebsch, 2011, S. 71).

Es ist schnell klar, dass hier ein Unterschied zwischen der abgegebenen und vertretenen Erklärung und dem tatsächlichen Handeln besteht. Wie sieht es aber nun aus, wenn beide Theorien näher beieinander liegen, uns selbst betreffen und wir uns ganz ernsthaft vornehmen, dass eben nicht alles beim Alten bleiben soll, sondern Veränderungen auch wirklich weitreichender und dauerhaft stattfinden? Argyris fand Belege, dass Effektivität aus der Entwicklung einer Kongruenz zwischen diesen beiden Aktionstheorien resultiere[14]. „Lernen bedeutet nicht nur, eine neue Einsicht oder eine neue Idee zu haben. Wir lernen, wenn wir wirksam agieren, wenn wir einen Fehler entdecken und korrigieren. Wie wissen wir, daß wir etwas wissen? Wenn wir umsetzen können, was wir zu wissen behaupten" (Argyris, 1997, S. 14). Hierbei stellt das Entdecken und das Korrigieren eines Fehlers meist ein Lernen erster Ordnung dar oder, wie es Argyris und Schön bezeichnen, ein „single-loop learning" (Einzelschleifen-Lernen). In Abbildung 19 ist zunächst gezeigt, dass – wie oben ausgeführt – unsere Aktionsstrategien auf Leitwerten (Hauptprogrammen) beruhen, die dann beim Handeln Konsequenzen bewirken.

Leitwerte (Hauptprogramm) ⟶ Aktionsstrategien ⟶ Konsequenzen

Abbildung 19: Leitwerte-Aktionsstrategien-Konsequenzen
(modifiziert nach Argyris, 1997, S. 59)

Läuft jetzt in dieser Situation S unter diesen Bedingungen nicht alles so, wie ursprünglich einmal erdacht und geplant, wird nach einer anderen Strategie gesucht, die unter den gegebenen Bedingungen funktionieren könnte. Vorgegebene oder selbst gewählte Ziele, Normen, Regeln oder Werte werden hierbei nicht hinterfragt, sondern als gegeben akzeptiert und erneut operationalisiert.

---

14 Vgl. Argyris, C. (1980): Inner contradictions of rigorous research.

```
    Leitwerte         Aktions-
  (Hauptprogramm) ──→ strategien ──→ Konsequenzen ──┐
         ↑                                            │
         │              Einzelschleifen-Lernen        │
         └────────────────────────────────────────────┘
```

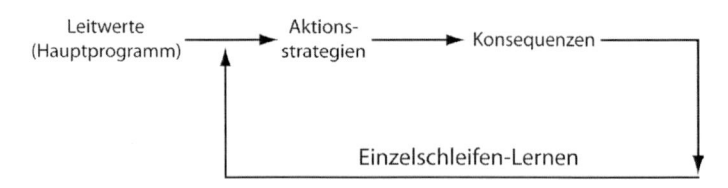

Abbildung 20: Einzelschleifen-Lernen (modifiziert nach Argyris, 1997, S. 59)

Eine andere, alternative Möglichkeit, erkannte Fehler zu korrigieren, ist, die vorgegebenen oder selbst gewählten Ziele, Normen, Regeln oder Werte an sich kritisch und konstruktiv zu hinterfragen und ggf. zu ändern. Diese Alternative des Lernens zweiter Ordnung bezeichnen sie als „double-loop learning", als Doppelschleifen-Lernen.

```
    Leitwerte         Aktions-
  (Hauptprogramm) ──→ strategien ──→ Konsequenzen ──┐
   ↑     ↑                                            │
   │     │           Einzelschleifen-Lernen           │
   │     └────────────────────────────────────────────┤
   │                 Doppelschleifen-Lernen           │
   └──────────────────────────────────────────────────┘
```

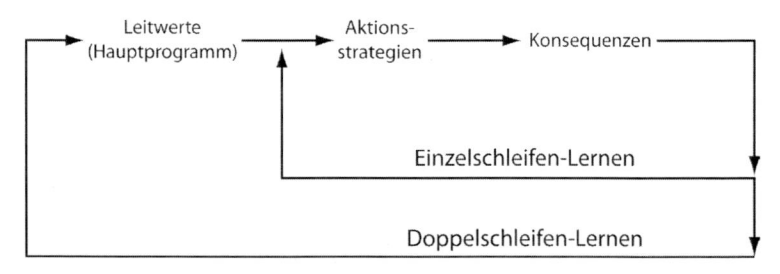

Abbildung 21: Einzelschleifen- und Doppelschleifen-Lernen
(modifiziert nach Argyris, 1997, S. 59)

Dieses Doppelschleifen-Lernen kann dann durch die Änderung der Leitwerte Änderungen in den Aktionsstrategien bewirken und dies sowohl auf individueller, als auch auf organisationaler Ebene:

„When the error detected and corrected permits the organization to carry on its present policies or achieve its presents objectives, then that error-and-correction process is *single-loop* learning. Single-loop learning is like a thermostat that learns when it is too hot or too cold and turns the heat on or off. The thermostat can perform this task because it can receive information (the temperature of the room) and take corrective action. *Double-loop* learning occurs when error is detected and corrected in ways that involve the modification of an organization's underlying norms, policies and objectives" (Argyris & Schön, 1978, S. 2f). Im obigen Beispiel würde der Thermostat dann im Doppelschleifen-Lernen lernen, wenn er sich fragte, warum er programmiert sei, die Temperatur zu messen, und es dann selber täte (vgl. Argyris, 2002, S. 206).

Demgemäß erklären Argyris und Schön Organisationales Lernen durch individuelle und organisationale Aktions- und Handlungstheorien[15]: individuelle und subjektive Grundüberzeugungen der Mitglieder einer Organisation prägen die organisationale Lernebene, sowie die organisationale Werte- und Wissensbasis – und somit die Kultur[16]. „Eine ganz entscheidende Art des Doppelschleifen-Lernens bei Organisationen ist daher das Lernen zweiter Ordnung (OII), durch das die Mitglieder der Organisation das Lernsystem entdecken und abändern können, das die vorherrschenden Muster der organisationalen Untersuchung festlegt[17]. [...] Organisationales Zweitlernen hängt entscheidend vom individuellen Zweitlernen ab, das wir anhand einer Verlagerung von Modell I zum Modell II handlungsleitender Theorien beschreiben. Diese sich entsprechenden Verlagerungen bilden das Herzstück der Anliegen, die uns bewogen haben, dieses Buch zu schreiben", so Argyris & Schön (2006, S. 44).

Ein Großteil seiner Interventionsforschung befasst sich bis heute mit der Frage, wie Organisationen die Möglichkeit des Doppelschleifen-Lernens wirksam erhöhen können, zumal das Doppelschleifen-Lernen – so Argyris – absolut notwendig ist, wenn Organisationen in einer sich schnell ändernden Umwelt und unter unsicheren Bedingungen informierte Entscheidungen treffen wollen (vgl. Argyris, 1974, 1982, 1990, 1991, 1994, 1996, 1997, 2002, 2010).

Oder anders gefragt: „Wie ist es zu erklären, daß Menschen in einer neuen Organisation ein Abwehrverhalten entwickeln, obwohl sie es eigentlich ablehnen?" (Argyris, 1997, S. 58). Argyris und Schön entwickelten ein Modell, dem gemäß Doppelschleifen-Lernen entweder verhindert oder gefördert wird. Das eine nannten sie Modell I und das andere Modell II.

---

15 Vgl. Argyris, C. (1964): Integrating the Individual and the Organization.
16 siehe auch unten, Arbeiten von Edgar H. Schein und Peter M. Senge.
17 „Dies ist die organisationale Entsprechung zu dem, was Gregory Bateson (1972) *Zweitlernen* nennt, womit er Lernen zweiter Ordnung oder ‚Lernen, wie man lernt' meint, Zweitlernen bei Organisationen" (Argyris & Schön, 2006, S. 44).

## Modell I und Modell II

Argyris fand heraus, dass nahezu alle Teilnehmer seiner Studien Werte und handlungsleitende Theorien nutzten, die in Einklang mit den in Modell I formulierten Werten und Theorien waren (siehe Tabelle 2). „People often profess to be open to critique and new learning, but their actions suggest a very different set of governing values or theories-in-use:

1. the desire to remain in unilateral control
2. the goal of maximizing 'winning' while minimizing 'losing'
3. the belief that negative feelings should be suppressed
4. the desire to appear as rational as possible" (Argyris, 2008, S. 69).

| Leitwerte von Modell I | Zentrale Strategien | Umsetzung der Strategien durch | Mögliche Konsequenzen |
|---|---|---|---|
| Das Ziel genau so erreichen, wie es festgelegt wurde | Einseitige Kontrolle der Aufgabe und Umwelt | Zuweisungen und Anschuldigungen ohne Begründungen machen, z.B.: „Sie sind unmotiviert" | Defensive Beziehungen und Lernmuster |
| Gewinnen ist zentral, Verlieren muss vermieden werden | Selbstschutz und Schutz anderer durch sie selbst | Vorschläge machen und Ratschläge erteilen, welche Nachfragen im Keim ersticken, z.B. „Wir sprechen hier heute nicht über die Vergangenheit" | Geringe Gestaltungs- und Wahlfreiheiten |
| Negative Gefühle unterdrücken | | Die eigene Meinung und das eigene Urteil werden als zweifelsfrei korrekt behandelt | Vermehrt falsche Informationen im Umlauf, verringerte Glaubwürdigkeit |
| Rationales handeln, Gefühle unterdrücken | | Scheinbar „gesichtswahrendes" Verhalten | Geringe öffentliche Debatte und Überprüfung von Ideen |

Tabelle 2: Charakteristika von Modell I handlungsleitender Theorien. Übersetzt und modifiziert nach Argyris et al. (1985, S. 89) und Argyris & Schön (2006, S. 104f).

| Leitwerte von Modell II | Zentrale Strategien | Umsetzung der Strategien durch | Mögliche Konsequenzen |
|---|---|---|---|
| Wahre und gültige Informationen | Gegenseitige Kontrolle | Zuweisungen und Bewertungen auf Grundlage von gut beobachtbaren und anschaulichen Fakten | Nicht- bzw. Minimal-defensive Beziehungen und Kommunikation |
| Freie und informierte Entscheidungen | Mitarbeit bei Entwurf und Implementierung von Projekten durch alle Beteiligten | Diskrepanzen in Meinungen und Beobachtungen offen ansprechen und diskutieren | Hohe Wahl- und Handlungsfreiheit |
| Internes commitment | | Das Testen und kritische Hinterfragen von Bewertungen und Entscheidungen fördern | Erhöhte Wahrscheinlichkeit von Doppel-Schleifen-Lernen |

Tabelle 3: Charakteristika von Modell II handlungsleitender Theorien. Übersetzt und modifiziert nach Anderson (1997) und Argyris & Schön (2006, S. 127).

Maßgebliche Merkmale von Modell II (siehe Tabelle 3) sind relevante Daten, informierte Entscheidungen und Achtsamkeit bei der Umsetzung, damit Fehler erkannt und korrigiert werden können.

Da Modell II-Verhaltensweisen – im Gegensatz zu Modell I-Verhaltensweisen – in den Aktionsstrategien eingearbeitet sind, machen diese Aktionsstrategien transparent, wie die Akteure zu ihren Einschätzungen, Wertungen und Beurteilungen kommen, so dass andere Akteure diese bei Bedarf überprüfen können. Dementsprechend wird bei den anderen Akteuren ein lernfeindliches Abwehrverhalten eher nicht ausgelöst[18].

Doch ganz so einfach, wie es sich hier im Idealfall anhört, ist es nicht: „Ein mit positiven Absichten geführtes Gespräch ruft in Wirklichkeit Abwehrverhalten bei allen Akteuren hervor, die mit diesem Verhalten so umgehen, daß die Abwehr, wieder mit positiven Absichten, weiter verstärkt wird und eskaliert. [...] Wir nennen dieses selbst verstärkende Muster der

---

18 Vgl. Argyris (1982, 1985); Argyris & Schön (1974).

Handlungsstrategien und die lernfeindlichen Folgen *primäre Hindernisschleifen*" (Argyris & Schön, 2006, S. 102).

Doch damit noch nicht genug. Diese lernfeindlichen Hindernisschleifen gibt es auch auf den anderen Lernebenen: „Wir benutzen den Begriff *sekundäre Hindernisschleife*, um auf die Verhaltensschleifen hinzuweisen – kausale Zusammenhänge zwischen Handlungsstrategien und lernfeindlichen Folgen –, die überindividuell sind und zu Interaktionen von Gruppen in Organisationen gehören" (Argyris & Schön, 2006, S. 108).

Auch hier haben Argyris und Schön wieder eine äußerst treffliche und syphisante „Logik" entdeckt, die uns doch erneut zutiefst an die „so logically"-Logik Monty Pythons... – aber, Sie wissen ja schon: „Das gesamte Abwehrverhalten von Organisationen beruht auf einer Logik, die in ihren Auswirkungen auf einzelne und Organisationen stark und tief ist. Die Logik läßt sich anhand von vier Regeln ausdrücken:

1. Gib Botschaften aus, die Widersprüche enthalten.
2. Handle so, als wären die Botschaften nicht widersprüchlich.
3. Tabuisiere die Mehrdeutigkeit und den Widerspruch in der Botschaft.
4. Tabuisiere auch die Tabuisierung des Tabuisierten"
   (Argyris & Schön, 2006, S. 111).

Herrlich, nicht wahr? Man möchte meinen: „Das gibt's doch gar nicht!". Oder man hegt eher Zweifel und Mitleid: „Die Armen, die das erdulden müssen!" Aber, wer jetzt eigentlich? Denn Vorsicht, diese Logik wird nicht lautstark heraus posaunt, sondern ist eher leise und ... tückisch: „Es kommt wirklich selten vor, daß ein Chef eine gemischte Botschaft entwirft und ausgibt und dann fragt, 'Finden Sie meine Botschaft widersprüchlich und mehrdeutig?' Die Botschaft wird gerade durch die Natürlichkeit tabuisiert, mit der sie vorgetragen wird, und durch das Fehlen jeglicher Anregung oder Disposition, sie zu hinterfragen" (Argyris & Schön, 2006, S. 111).

Primäre und sekundäre Hindernisschleifen, verbunden mit dieser defensiven „Logik", können somit im Verborgenen und damit unbewusst Folgen hervorrufen, die dem Lernen auf allen Organisationsebenen entgegenwirken. Die Mitglieder der Organisation bilden ein Mentales Muster (mind-set) aus, dass sie Opfer des Systems sind – und somit hilflos[19]. Will man sich den Herausforderungen dieses begrenzten Lernsystems[20] stellen, muss man die Ursachen für dieses defensive Verhalten und für das System, das dieses Verhalten implizit und – paradoxer Weise – fortlaufend belohnt, analysieren. Denn allzu oft liefert „diese Forschung, auch wenn sie zum größten Teil Ratschläge erteilt, doch nicht das in Aktion umsetzbare Wissen [...], das man braucht, um das gewohnheitsmäßige Abwehrverhalten zu überwinden und zu verändern" (Argyris, 1997, S.23). Und ebenso häufig „umgehen die Wissenschaftler und Praktiker mit ihren Empfehlungen, wie typische Probleme überwunden werden können, die Ursachen" (Argyris, 1997, S. 39).

Warum ist dies so schwierig? Nun ja, eine Antwort mag trivial klingen: „Wenn man Aktionen verändert, ohne die zugrundeliegenden Hauptprogramme zu verändern, die Menschen anwenden, um zu agieren, wird die Korrektur entweder gleich mißlingen oder nicht lange halten" (Argyris, 1997, S. 59) – man bekämpft halt die Symptome und nicht die Ursachen der Symptome. Diese kurzfristige Lösung der Symptom-Bekämpfung schafft aber eben auch eine kurzfristige Lösung bzw. eine schnelle Fehlerbehebung. Und in einer schnelllebigen Welt bzw. Organisation kommt in der Regel eben auch schon gleich die nächste Herausforderung, so dass einem die Zeit zu entschwinden scheint: Problem kurzfristig gelöst, also gelöst. Und ... weiter.

Dieses Vorgehen des kurzfristigen Einzelschleifen-Lernens nach Modell I hat aber mittel- und langfristig fatale Folgen für das Doppelschleifen-Lernen: „Wenn jemand Doppelschleifen-Lernen herstellen will, sind die Folgen wegen dieser Abhängigkeit[21] geradezu unweigerlich auf routinierte Weise kontraproduktiv, denn das Modell I wird nicht zulassen, daß die von Modell I beherrschten Werte verändert werden. Kurz, die Menschen sind auf routinierte Weise inkompetent" (Argyris, 1997, S. 62f; Argyris, 1986). Butler analysiert

---

19 Vgl. Argyris, C. (2010, S. 4).
20 „Die dynamische Interaktion innerhalb eines organisationalen Umfeldes aus primären und sekundären Hindernisschleifen ist, zusammen mit ihren lernfeindlichen Konsequenzen, das, was wir unter einem *begrenzten Lernsystem* verstehen" (Argyris & Schön, 2006, S. 111).
21 Gemeint ist, dass „das Gefühl jedes einzelnen für Kompetenz, Selbstvertrauen und Selbstwert sehr stark von ihrem Modell I und dem Abwehrverhalten abhängt" (Argyris, 1997, S. 62).

die menschliche Neigung, sich im Angesicht von Krisen und Herausforderungen um die Konfrontation mit dem zugrunde liegenden Problem und dessen Lösung zu drücken und kurzfristige Maßnahmen vorzuziehen, unter der Bezeichnung „Staying Stuck":

„The shock of the experiencing crisis and impasse – the heralds of the need for a new vision – can overwhelm us. The old issues and the memories they evoke can seem so painful that we suppress them or disassociate from them before they even become conscious. We may choose, with or without full awareness, to retreat or to evade. 'Just let me get through this so I can get back to what I was doing,' we might tell ourselves, or 'I know this needs my attention, but I just can't face it right now.' [...] staying stuck may seem like the most natural way to move forward because it allows us to hew the familiar, to remain 'who we are' – or who we think we must be. But while defense evasion may get us past the immediate circumstances of the crisis, it simply postpones resol. ving the issue underlaying the crisis, and going through change" (Butler, 2007, S. XVII).

Peter M. Senge[22] nennt dieses Verhalten in seinem bahnbrechenden Buch „Die fünfte Disziplin – Kunst und Praxis der lernenden Organisation"[23] (1990; dt. 2008), dessen Veröffentlichung im Jahre 1990 das Interesse an dem Konzept einer lernenden Organisation erneut immens angefacht hat: „Archetyp 2: Problemverschiebung[24]". In Abbildung 22 ist illustriert, wie sie wirkt.

---

[22] Peter M. Senge (* 1947) studierte „aerospace engineering" (B.S.) an der Stanford University, erhielt einen Master-Abschluss (M.S.) in „social system modelling" (1972) vom Massachusetts Institute of Technology (MIT) und einen Doktor-Grad für Management (1978) von der MIT Sloan School of Management, an der er 1991 als Direktor das „MIT Center for Organizational Learning (OLC)" gründete und bis heute als Senior Lecturer tätig ist. Ferner ist er Gründungsmitglied der „Society for Organizational Learning (SoL, April 1997)" am MIT, welche die Nachfolgeorganisation des OLC ist.

[23] Der Harvard Business Review identifizierte 1997 „The Fifth Discipline" als „one of the seminal management books of the previous 75 years". Das Journal of Business Strategy (09/10 1999) betitelte ihn als „Strategist of the Century" mit dem „greatest impact on the way we conduct business today".

[24] Im Bereich des Systemdenkens heißen bestimmte ständig wiederkehrende Strukturmuster „Systemarchetypen" oder „generische Strukturen" (Senge, 2008, S. 118f). „Archetypen bestehen aus denselben Systembausteinen, aus Verstärkungsprozessen,

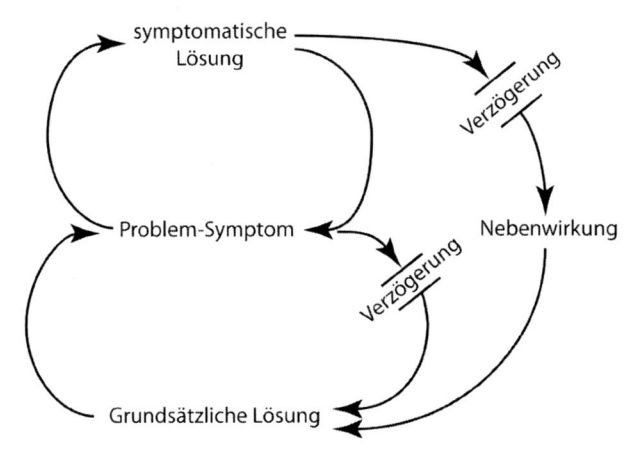

Abbildung 22: Archetyp 2: Problemverschiebung
(modifiziert nach Senge, 2008, S. 118).

Die „Problemverschiebung" besteht aus zwei ausgleichenden, sich stabilisierenden Kreisprozessen: der Obere stellt die symptomatische, „schnellere Lösung" dar, der Untere eine verzögerte, grundsätzlichere Lösung.

Bei der grundsätzlicheren Lösung dauert es wegen der Verzögerung naturgemäß länger, bis die Resultate sichtbar und erkennbar werden. Dafür ist sie aber effektiver und mittel- und langfristig das Einzige, was dauerhaft Abhilfe schafft.

Die Verlockung und Verdammnis einer Problemverschiebung kennen wir alle nur allzu gut. Am Beispiel der Kopfschmerzen im Kleinen (siehe Abbildung 23; Senge et al., 2010, S. 205) und der Forschungs- und Technologiegläubigkeit im Großen (siehe Abbildung 24; Senge et al., 2010, S. 207) führt uns Peter M. Senge diese vor Augen. Eine auf eine schnelle Linderung des Symptoms fokussierte Handlungslogik führt zu kurzfristigen „Therapien", welche ihrerseits keine Lösung für das ursprüngliche Problem darstellen. Im Gegenteil: Oftmals wird der zugrunde liegende Konflikt geradezu bewusst ignoriert und seine Lösung durch die auftretenden Effekte zusätzlich erschwert.

---

Kompensationsprozessen und Verzögerungen (Senge, 2008, S. 120).

Die Disziplin des Systemischen Denkens bildet die Voraussetzung zum Erkennen des hier beschriebenen Archetyps der Problemverschiebung. Sie ist es, welche Peter M. Senge als fünfte Disziplin in seinem Konzept der lernenden Organisation anführt. Wie das Systemdenken, gemeinsam mit den anderen vier Disziplinen die Basis für die lernende Organisation bildet, möchten wir im folgenden Abschnitt genauer darstellen.

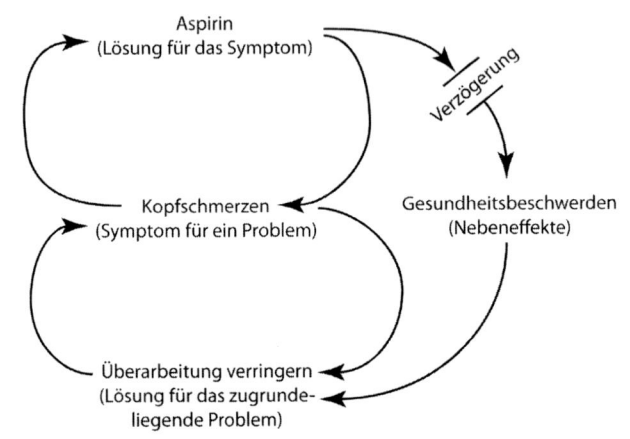

Abbildung 23: Problemverschiebung am Beispiel von Kopfschmerzen (modifiziert nach Senge, 2008, S.118).

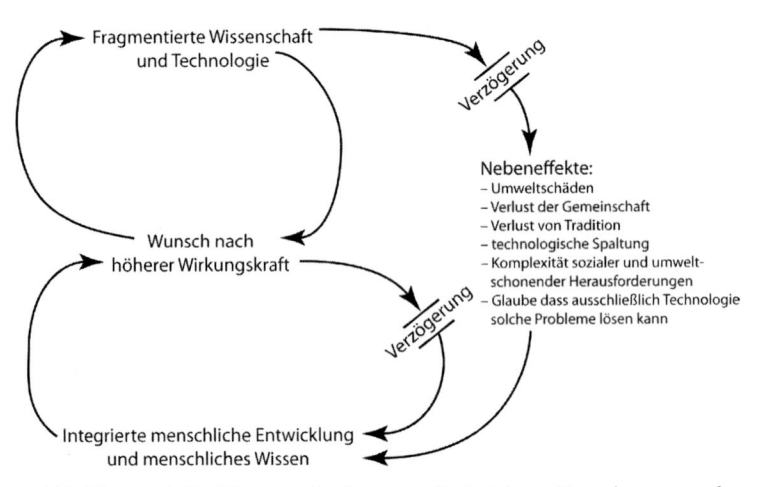

Abbildung 24: Problemverschiebung am Beispiel von Forschungs- und Technologiegläubigkeit (modifiziert nach Senge, 2008, S.118).

## Die fünf Kerndisziplinen zum Aufbau einer lernenden Organisation

In seinen Ausführungen zur lernenden Organisation bezieht sich Peter M. Senge auf die lerntheoretischen Untersuchungen und Schlussfolgerungen von Argyris und Schön und konzentriert sich darauf, was zum Aufbau und zur Entwicklung einer lernenden Organisation in der Praxis methodisch notwendig ist. Hierbei stellt er das Systemdenken als „Eckpfeiler der lernenden Organisation" (vgl. Senge, 2008, S. 75-167) zur Unterstützung aller Lernprozesse (vgl. Senge, 1990, S. 7; dt. 2008, S. 15) in den Mittelpunkt der Betrachtung. Und zwar sowohl für das Individuum, als auch für das Team und die Organisation, um die „Kunst, den Wald *und* die Bäume zu sehen" (vgl. Senge, 2008, S.158-167) zu kultivieren.

Um fortlaufend das produktive und fundamentale Lernen einer Organisationen zu fördern und sicherzustellen, entwickelt Peter M. Senge die so genannten fünf Kerndisziplinen[25] zum Aufbau einer lernenden Organisation: Systemdenken, Personal Mastery[26], Mentale Modelle, die gemeinsame Vision und das Team-Lernen. „Jede der fünf Lerndisziplinen umfaßt drei unterschiedliche Ebenen: die Techniken (was man tut), die Prinzipien (Leitgedanken und Einsichten) und die Essenzen (die Seinsweise jener, die einen hohen Grad an Meisterschaft in der Disziplin erreicht haben)" (Senge, 2008, S. 449).

Peter Senge wendet sich mit seinem Buch an „alle Lernbegierigen, vor allem an solche, die an der Kunst und Praxis des kollektiven Lernens interessiert sind: an Manager [...], an Eltern [...] und an Bürger" (Senge, 2008, S. 27). Gerade durch die praxisnahen Ausführungen zum Team-Lernen (Senge, 2008, S. 284-327) ergänzt er zum einen die organisationale Lerntheorie um das kollektive Lernen, wobei er hervorhebt, dass, wenn auch einzelne Individuen einer Gruppe lernen, die Gruppe oder die Organisation nicht unbedingt zwangsläufig auch lernt[27] und dass, wenn erfolgreiche Teams für sich lernen,

---

25 die er auch als fünf „Lerndisziplinen" (Senge, 2008, S.20) oder „Teiltechnologien" (Senge, 2008, S. 15) bezeichnet.
26 „die Disziplin der Selbstführung und Persönlichkeitsentwicklung" (Senge, 2008, S. 16).
27 Vgl. Senge (2008, S. 171).

die Organisation nicht unbedingt zwangsläufig auch lernt, dass es aber „ohne individuelles Lernen [...] keine lernende Organisation" gibt (Senge, 2008, S. 171) und dass „nur wenn Teams lernfähig sind, [...] [auch] die Organisation lernen" kann (Senge, 2008, S. 20). D.h., dass zum Aufbau und zur Weiterentwicklung einer lernenden Organisation die Disziplinen „Personal Mastery" und „Team-Lernen"[28] eine absolut notwendige Grundvoraussetzung sind: „Das Team-Lernen [...] stützt sich auch auf die Disziplin der Personal Mastery, weil talentierte Teams aus talentierten Einzelpersonen bestehen. Aber eine gemeinsame Vision und Talent sind nicht genug. Die Welt ist voll von begabten Menschen, die eine Zeitlang eine gemeinsame Vision verfolgen und trotzdem nichts lernen" (Senge, 2008, S. 287). Teams müssen lernen, wie sie lernen, wie sie gemeinsam im Team lernen. Hierin unterscheiden sich herausragende von mittelmäßigen Teams. „Chris Argyris und seine Mitarbeiter befassen sich seit über 25 Jahren mit der Frage, warum kluge, fähige Manager nicht in der Lage sind, im Team zu lernen" (Senge, 2008. S. 303). Herausragende Teams haben gelernt, mit dem Abwehrverhalten und mit Konflikten im Team produktiv umzugehen. Hiermit ist jedoch nicht nur die Aneignung und Anwendung von ‚team-building'-, Moderations- und Konfliktmanagement-Wissen gemeint, sondern beispielsweise das richtige und zielführende Anwenden der zwei Hauptdiskursformen – Dialog und Diskussion.

„Der Physiker David Bohm (1917-1992), von dem Einstein sagte, er sei der einzige, der über die Quantentheorie hinauskommen könne, [...] gab dem Gespräch – dem Dialog – seine Tiefe zurück, die ihm im Zeitalter der Kommunikation und Diskussion abhanden gekommen war" (Bohm, 2008, Klappentext). Vergleicht man dies mit den heutigen Gesprächsanlässen und -formen von „Team"-Sitzungen in Wirtschafts-, Wissenschafts- und Bildungsorganisationen – ein Vorstand sagte einmal treffend: „Wir haben uns den Entschluss abgesessen" –, wird schnell deutlich, dass dies zum einen ein längerer, mitunter auch mühevoller, aber lohnender Prozess ist, und zum anderen eine Form von Führung mit einem Führenden als Designer, als Steward und als

---

28 „Zur Disziplin des Team-Lernens gehört, daß die Beteiligten die Techniken des Dialogs und der Diskussion beherrschen" (Senge, 2008, S. 288): „Bei der Diskussion werden Entscheidungen getroffen. Beim Dialog werden komplexe Fragen erforscht (Senge, 2008, S. 300f).

Lehrer nötig ist, um dies zu lernen und um die Lerndisziplinen dauerhaft als lernende Organisation zu entwickeln[29].

Zum anderen – und dies müssen wir uns immer wieder vor dem Hintergrund der alltäglichen „Krisen"-Ereignisse und Ratschlags-Kulturen bewusst machen – weißt uns Peter M. Senge nachdrücklich und vehement darauf hin, dass „eine Disziplin auszuüben [...], etwas anderes [ist], als ein ‚Modell' nachzuahmen. Sehr häufig werden Management-Innovationen am Beispiel der ‚besten Praktiken' von sogenannten Spitzenunternehmen erläutert. So interessant diese Betrachtungen sein mögen, so glaube ich doch, daß solche Beschreibungen oft mehr Schaden als Nutzen anrichten [...]. Ich glaube nicht, daß je eine wirklich gute Organisation durch Nachahmung geschaffen wurde" (Senge, 2008, S. 21). Wollen wir also unsere Unternehmen wirklich gut (‚best practice') gestalten, sollten wir nicht nur in „copy-paste"-Konzepte investieren – die wir dann mit erheblichen „change"-Aufwendungen implementieren dürfen –, sondern in die Lernfähigkeit der eigenen Organisation, die dann ihre eigenen Konzepte bestens praktiziert.

Dies umso mehr, da wir hier in diesem Buch das „Managen von Talenten" betrachten, die aber in der Regel nicht ge-„managed" werden wollen (siehe die ersten Abschnitte von Kapitel sechs). So implementiert[30] man allzu oft – „copy & paste" – standardisierte „best-practice"-„Talent Retention Management (TRM)"-Konzepte und ‚effundiert'[31] damit die Talente selbst: klasse!

Talententfaltungsmanagement ist keine „Marketing-Maßnahme" wie bei Atari (siehe einleitendes Beispiel), sondern spiegelt vielmehr eine gelebte produktive Kommunikations-, Lern- und Arbeitskultur wider.

---

29 vgl. Senge, 2008, S. 410-436.
30 lat.: implere, impleo, implevi, impletum – erfüllen, ausfüllen, in Erfüllung gehen lassen: Implementierung bezeichnet die Umsetzung festgelegter abstrakter Strukturen in ein konkretes System (Bsp. Die Implementierung in der Softwareentwicklung).
31 lat.: effundere, effundo, effudi, effusum = vergießen, ausgießen, ausschütten, verschwenden, vergeuden, sich verstreuen

## Organisationskultur und die lernende Organisation

Aus der „kulturellen Perspektive"[32] stellt Edgar H. Schein[33] in seinem Buch „Organisationskultur – „The Ed Schein Corporate Culture Survival Guide" (Schein, 2010a) die Grundlagen und die Basis der Unternehmenskultur sowohl aus „populärer Sicht" (Schein, 2010a, S. 43) dar, als auch aus „realistischer Sicht" (Schein, 2010a, S. 44). Neben der eher pragmatischen Feststellung: „If you want to understand an organization's culture, go to a meeting" (Schein, 2010b) stellt Schein ein Modell dreier Ebenen von Kultur auf.

Die augenfälligste Ebene bilden dabei die so genannten „Artefakte". Hierunter versteht Schein die unmittelbar beobachtbaren Verhaltensweisen von Menschen innerhalb eines Unternehmens. Auf dieser Ebene ist Kultur klar beobachtbar und hat unmittelbare emotionale Auswirkungen. Anhand von Artefakten lässt sich jedoch nicht erklären, warum die Kultur so ist wie sie ist.

Die mittlere Ebene der Organisationskultur bilden die „öffentlich propagierten Werte". Öffentlich vertretene Werte sind das, was man auf den Webseiten von Unternehmen findet und was die PR-Abteilung und das Personalmarketing nach außen kommunizieren. Man kann die öffentlich propagierten Werte mit der vertretenen Handlungstheorie, wie sie von Argyris dargestellt wurde, vergleichen.

Die Basis einer jeden Unternehmenskultur bilden schließlich die „unausgesprochenen gemeinsamen Annahmen". Hierzu gehören Werte ebenso wie Überzeugungen und Mentale Muster, welche sich in den Köpfen der Mitarbeiter einer Organisation manifestiert haben. Die etablierten Erklärungsmuster, d.h. die positive Theorie in den Köpfen der Mitarbeiter, kombiniert mit deren normativen Grundüberzeugungen bilden also die Basis der jeweiligen Organisationskultur.

---

32 der Begriff der „kulturellen Perspektive" geht auf Edgar H. Schein zurück (Schein, 2010a, S. 178).

33 Edgar H. Schein (*05.03.1928 in Zürich) wurde 1952 in Sozialpsychologie an der Harvard University promoviert und war anschließend Professor an der Sloan School of Management am Massachusetts Institute of Technology (MIT), wo er als Professor Emeritus und „Senior Lecturer" weiterhin tätig ist.

„Die vielen Ebenen dieses Kulturmodells zeigen, dass es sich bei der Kultur um ein komplexes Phänomen handelt, das auf allen Ebenen analysiert werden muss, bevor man es verstehen kann. Die größten Gefahren bei der Arbeit mit Unternehmenskultur sind Vereinfachungen und Nichtberücksichtigung grundlegender Facetten" (Schein, 2010, S.40).

Schein betrachtet neben der Frage, wie man Kultur etabliert und vermittelt[34], die psychologische und gesellschaftliche Dynamik von Transformationsprozessen und stellt – neben der Erkenntnis, „dass Widerstand gegen Veränderung normal und zu erwarten ist" (Schein, 2010a, S. 135) – zwei Prinzipien der Transformation fest:

1. „Die Überlebensangst [muss] größer sein […] als die Lernangst.
2. Dieses lässt „sich am besten durch die Reduzierung der Lernangst erreichen".

Diese etwas kurze und knäppliche Darstellung der kulturellen Perspektive Scheins erschließt jedoch bereits die opulente Neigung der Transformanden zur Nicht-Transformation. Vor allem wenn es um ihre Kultur geht.

„Durch die Theoriebausteine von *Schein* und *Senge* erhält die kulturelle Perspektive eine neue Qualität, die sich beispielsweise in transparenten und flexible Organisationsstrukturen, in einer starken Unternehmenskultur sowie in einer teamorientierten Kommunikationsform, dem Dialog, widerspiegeln" (Liebsch, 2011, S. 80). Aber vielmehr noch geben sie Hinweise und Lösungsansätze dafür, warum es anfänglich – mitunter auch heute noch – nicht so wirklich geklappt hat mit der lernenden Organisation.

---

34 siehe hier sein Modell eines Organisationsgedächtnisses bestehend aus der Gesamtheit aller Grundannahmen („basic assumptions"), den primären Verankerungsmechanismen („primary embedding mechanisms") und den sekundären Verankerungsmechanismen („secondary articulation and reinforcement mechanisms") (Schein, 2010b).

## …und warum es nicht geklappt hat.

„As we all know, to stay ahead of competitors, companies must constantly enhance the way they do business. But more performance-improvement programs fail than succeed. That's because many managers don't realize that sustainable improvement requires a commitment to learning" (Garvin, 2008).

Für den Aufbau und die Weiterentwicklung einer lernenden Organisation ist solch ein „commitment to learning" im Zusammenhang mit „Sozialem Lernen" bzw. „interpersonellen Kompetenzen" aber nur eine notwendige, nicht aber eine hinreichende Voraussetzung, die aber in der Tat in vielen Organisationen – auch in denen, die sich mit Lernen und Bildung zu beschäftigen scheinen – eher unterrepräsentiert ist. „Auch in Zeiten vollständiger Durchstrukturierung und zertifizierter Ablaufdokumentation gestehen die meisten Kontrolleure wohl ein, dass es wesentliche Prozesse gibt, die nicht dokumentierbar sind. Höchst relevantes Wissen ist prozeduraler und nicht expliziter Natur, zwischenmenschliche Kommunikation ist 'analoger' und nicht nur 'digitaler' Art, und emotionale Qualitäten wie Sympathien, Konflikte oder das jeweilige Betriebsklima kümmern sich kaum um Organigramme und Ablaufroutinen"[35] (Haken & Schiepek, 2006, S. 53).

Da das Team- oder Gruppen-Lernen sowohl für den Einzelnen als auch für die Gruppe und die lernende Organisation selbst ein so zentrales Element ist, sind die interpersonellen sozialen Kompetenzen von größter Wichtigkeit für jegliche Art von kollektivem und organisationalem Lernen. Bleibt – neben dieser doch recht schlichten Erkenntnis – die wiederum ebenso schlichte Frage, wie lerne ich sie und wie transferiere ich sie in meine alltäglichen Geschehnisse?

Die Bedingungen für einen maximalen Lerntransfer bei interpersonellen Lernthemen anzugeben, ist äußerst schwierig[36]:

Es braucht viel Erfahrung, um interpersonelle Kompetenzen zu entwickeln, da diese von sehr komplexer Natur sind, und „much unfreezing is usually required" (Argyris, 1968, S. 149). Neben dem inneren Commitment,

---

35 Der weitläufig in der angelsächsischen Literatur verwendete Begriff für solch informales Wissen ist „tacit knowledge" (Osterloh & Frey, 2000).
36 Vgl. Argyris (1968, S. 148ff).

etwas Neues lernen zu wollen, bedarf es der individuellen Erkenntnis aus aktueller (meist schmerzlicher) Erfahrung, dass die alten Verhaltensweisen nicht länger effektiv sind.

Der Einzelne muss neue Verhaltensweisen für sich entwickeln und für sich verifizieren, dass diese neuen Verhaltensweisen im alten Kontext effektiver sind als die Alten. Dies nicht nur einmal oder zweimal, sondern solange, bis der Einzelne sich in der Anwendung der neuen Verhaltensweisen sicher genug fühlt und diese bequem anwendet.

Der Einzelne muss auch neue „adjunkte" Verhaltensweisen einüben, die wiederum mit den neuen Verhaltensweisen verbunden sind. Dies ist deswegen notwendig, da neue Verhaltensweisen bei einer anderen Person durch die Neuheit selbst defensives Verhalten auslösen können, was zu erwarten ist. Damit dieses defensive Verhalten bei der anderen Person nicht auftritt oder nicht so fulminant auftritt, sollten vorher diese adjunkten Verhaltensweisen ebenfalls bis in den Komfort-Bereich eingeübt werden.

Interpersonelle Kompetenz ist eine interpersonelle und situative Fähigkeit und nicht einfach nur eine individuelle und personelle Fähigkeit, da sie von den anderen Personen in der jeweiligen Situation beeinflusst und mitbestimmt wird: Individuelle soziale Kompetenz ist hilfreich und notwendig, aber für Gruppenphänomene und Gruppenprozesse eben nicht hinreichend.

„Therefore, the most important requirement in obtaining transfer of learning is to generate, along with the knowledge of any specific behavior, the basic skills needed to diagnose new situations effectively and those needed to develop cooperation with others involved to generate the competent behavior appropriate to the situation" (Argyris, 1968, S. 150).

Demgemäß ist es für den Lerntransfer bei Themen des sozialen interpersonellen Kompetenzerwerbs am wichtigsten, grundlegende Fähigkeiten zu erwerben, die notwendig sind, um zum einen neue Situationen effektiv diagnostizieren, sprich beurteilen zu können. Zum anderen solche Fähigkeiten, um Kooperationen mit allen Beteiligten entwickeln zu können, damit kompetente und der Situation angemessene Verhaltensweisen entstehen. Gefragt ist also eine grundlegende Diagnose- und Beurteilungsfähigkeit als auch eine Kooperationsfähigkeit, um soziale interpersonelle Kompetenzen überhaupt im Sinne einer Selbstorganisationsdisposition entwickeln zu können.

Vor diesem Hintergrund, wie schwierig die Bedingungen eines Lerntransfers bei sozialem Lernen sind, betrachten wir jetzt die Schwierigkeiten, die es bei der Umsetzung bzw. Nicht-Umsetzung des Konzeptes einer lernenden Organisation gegeben hat. Hieraus ergeben sich Schlussfolgerungen für die erfolgreiche Einführung eines organisch-mathetischen Talententfaltungsmanagements.

Als die Hauptargumente, warum die Einführung des Konzeptes einer lernenden Organisation häufig misslang oder zumindest recht schwierig und mit großen Investitionen verbunden war, werden von vielen Autoren und Praktikern oft die folgenden drei genannt:

1. Die ersten Darstellungen und Diskussionen über das Konzept einer lernenden Organisation waren viel zu abstrakt und akademisch als auch für die direkte Umsetzung zu „unkonkret".

2. Das Konzept einer lernenden Organisation wurde nur auf Vorstands- oder Geschäftsführer-Ebene ausführlich diskutiert, nicht aber auf den mittleren oder unteren Führungskräfteebenen, wo das eigentliche Erfolgs-kritische Lernen und Arbeiten im „täglichen Business" stattfindet.

3. Für die Einführung einer lernenden Organisation gab es keine vergleichbaren Standards und keine unterstützenden „Tools".

David A. Garvin, C. Roland Christensen Professor für Business Administration an der Harvard Business School, formulierte es so: „They overemphasized the forest and paid little attention to the trees" (Garvin et al., 2008, S. 110). Damit gemeint ist die Überbetonung des Ideals einer lernenden Organisation. „Dieses Ideal umfaßt Begriffe wie organisationale Anpassungsfähigkeit, Flexibilität, Vermeidung von Stabilitätsfallen, Experimentierneigung, Bereitschaft zum Überdenken von Mittel und Zweck, Untersuchungsorientierung, Verwirklichung der Möglichkeit des Menschen zum Lernen im Dienste von Organisationszielen und die Schaffung von Organisationsumfeldern als Rahmen für die menschliche Entwicklung" (Argyris & Schön, 2006, S. 190). Wenn man mit einer Überbetonung meint, dass das Ideal und die lerntheoretischen Grundüberlegungen organisationalen Lernens in den Werken von Argyris und Schön, Schein und Senge viel Raum im Gegensatz zu der praktischen Umsetzung in Form von Standards und Tools,

Check-Listen und Kopiervorlagen einnehmen, ist dies sicherlich richtig.

Vor dem obigen Hintergrund der Bedingungen eines Lerntransfers bei sozialem Lernen muss dies auch so sein – nur nicht als idealisierte Lern-„romantik", wie oft zu lesen ist, oder für eine „virtuelle Firmenphilosophie", sondern als notwendige, umfassende Darstellung der Komplexität des Themas „lernende Organisation". Diese Komplexität kann man nicht in Kompliziertheitshäppchen zerstückeln und damit zu vereinfachen suchen, da mit dieser Trivialisierung die Komplexität als solche zerstört wird. Kaputt. Man betreibt zwar so operative Hektik bei der Pseudo-Implementierung, aber man versucht, ein klein gestückeltes, kaputtes Etwas … , ja was eigentlich? Genau, es funktioniert so nicht. Dies liegt aber nicht an dem komplexen Konzept – was es zweifelsohne ist –, sondern an dieser Vorgehensweise, welche die Komplexität zwangsläufig zerstört.

Dies umso mehr, da ein Schlüssel zum Verständnis des Konzeptes ja die lernförderlichen und lernhemmenden, defensiven Routinen sind. Und wer möchte denn schon gerne hören und analysieren, wie seine lernhemmenden Abwehrroutinen das eigene, gewollte Lernen prächtig hemmen, verzögern oder ganz blockieren? Das lassen wir dann doch lieber weg.

Wo wir uns doch gerade nach langen Kommunikations- und Rhetorik-Trainings an „good communication"-Regeln für die Verbesserung des Arbeitsklimas gewöhnt haben, kommen dann die Aussagen des Herrn Harvard-Professor Argyris daher: „Good Communication That Blocks Learning" (Argyris, 1994, 2001) und „Skilled incompetence" (Argyris, 1986). Na, dann: Rollladen runter und Aus.

Man sollte in der Konzeption von Veränderungslernprozessen nicht die Bedingungen solcher oder ähnlicher „adjunkter" Verhaltensweisen für den Lerntransfer bei sozialem Lernen vergessen. Diese haben offensichtlich zu Beginn – in den ersten Jahrzehnten nach den Publikationen – recht heftig zugeschlagen und werden auch in heutigen Implementierungsbemühungen gerne weggelassen:

„Wer über die lernende Organisation schreibt, konzentriert sich gerne auf Irrtümer erster Ordnung, was auf falsch verstandene oder unvollständige Handlungsstrategien und Annahmen der Art zurückgeht, die Praktiker normalerweise aufspüren und zu korrigieren suchen. Oft beachtet er gezielt keine Irrtümer zweiter Ordnung, die auf die Organisationsentwürfe zurückgehen, die systematisch bewirken, daß sich die Leute nicht der Verhaltensphänomene bewußt werden, die der Produktion und Reproduktion von Irrtümern erster Ordnung zugrunde liegen" (Argyris & Schön, 2006, S. 197).

Die ursächliche Tücke liegt nun aber darin, dass man sich der Un-Bewusstheit, dass diese Verhaltensphänomene eben nicht bewusst sind, nicht bewusst ist: „We have found that beliefs or espoused theories vary widely. Theories-in-use do not. [...] Human beings learn their theories-in-use early in life, and therefore, the actions that they produce are highly skilled. Little conscious attention is required to produce skilled actions. [...] namely, we become unaware of the programs in our heads that keep us unaware" (Argyris, 2002, S. 213). Will man nun erst einmal das nötige Bewusstsein schaffen, brauchen wir die Erkenntnis, dass dies nicht in Form von Zwei- oder Drei-Tagesseminaren zu schaffen ist.

Mindestens zwei weitere Erkenntnisse sind auch noch vonnöten: Wir leben, arbeiten und lernen alle in einer Modell I-Welt. Man mag das sehen, wie man will, aber es ist so für die meisten Dinge. Für manche Dinge hat ein jeder aber auch ein Modell II-Inventar im Kopf: „The end result is that individuals have two theories-in-use stored in their heads. This provides human beings with two degrees of freedom in choosing how they will act. [...] For example, a Model I production of the social virtues is quite different from a Model II production (siehe Tabelle 4). Most human beings do not realize the differences, because typically, they are not required to produce Model II social virtues in a Model I world" (Argyris, 2000; 2002, S. 218).

Diese Erkenntnis geht aber schon gewaltig in Richtung „Substanz" oder „eigentlicher Kern", denn wir haben es mit kulturellen Perspektiven in einer Modell I-Welt zu tun. Dieses bringt nicht nur diverse Verwirrungen und Verknotungen im Kopf mit sich – die es zu lösen gilt –, sondern eine wesentliche Frage, die man VOR der Entscheidung zur Einführung einer lernenden Organisation beantworten sollte: Wollen wir diese unsere Modell I-Welt mit einer Modell II-Welt beglücken?

| Soziale Tugenden von Modell I | Soziale Tugenden von Modell II |
|---|---|
| **Hilfe und Unterstützung** | |
| Stimme anderen Menschen zu und lobe sie. Sag ihnen, was du glaubst, dass es gut für sie ist und sie glücklich machen wird. Minimiere die Wahrscheinlichkeit verletzter Gefühle, indem du Anderen sagst, wie wichtig sie dir sind, und bestätige ihnen gegenüber je nach Möglichkeit, dass Dritte sich unangemessen verhalten haben. | Unterstütze und fördere die Fähigkeit Anderer, ihre Ideen zu hinterfragen und ein Fenster in ihre Denkweise aufzustoßen. Implizite Annahmen, Verzerrungen und Ängste können auf diese Weise entdeckt und entkräftet werden. |
| **Respekt gegenüber Anderen** | |
| Gebe anderen gegenüber nach und konfrontiere sie nicht mit ihrer Denkweise, Argumentation oder ihren Handlungen. | Verlange von anderen Menschen eine hohe Selbstbeobachtungs- und Reflexionsfähigkeit, ohne darauf so sehr zu pochen, dass sie die Fähigkeit verlieren, effektiv und selbstorganisiert zu handeln und zu entscheiden. Fordere diese Fähigkeit regelmäßig und offen ein. |
| **Stärke** | |
| Vertrete deine Position mit der Absicht, zu gewinnen. Verteidige deine Position bei kritischen Nachfragen. Das Gefühl von Verletzlichkeit ist ein Zeichen von Schwäche und ist daher zu vermeiden. | Vertrete deine Position, ohne dabei aufzuhören, sie kontinuierlich selbst zu hinterfragen und zur Diskussion zu stellen. Sich verletzlich fühlen und gleichzeitig Nachfragen und Kritik zu erbitten, wird als Zeichen von Stärke gesehen. |
| **Ehrlichkeit** | |
| Erzähle Anderen keine Lügen, vertraue ihnen aber auch auf keinen Fall alles an, was du denkst und fühlst. | Ermuntere dich selbst und Andere, offen und ehrlich zu sagen, was man denkt, auch wenn man Angst davor hat, es auszusprechen. Minimiere Verhalten, was zu Verzerrungen und deren kontinuierlicher Vertuschung führt. |
| **Integrität** | |
| Halte an deinen Prinzipien, Werten und Überzeugungen fest. | Vertrete deine Prinzipien, Werte und Überzeugungen in einer Art und Weise, die offene Nachfragen ermöglicht und andere dazu ermuntert. Rege deine Mitmenschen dazu an, sich ebenfalls so zu verhalten. |

Tabelle 4: Soziale Tugenden von Modell I und Modell II (übersetzt und modifiziert nach Argyris, 2002, S. 218).

Diese Frage ist zwar gesamt-gesellschaftlicher Art und es sind auch mehrere Systeme „betroffen" – beispielsweise schreibt Spiegel-online in dem Artikel „Den Job bekommt der Karrierist, nicht der Querdenker": „Drei Typen bevölkern die Wirtschaftswissenschaften: Karrieristen, Freizeit-Könige und eine Handvoll Idealisten. Fast alle Studenten suchen allein das Geld und den Erfolg, sagt Lutz von Rosenstiel. Im Interview spricht der Münchner Forscher über den Mangel an Moral bei den Managern von morgen" (Spiegel-online, 2011a) – doch bleibt die Frage für die eigene Organisation, die man gestalten kann, wenn man denn will, bestehen: Wollen wir diese unsere Modell I-Welt mit einer Modell II-Welt beglücken?

Wenn die Antwort hierauf „Ja" lautet, dann aber bitte nicht in Form von Zwei- oder Drei-Tagesseminaren oder Zwei- oder Drei-Wochen- oder Monats-Projekten: „A review of current examples of best practices that claim to produce leadership, learning, and change consistent with Model II shows that they do not do so. These programs may have the virtue of taking less time in terms of days required to attend a course or participate in a change program, but a closer examination indicates that they may incur greater transaction costs when participants resist them and then cover up the resistance" (Argyris, 2002, S. 219). Dies deckt sich mit den bereits beschriebenen Beobachtungen Professor Wieland Cichons über die Nachteile der bestehenden kurzsichtigen Seminar-Kultur.

Besonderes Gewicht bekommt diese Frage, wenn man sich anschickt, Talentmanagement im eigentlichen Sinne zu „betreiben". Also eine lernende Organisation mit Schnell-Lernern aufzubauen. Denn Schnell-Lerner lernen auch „Überlebens- bzw. Karrierestrategien" und deren Tarnung recht schnell und überzeugend[37]. Für Schnell-Lerner in einer lernenden Organisation gilt im besonderen Maße, was generell für die lernende Organisationen gilt: „Verbindendes Element, Ziel und Erfolg organisationaler Lernprozesse ist die Problemlösungs- und Handlungsfähigkeit aller Systemmitglieder" (Liebsch, 2011, S. 123). Mit besonderer Betonung auf „aller", ‚aller Systemmitglieder". Gerade hier scheint es mehrere klassische Selbstbild-Fremdbild-Unannehmlichkeiten zu geben. Let's have a look.

---

37 siehe Ausführungen von Professor Christian Scholz zu „Karrierestrategien [...]: Tarnkappen- und Status-Opportunismus!" (Scholz, 2003, S. 154).

Wir erinnern uns: Wir brauchen erst einmal eine Diagnose- und Kooperationsfähigkeit. Schauen wir uns in einer aktuellen Studie[38] diesen Unterschied „zwischen Wunsch und Wirklichkeit" einmal an:

„Zwar wird Kooperation groß geschrieben, doch viele Manager vor allem aus der mittleren Führungsebene sind skeptisch, was die Fähigkeit ihres Unternehmens betrifft, definierte Ziele auch zu erreichen, aus Fehlern zu lernen – oder offen für Neues zu sein. Erschwerend kommt hinzu, dass das Topmanagement diese Einschätzung nicht teilt" (Leitl et al., 2011, S. 9).

„59% der Topmanager glauben, dass in ihrem Unternehmen aus Fehlern gelernt wird. Ein Trugschluss? Nur 39 Prozent der Führungskräfte der mittleren Ebene und 34 Prozent der Personaler teilen diese Einschätzung" (Leitl et al., 2011, S. 10).

„Unsere Studie offenbart sehr deutlich, dass über gemeinsame Ziele zu wenig diskutiert wird – und dass es eine Umsetzungslücke gibt" (Leitl et al., 2011, S. 9).

Es ist ersichtlich, dass grundlegende Bedingungen und wesentliche Elemente einer lernenden Organisation auf unterschiedlichen Ebenen anders bewertet werden – was für die Einführung eines gemeinsamen Lernprozesses aller Systemmitglieder generell eher etwas ungünstig sein dürfte. Das zweite Hauptargument, warum die Einführung des Konzeptes einer lernenden Organisation häufig misslang oder zumindest recht schwierig und mit großen Investitionen verbunden war (siehe oben), scheint also immer noch eine nicht zu vernachlässigende Relevanz zu besitzen.

Eine Änderung, eine weitere Präzisierung oder eine umfassendere Praxisanreicherung in der Konzeption einer lernenden Organisation würde an diesen Selbstwahrnehmungsphänomenen und den internen Kommunikations-problemen wohl eher nichts ändern. Dieses Kritikmuster an der lernenden Organisation stellt aber ein typisches Fluchtmuster vor komplexen Situationen dar: die „Vertikalflucht" auf die Meta-Ebene[39]. Das eigentliche komplexe Problem, beispielsweise die interne Wahrnehmung und Kommunikation oder die

---

38 Leitl et al. (2011): Zwischen Wunsch und Wirklichkeit. Harvard Business manager, 33(4): 8-11.
39 Vgl. Dörner (2010): Die Logik des Misslingens – Strategisches Denken in komplexen Situationen, S. 145.

Disziplin der gemeinsamen Visionen und der gemeinsamen Ziele, wird umgangen, indem man sagt: „Naja, sind halt nicht wir, da wir ja nicht so sind, und möchten auch lieber so bleiben, wie wir ja nicht sind, äh sind, sondern es ist halt das Konzept, das viel zu theoretisch, viel zu komplex ist, und deswegen noch ausführlicher und so weiter und so fort".

Was helfen würde, wäre die in der Studie beschriebenen Selbstwahrnehmungsphänome und internen Kommunikationsprobleme konstruktiv im Dialog auf allen Ebenen zu thematisieren und in einen Modell II-Lernprozess zu überführen. Mag man nicht, dauert auch etwas länger, aber die Flucht auf die Meta-Ebene, wo es sich so herrlich ohne Konsequenzen für das alltägliche Handeln diskutieren lässt, hilft leider auch nicht. In der richtigen Machtposition ist ein solches Verhalten jedoch wirklich so richtig herrlich: man nimmt sich vorbildlich der Probleme an, setzt Ausschüsse, Kommissionen, Arbeitskreise ein. Diskutiert, erstellt Berichte und Gutachten, diskutiert wieder, ... , alles soweit richtig auf der richtigen Ebene und bei den richtigen Fragestellungen, aber eben richtig Sinn-frei auf der Meta-Fluchtebene. Hat man eine Machtposition inne und handelt entsprechend, geschieht in der Regel zweierlei: zum einen nichts – außer vielleicht eine effektive Zeit- und Geldvernichtung durch diese Strategie der Verzögerung. Zum anderen induziert man durch ein Nachahmungsverhalten der anderen Organisationsmitglieder eine organisationale Belohnung von Abwehrroutinen, so dass die Organisation zwar eigentlich immer routinierter im „Überlebens"-Lernen wird, aber eben auch routinierter im produktiven und innovativem Nicht-Lernen. Für alle Organisationsmitglieder mit Dauerbeschäftigungsgarantie oder hinreichender privater oder staatlicher Absicherung scheint dies die ideale Strategie zu sein, um durch aktives Nicht-Lernen auf die Rente zu warten. Für alle anderen, für die Organisation und für die umgebende Gesellschaft ist diese Geisteshaltung eher zynisch morbid. Doch wir leiden zu viel. Also fluchs weiter.

Auch an der Einschätzung des ersten Hauptargumentes hat sich nach Ansicht vieler Autoren bis zum heutigen Zeitpunkt noch nichts geändert: „Wir hoffen, dass sich das vorliegende Buch so wohltuend von der vorherrschenden Literatur abhebt, die nach unserer Erfahrung stark theoretisch und abstrakt aufgebaut ist" (Enaux & Henrich, 2011, S. 6). So werden thematisch sehr benachbarte Bücher zunehmend theoretisch entschlackt und mit Umsetzungs-„Tools" in ausreichender Menge angefüllt. Klingt erstmal gut. Wenn dadurch die Komplexität des Themas in der entschlackten Darstellung erhalten bleibt, klasse. Aber man kann kein komplexes Thema mit der Anmerkung der Theorielastigkeit oder der Abstraktheit wie ein kompliziertes Thema in Teilprobleme untergliedern und vereinfachen, was – wie bereits erwähnt – bei einem komplizierten Thema geht, ein komplexes hingegen zerstört. Und damit halt auch die Theorie-entschlackte Lösung. Theorie entschlackt? Ja. Lösung gefunden? Nein.

Auch hier liegt eine Verbesserungsmöglichkeit nicht auf Seiten einer Änderung, einer weiteren Präzisierung oder einer umfassenderen Praxisanreicherung der Konzeption einer lernenden Organisation, sondern darin, komplexe Themen wie die lernende Organisation, wie das Kompetenz- oder das Talententfaltungsmanagement in ihrer Komplexität klar und verständlich für alle Systemmitglieder in Theorie und Praxis darzustellen und dann eine Modell II-Lern- und Arbeitsumgebung zu fördern.

Hierin besteht nach wie vor der größte Handlungsbedarf. In einer sich immer mehr beschleunigenden, komplexen Welt, die an sich schon recht Stress-lastig ist, stoßen neue Lernroutinen und unsichere Veränderungsprozesse nicht wirklich auf Gegenliebe. So ist das bereits reflexhaft auftretende Abwehrverhalten als adjunkte Verhaltensweise immer noch das Hauptproblem für jeglichen Lerntransfer – zumal der Mensch im Bereich der Überlebensstrategien am Arbeitsplatz immer schon sehr erfinderisch und hartnäckig war und ist: „Menschen, die versuchen, neue Ideen abzuwehren, verfolgen gewöhnlich vier typische Strategien: Panikmache, Verzögerung, Verwirrung, Lächerlichmachen" (Kotter, 2011, S. 66). Machen Sie sich mal den Spaß und achten Sie bei Nachrichtensendungen einmal darauf, wie häufig diese Strategien auftreten, wo, von wem und wozu! An einem guten Tag gibt es eigentlich nur eine Meldung, die diese Strategien nicht plakativ illustriert: das Wetter... Obwohl, das mit der Panikm...

Diese adjunkten Verhaltensstrategien muss man bei Veränderungslernprozessen, wie es die Einführung und die Weiterentwicklung einer lernenden Organisation und eines Talententfaltungsmanagements darstellt, mit berücksichtigen und gezielt trainieren. Und zwar nicht nur mental und methodisch-mechanisch, sondern auch emotional: „Human beings in an organization adopt mindsets and behaviors that enable them to survive and prosper within that organization. Changing how any organization works, even a dysfunctional one, involves disruption. Without knowing why the need to change, what changes are expected [...], people are reluctant to change their behavior. Therefore [...], you need to get your people to embrace the changes. You need to win their hearts and minds" (Bryan & Joyce, 2007, S. 297). Oder noch prägnanter: „Menschen wehren sich nicht gegen Veränderungen. Sie wehren sich dagegen, verändert zu werden" (Senge, 2008).

Dass Veränderungsprozesse im Allgemeinen und die Einführung einer Modell II-Lern- und Arbeitsumgebung als Grundlage für Talententfaltung somit keine Trauerveranstaltungen werden dürfen, sollte daher klar sein. Es liegt also in der Verantwortung des Change-Managers und ist abhängig von dessen Kreativität, den üblichen Einwänden, die bei solchen Veränderungsvorschlägen auftreten werden, entgegenzutreten:

„Checkliste: 24 Einwände, auf die Sie gefasst sein sollten:

1. Wir waren bislang erfolgreich. Warum sollten wir also etwas ändern? [...]
16. Haben wir schon versucht – hat nicht funktioniert. [...]
18. Gute Idee, aber die Zeit ist nicht reif dafür. [...]
23. Sie werden niemals genug Leute davon überzeugen"
(Kotter, 2011, S. 66).

Ein weiterer Aspekt der Lern- und Arbeitskultur setzt noch etwas grundsätzlicher an: Lernen bedeutet ja unter anderem, Fehler zu machen, sie zu erkennen und sie zu korrigieren. „Wir denken, Versagen sei das Gegenteil von Erfolg, und wir optimieren unsere Organisationen, um Fehler zu unterbinden. Schicht um Schicht installieren wir Managementebenen, um Risiken auszuschalten und Katastrophen zu verhindern. Dabei haben wir einen todsicheren Weg gefunden, Fehler zu umgehen: Wir definieren Versagen so eng, dass praktisch nichts von dem, was geschieht, als Scheitern gewertet werden kann. Und wenn das Ergebnis unserer Anstrengungen kein Misserfolg ist – dann besteht kein Grund zur Panik, nicht wahr?" (Godin, 2011, S. 108).

Das dieses Verständnis, Fehlervermeidung durch Weg-Definition, nicht wirklich lernförderlich ist, ist klar, aber trotzdem weit verbreitet. Dies liegt unter anderem daran, dass dieses „Verständnis" in einer Modell-I Welt extrem Karriere-förderlich ist. Clayton M. Christensen, Robert and Jane Cizik Professorin für Business Administration an der Harvard Business School, hinterfragt in ihrem HBM-Artikel[40], was beruflicher Erfolg und privates Glück bedeuten: „Management ist der nobelste Beruf – wenn man ihn richtig ausübt. Keine andere Betätigung bietet uns so viel Chancen, unseren Mitmenschen zu Lernprozessen und innerem Wachstum zu verhelfen – dafür zu sorgen, dass sie Verantwortung übernehmen; etwas leisten, das anerkannt wird; und zum Erfolg eines Teams beitragen. Immer mehr MBA-Studenten treten ihr Studium mit der Vorstellung an, dass es bei einer unternehmerischen Karriere in erster Linie darauf ankommt, Unternehmen aufzukaufen und Geld in sie zu investieren. Das ist schade. Denn Geschäfte abzuschließen schenkt einem keine so tiefe Erfüllung wie das Gefühl, Menschen aufzubauen. Dieses Wissen möchte ich den Studenten in meinen Kursen mit auf den Weg geben", so Christensen (2011, S. 29).

Dies beschreibt aber genau den Übergang von einer Modell I zu einer Modell II-Welt bzw. Firmenphilosophie: „Wer Karriere machen will, muss nur hart genug arbeiten – so die Überzeugung vieler Manager und Toptalente. Doch das allein genügt nicht. Wahre Führungskräfte [...] konzentrieren sich nicht allein auf ihre Leistung und ihre Ziele, sondern haben Mitarbeiter, Kollegen und Vorgesetzte mit im Blick" (Morriss et al., 2011, S. 39). Und mit Blick ist hier nicht der neidische Blick auf den Mitbewerber oder Vorgesetzten gemeint, den es als eigentlichen Feind zu übertrumpfen gilt, sondern ein, das eigene Ego überwindender Blick. Denn es geht – nicht nur in lernenden Organisationen – vielmehr um kollegiale Zusammenarbeit, um Team-Arbeit: „All diese Gründe für das Zurückhalten von Informationen[41] hängen mit der Qualität von Beziehungen zusammen. Wenn Manager nicht untersuchen wollen, was zwischen den Menschen in ihrem Unternehmen vor sich geht, werden sie nie verstehen, was in diesen Menschen vorgeht" (Weick & Sutcliffe, 2010, S. 14).

Und welcher zwischenmenschliche Stil in Firmen gepflegt wurde oder wird, hat oftmals skurrile und bizarre Züge angenommen. Im folgenden Beispiel – und von denen gibt es so manche – brauchen wir uns nicht darüber zu unterhalten, wie wir eine lernende Organisation aufbauen oder Elemente

---

40 Christensen, C.M. (2011): Der Sinn des Lebens. Harvard Business manager, 33(1): 26-36.
41 gemeint sind Angst, Unwissenheit oder Gleichgültigkeit.

dieser schrittweise implementieren. Hier stellen sich ganz andere Fragen...

„I will always be grateful for the opportunity to work there [...]. However, I also learned some practices to avoid. Ford divisions were so cutthroat toward one another that before interdepartmental meetings, each faction plotted how to get the rest of the organization to adopt its position. Compromise, even if it would benefit the company, was seen as defeat, because the objective was to 'win the meeting'. At Ford, when the person representing the department came back from the meeting, his manager asked, 'Did you win?' Nothing else mattered" (Binder & Bashe, 2008, S. 213f).

Die Auswirkung von externen Effekten auf die Lernfähigkeit, den Umgang mit Fehlern und die Achtung von Werten, d.h. ein Handeln im Einklang mit den eigenen normativen Standards der Akteure illustriert Dietrich Dörner anhand des 1986 von Franz Reither durchgeführten „Dagu-Experiments" (Dörner, 2010, S. 268f). Die Teilnehmer des Experiments sollten in Fünfergruppen in einem fiktiven Land der Sahelzone Entwicklungshilfe leisten. Konkret ging es um die Durchführung verschiedener Maßnahmen wie der Einführung von neuen Düngersorten, anderen Tierrassen, modernen Maschinen, etc. Über die simulierte Dauer des Experiments von 20 Jahren analysierte Reither neben anderen Faktoren drei zentrale Kennzahlen:

1. Den prozentuellen Anteil der ergriffenen Maßnahmen, welche einer Evaluation unterzogen wurden.
2. Die Dosierung der Maßnahmen, d.h. die relative Anzahl der ergriffenen Maßnahmen.
3. Die Einstufung der Abweichung der Maßnahmen von den eigenen moralischen und ethischen Standards.

Zu Beginn des Experiments lag der Anteil der Maßnahmen, deren Erfolg evaluiert wurde, bei ca. 30-50%, die Zahl der Maßnahmen war nicht übermäßig hoch und die moralischen Standards wurden weitestgehend eingehalten. Nach der Hälfte der Simulation setzte Reither die Teilnehmer des Experiments einem exogenen Schock aus. Ein feindlicher Stamm besetzte ca. 30 Prozent des Landes der Dagus, ohne jedoch deren Existenz zu bedrohen. In den folgenden Jahren veränderten sich daraufhin die Aktivitäten der Probanden drastisch: Binnen zehn Jahren vervierfachten sich die durchgeführten Maßnahmen, während die Wirksamkeitsevaluation von 50% der Maßnahmen im zehnten

Jahr auf knapp 10% im 15. Und unter 5% im 20. Jahr absackte. Außerdem ergriffen die Teilnehmer zunehmend Maßnahmen, die eine große Abweichung von ihren moralischen Standards aufwiesen. Dörner beschreibt drei zentrale Beobachtungen:

Die Probanden haben generell kein allzu großes Interesse an der Evaluation der von Ihnen ergriffenen Maßnahmen. „Wenn ich die Folgen meiner eigenen Handlungen gar nicht erst zur Kenntnis nehme, so bleibt mir die ‚Kompetenzillusion'!" (Dörner, 2010, S. 269).

In Krisensituationen, d.h. unter Bedrohung und bei externen Schocks, neigen die Teilnehmer des Experiments zu operativer Hektik, während gleichzeitig die Wirksamkeitsevaluation gegen Null geht. Dörner bezeichnet diese Form von Entscheidungen als „ballistisch": Die Entscheider „schossen ihre Entscheidungen gewissermaßen wie die Kanonenkugeln ab und kümmerten sich kaum noch darum, wo die Kugeln denn nun eigentlich landeten" (Dörner, 2010, S. 269).

Während der Krise ab dem zehnten Simulationsjahr begannen die Versuchspersonen „nach dem Prinzip ‚Der Zweck heiligt die Mittel' zu handeln [...] und übergeordnete moralische Standards bei ihrer Handlungsorganisation weniger beachten. Man sieht hier also eine Entwicklung zum Zynismus und zum Aufgeben moralischer Standards" (Dörner, 2010, S. 273).

Was hier im Laborversuch mit Hilfe des Experiments festgestellt wurde, gilt in ähnlichem Maße auch für den Unternehmenskontext. Das ohnehin nicht besonders große Bedürfnis, ergriffene Maßnahmen auf ihre Wirksamkeit hin zu überprüfen und die Möglichkeit zu suchen, aus Fehlern zu lernen, nimmt im Angesicht von Krisen noch weiter ab. Gleichzeitig steigt die Bereitschaft, Maßnahmen zu ergreifen, die immer weniger zu den eigenen normativen Standards passen. Der Identitätsverlust in Form der Missachtung des eigenen Wertesystems geht also einher mit operativer Hektik, in der Hoffnung, dass irgendeine der ergriffenen Maßnahmen schon Wirkung zeigen wird.

Im war for talent lässt sich dieser Trend eindrucksvoll belegen, wenn man sich anschaut, wie Personalmarketing und Talentmanagement zum gegenwärtigen Zeitpunkt von den meisten Firmen betrieben wird: mit ballistischen Maßnahmen und dem Prinzip Hoffnung. Sie wollen ein Beispiel? Nahezu jede international tätige Firma verfügt mittlerweile über eine „exklusive Talent-Community" in der Hoffnung, potenzielle Mitarbeiter so zu gewinnen und an das Unternehmen zu binden. Die Einladung zur Community ist dabei in der Regel automatisiert und wer an ein paar Recruiting-Events teilgenommen hat, ist bald Mitglied in etlichen dieser „exklusiven Communities". Toll!

Betrachten wir nun aber wieder Manager, die in ihren Teams und Firmen etwas positives, etwas konstruktives für sich, ihr Team und ihre Firma bewirken wollen. In einer komplexen Unternehmung – und nicht nur dort – stellt sich oft die Schwierigkeit, dass nicht direkt ersichtlich ist, was wer wo zum Gesamterfolg beiträgt. Insbesondere bei kollektiven Lernprozessen ist dies schwierig und nicht trivial. „Those managers had no way of assessing how their teams' learning was contributing to the organization as a whole" (Garvin et al., 2008, S. 110).

Wirft man einen Blick in die Seminarkataloge und in die umfangreiche Ratgeberliteratur kann man viel über Phasen der Teamentwicklung, über Rollen im Team, über typische und untypische Konfliktpotentiale – und wie man selbst damit umgeht –, über Deeskalationsstrategien, über individuelle Lerntypen und Lernstile, und so weiter und so fort erfahren. „[W]enig Beachtung finden dagegen *Erkenntnisse der Sozialpsychologie* über das Lernverhalten in und von Gruppen, die lernförderliche oder lernhemmende Interaktionsmechanismen beschreiben, denn Individuen erbringen in Gruppen andere Lernleistungen als allein" (Liebsch, 2011, S. 121).

Aber mehr noch, wir wollen ja das produktive, konstruktive, innovative kollektive Lernen fördern. Und, wenn wir hier nicht die Frage, wie ein Team eigentlich lernt, gewinnbringend beantworten können wollen, so doch vielleicht die Frage nach dem „Innovativen" am innovativ kollektiven Lernen.

Hiermit ist jetzt eher nicht gemeint, dass wir zum Zwecke der Innovation mal eben „total innovativ und total kreativ" Brainstorming betreiben [42], sondern eher versuchen wollen, Innovation im Wesen zu erfassen und dem Team-Lernen zugänglich zu machen. „Im Moment sieht es [aber] so aus, als könne die Menschheit das Wissen darüber, wie man zu Innovationen kommt, letztlich nicht kodifizieren, und noch weniger das Wissen in Bezug auf Kreativität. Das wissenschaftliche Streben danach war bisher ungefähr so

---

[42] siehe hierzu „Warum klassisches Brainstorming nicht funktioniert", in: Coyne et al. (2010): Querdenken mit System – Wie effektives Brainstorming funktioniert. Harvard Business manager, 32(10): HBM-Audio.

erfolgreich wie die Suche nach dem goldenen Vlies, dem heiligen Gral oder den Stein der Weisen" (Rixhon, 2011, S. 104).

Der Blick in die Wissenschaft findet dort, wo die Wissenschaft Erkenntnisse und Beiträge über das Lernverhalten in und von Gruppen liefert, interessanterweise eher wenig statt und dort, wo die Wissenschaft zur Zeit keine adäquaten Beiträge liefern kann, auch nicht. Schon bemerkenswert.

Fazit:
Will man das Lernen sowohl von einzelnen Organisationsmitgliedern als auch von der Gesamtorganisation ernsthaft fördern und die Lernende Organisation als Grundlage für den zukünftigen Erfolg ausbauen, bedarf es längere Lernzeiten (auch für schnell-lernende Talente), anregendere Lern- und Arbeitskulturen und ein tiefergehendes Lernverständnis aller Mitglieder der Organisation. Die meisten gegenwärtige Konzepte und Programme, so gut sie im Einzelnen auch sind, vermögen dies – wie oben ausgeführt – eher nicht: „More important, I believe these programs demean the value of the fundamental purposes of strengthening the human side of organizations and helping organizations become competent in single- and double-loop learning" (Argyris, 2000; 2002, S. 219). Oder anders gesagt: „Unser Gedankengang kann anhand eines *Lernparadoxons* auch anders formuliert werden: Die Handlungen, die wir vornehmen, um das produktive Lernen in Organisationen zu fördern, verhindern in Wirklichkeit ein tiefergehendes Lernen" (Argyris & Schön, 2006, S. 285).

## Individuelles und organisationales Lernen: specialize in the unpredictable!

In den vorangegangenen Kapiteln, insbesondere im zweiten Kapitel, haben wir viel über die sich zunehmend schneller wandelnde und komplexere Welt und Wirtschaftsordnung gesprochen, in welcher Unternehmen heute und in Zukunft agieren müssen. Besonders am Herzen liegt uns dabei folgende Beobachtung, welche Edgar Schein noch einmal auf den Punkt bringt: „The various predictions about globalism, knowledge-based organizations, the information age, the bio-tech age, the loosening of organizational boundaries, networks, and so on all have one theme in common: We basically do not know what the world of tomorrow will really be like, except that it will be different, more complex, more fast fast-paced, and more culturally diverse" (Schein, 2010b, S. 365). Unwissenheit und Unvorhersagbarkeit sind die Schlüsselbegriffe. Auf die Gefahren, die mit dem Versuch verbunden sind, die Zukunft trotz der ihr inhärenten Unvorhersagbarkeit beherrschbar machen zu wollen, sind wir im zweiten Kapitel bereits ausführlich eingegangen. Stichworte: Induktionsproblem und Schwarze Schwäne. Im folgenden Abschnitt wollen wir nun darauf eingehen, wie man unserer Meinung nach mit dieser Herausforderung umgehen sollte.

Unser Wahlspruch lautet hierfür: „specialize in the unpredictable!" Hierunter verstehen wir die Ausbildung der Kompetenz, mit dem Unvorhersehbaren, mit dem Unbekannten erfolgreich umzugehen. Unsere These ist, dass eine lernende Organisation im Sinne von Senge und Argyris, welche sich der Entfaltung von Talenten im eigentlichen Sinne und damit der bestmöglichen Nutzung der Vielfalt menschlichen Potentials verschrieben hat, bestmöglich mit Unsicherheit umgehen kann. Wer die Unvorhersagbarkeit der Zukunft erst einmal akzeptiert hat und sich daraufhin auf die Förderung individuellen und organisationalen Lernens konzentriert, läuft nämlich einerseits weniger Gefahr, sich fälschlicherweise sicher zu fühlen und damit auf die Nase zu fallen, und kann gleichzeitig flexibler auf neue Herausforderungen und Veränderungen der Umwelt reagieren.

Bei seiner Suche nach Strategien für Individuen, Gruppen, Organisationen und Gesellschaften der Gefahr Schwarzer Schwäne und damit der Unvorhersagbarkeit der Zukunft zu begegnen, betont Nassim Nicholas Taleb vor allem eine zentrale Idee: Robustheit[43]. Was er darunter versteht, lässt sich vereinfacht folgendermaßen darstellen:

In einer komplizierten, aber nicht komplexen Umwelt mit vollständigen Informationen, maximaler Vorhersagbarkeit der Zukunft und minimalem Vorhersagefehler, sprich: in einer Umwelt, in der es nicht nur keine Schwarzen Schwäne, sondern auch keine Grauen Schwäne gibt, ist Robustheit überflüssig. Aufgrund fehlender Unsicherheitsfaktoren könnten sich Akteure – Individuen ebenso wie Organisationen – in einer solchen Welt vollständig spezialisieren.

---

43 Vgl. Taleb, 2010, S. 6-23.

In einer komplexen Umwelt mit unvollständigen Informationen, minimaler Vorhersagbarkeit und maximaler Fehleranfälligkeit ist Robustheit hingegen von maximaler Bedeutung. In einer Umgebung maximaler Unsicherheit ist die Gefahr Schwarzer Schwäne nicht zu unterschätzen. Nur wer größtmögliche Flexibilität und Anpassungsfähigkeit aufweist, wird in einer solchen Umwelt überleben können.

Die hier skizzierten Szenarien stellen zweifelsohne Extremsituationen dar, von denen keine unserer gegenwärtigen Umwelt in toto entspricht. Einzelne Ereignisse in der jüngsten Vergangenheit lassen jedoch erahnen, in welche Richtung der Trend geht. Bereits des Öfteren haben wir darauf verwiesen, dass wir uns mit zunehmend mehr und nicht mit weniger Komplexität konfrontiert sehen. Unternehmen, die nicht nur in unbekannten, sondern auch zunehmend unvorhersehbareren Umweltsituationen handlungsfähig sein wollen und auch überraschenden Herausforderungen beggnen können möchten, sind also gut damit beraten, eher auf mehr Robustheit statt auf weniger zu setzen.

Statt des von Taleb verwendeten Begriffs „Robustheit" kann man auch von mehr Vielfalt oder mehr Diversität sprechen. Dieser Gedanke ist auch an sich nicht sonderlich neu, sondern findet sich seit geraumer Zeit in der Literatur zum Talentmanagement 1.0. Im „Talent Management Handbook – Creating Organizational Excellence by Identifying, Developing, and Promoting Your Best People" lesen wir zum Beispiel: „In today's competitive environment, diversity is a key element in a successful succession planning process. [...] Diversity, integrated within the succession planning process, forms the strategic alliance between management and the diverse workforce to ensure the retention and development of future leaders who represent a variety of backgrounds" (Berger & Berger, 2004, S. 273). Was hier jedoch besonders klar wird, ist, dass Berger & Berger Diversität vor allem auf der Input-Seite des Talentmanagements sehen. Menschen mit unterschiedlichen Hintergründen bilden die Grundlage erfolgreichen Nachfolgemanagements, heißt es hier. Am Ende der standardisierten, linearen Entwicklungsprogramme bleibt dann leider nur noch sehr wenig Vielfalt übrig. Von Robustheit im Sinne Talebs kann daher nicht die Rede sein.

In Bezug auf die organisationale Kompetenz, mit dem Unberechenbaren und Unvorhersagbaren umgehen zu können, verstehen wir unter Robustheit die Förderung einer Vielfalt an Talenten und die Ausbildung einer Vielzahl an

Kompetenzen als Ziel und Ergebnis des Personalmanagements und der Personalentwicklung. Robustheit bedeutet, eine organische, lernfähige Organisation mit dynamischen und vielfältigen Fähigkeiten zu erschaffen.

Robustheit bedeutet Lerner-zentriertes Talententfaltungsmanagement statt Stellen-zentriertes Stellenbesetzungsmanagement. Menschen innerhalb einer Organisation müssen die Möglichkeit haben und darin unterstützt werden, komplexe Systeme zu erfassen und entsprechend ihrer individuellen Talente Kompetenzen auszubilden, um sich darin zurecht zu finden. Ist dies gegeben, so werden Menschen in Ihrer Organisation lernen. „Ordnung aus dem ‚Chaos'. Wahrnehmung und Denken sind Beispiele für permanentes Generieren von Ordnungsübergängen. Ähnliches gilt für individuelle und kollektive Lernprozesse, ja für die menschliche Entwicklung überhaupt" (Haken & Schiepek, 2006, S. 29f).

Besondere Bedeutung kommt in diesem Kontext dem Umgang mit Fehlern in der Organisation bzw. der Fähigkeit der Organisation, aus Fehlern zu lernen. Dort, wo Menschen dazu ermutigt werden, eigenständig zu denken und zu handeln, wird es selbstverständlich auch zu Irrtümern und Fehlinterpretationen kommen. „Das Markenzeichen einer HRO[44] ist nicht, dass dort keine Irrtümer vorkommen, sondern dass sie sich durch diese Irrtümer nicht lähmen lassen [...] Kein System ist perfekt. Das wissen die Mitarbeiter in HROs genauso gut wie wir alle. Deshalb bemüht man sich dort nicht nur um ein vorausschauendes Handeln, indem man aus Fehlern lernt, sich um eine komplexere Wahrnehmung bemüht und sensibel für betriebliche Abläufe bleibt, sondern alle streben darüber hinaus nach möglichst großer Flexibilität und Widerstandskraft (Resilienz)" (Weick & Sutcliffe, 2010, S. 15).

Wir haben bereits davon gesprochen, dass es neben längeren Lernzeiten und anregenden Lern- und Arbeitskulturen auch eines tiefergehenden Lernverständnisses aller Mitglieder der Organisation bedarf. Auch Edgar Schein betont diese Feststellung: „[...] organizations, their leaders, and all the rest of us will have to become perpetual learners" (Schein, 2010b, S. 365). Harvard Professor David Garvin schreibt hierzu: „A learning organization is a place where employees excel at creating, acquiring, and transferring knowledge" (Garvin et al., 2008, S. 110).

---

[44] High Reliability Organization (HRO).

Konkret nennt Garvin drei Bausteine, die notwendig sind, um eine lernende Organisation aufzubauen und zu erhalten:

1. eine unterstützende Lernumgebung,
2. konkrete Lernprozesse und -praktiken, und
3. Führung, welche die Bedeutung von Lernen in der Organisation betont, es von den Menschen einfordert und sie dabei unterstützt.

Dem zugrunde liegt der sorgfältige und vorsichtige Umgang mit den Erwartungen aller beteiligten Akteure – Mitarbeiter, Führungskräfte und Externe. „Wer das Unerwartete managen will, muss erstens verstehen, wie Erwartungen funktionieren, und zweitens, wie man achtsam damit umgeht"(Weick & Sutcliffe, 2010, S. 25).

Fest steht, dass man nicht von heute auf morgen beschließen kann, ab jetzt eine lernende Organisation zu sein. Lernen lässt sich nicht verordnen. Es ist vielmehr ein komplexer Prozess, welcher unter den richtigen Rahmenbedingungen angestoßen werden kann und gepflegt werden will. Und es ist ein Prozess, der von den Akteuren auf allen Hierarchieebenen abhängt. Zunächst ist es natürlich Aufgabe der Unternehmensführung, den Zustand der eigenen Organisation zu erkennen und sich einen Überblick über die sozialen Prozesse und Strukturen zu verschaffen, welche die Firma zum gegenwärtigen Zeitpunkt daran hindern zu lernen. Erwartungen und Mentale Muster bei Managern, ebenso wie bei allen anderen Mitarbeitern, kommt in diesem Kontext eine besondere Bedeutung zu. Sie beeinflussen maßgeblich das Handeln aller Akteure innerhalb der Organisation. Der in Kapitel zwei angesprochene Generationen- und Wertewandel stellt insofern eine gute Gelegenheit dar, diese Aufgabe anzugehen. Generation Y und Z fordern von Unternehmen, ihre Erwartungen ernst zu nehmen, und sind nicht länger dazu bereit, sich nach dem Borg-Prinzip assimilieren zu lassen.

Doch damit ist es nicht genug. Vor allem bei dem Vorhaben, individuelles und organisationales Lernen zu fördern, hängt der Erfolg vor allem von der operativen Umsetzung der Strategie durch das mittlere Management ab. „In diesen Etagen, wo die Fensterfronten keinen großen Rundumblick bieten, eröffnen sich die wahren Horizonte der Strategien, vermessen in kleinsten Arbeitsschritten. Erfahrene Führungskräfte wissen das. Und mehr denn je werden sie auf diesen Ebenen Talente finden, die für die Zukunft des Unternehmens wichtig sind. Denn nur hier können jene sensiblen Sensorien entwickelt werden, [...]. Die erfolgsversprechendste Strategie eines Unternehmens besteht darin, diese Ebene und ihre Repräsentanten zu stärken" (Rust, 2011a, S. 111). Dies gilt in besonderen Maße für den Aufbau einer organischen und damit robusten und lernenden Organisation. Welche besondere Bedeutung zudem der Organisationskultur zukommt, werden wir im folgenden Unterkapitel noch genauer erläutern, denn „wir alle haben solche Talente, die verborgen liegen, oder zusammengewürfelte Wissensbrocken, von denen wir nicht erwarten, dass sie in unserem Leben jemals eine wichtige Rolle spielen werden. Steve[45] hatte einige davon" (Elliot & Simon, 2011, S. 41). Wir müssen unsere Talente nur freilegen bzw. Ihnen Raum geben, damit sie sich entfalten können.

## Strategieumsetzende Lernarchitekturen: „Culture eats strategy for breakfast."[46]

Wenn Sie bei diesem Abschnitt angekommen sind, dann konnten wir Sie hoffentlich davon überzeugen, dass Talente nur dann ihr volles Potential entfalten werden, wenn ihnen im Rahmen der Organisation entsprechende Lern- und Entfaltungsräume geboten werden. Und zwar nicht in Form des Leadership-Workshops, gemeinsam mit den anderen Top-Performern im Fünf-Sterne Hotel in Barcelona, sondern durch individuelle und vielfältige Entfaltungsmöglichkeiten in realen Projekten. Hierfür bedarf es keiner Single-Loop-Optimierung bestehender Talentmanagement Programme vom Typ 1.0, sondern einer umfangreichen Revolution der Kernidee der Talententfaltung in Unternehmen. Diese Aufgabe richtet sich daher auch nicht bloß an die HR-Abteilungen, sondern erstreckt sich über die gesamte Organisation und betrifft die Unternehmensstrategie ebenso wie die Struktur des Unternehmens und seine Kultur. Auf den folgenden Seiten soll es um das Verhältnis dieser drei Faktoren beim Aufbau einer lernenden, der Talententfaltung verschriebenen Organisation gehen. Im Mittelpunkt steht dabei die Frage, wie man eine

---

45 gemeint ist Steve Jobs.
46 Zitat von Angelo Kinicki, siehe: http://knowledge.wpcarey.asu.edu/article.cfm?articleid=1506 [Zugriff am 19.04.2011].

strategieumsetzende Lernarchitektur entwirft und implementiert und welche fundamentale Bedeutung die Kultur eines Unternehmens hierfür hat.

Spätestens seit Alfred Chandlers einflussreichem Buch: „Strategy and Structure: Chapters in the History of the Industrial Enterprise" (1962) vor knapp fünfzig Jahren, kam der Frage, in welchem Verhältnis Strategie und Struktur eines Unternehmens stehen, eine zentrale Bedeutung in der Managementforschung zu. Basierend auf seiner historischen Analyse der vier US-amerikanischen Großkonzerne Du Pont, Standard Oil, General Motors and Sears Roebuck kam Chandler zu der Aussage: „structure follows strategy" (vgl. Chandler, 1962).

Wenngleich diese These in den vergangenen Jahrzehnten kontrovers diskutiert wurde und man sich heute darüber einig ist, dass auch noch andere Faktoren, z.B. die Unternehmensgeschichte, der Führungsstil des Topmanagements und weitere die Struktur eines Unternehmens bestimmen, besteht dennoch kein Zweifel darüber, dass die Struktur eines Unternehmens an die jeweilige Strategie angepasst sein muss. Versteht man unter Struktur die strukturellen organisationalen Maßnahmen zur Sicherung des Unternehmenserfolgs, so wird klar, dass Chandlers Aussage mindestens insofern zutrifft, als dass entsprechende Maßnahmen gemäß der strategischen Ausrichtung des Unternehmens ergriffen werden sollten. Unterschiedliche Strategien verlangen demnach unterschiedliche Maßnahmen und organisationale Strukturen und in dieser Hinsicht trifft Chandlers These zweifelsohne zu.

Haken und Schiepek tragen den Gedanken noch einen Schritt weiter und schreiben: „Nicht das Organigramm, sondern die aktuellen Anforderungen bestimmen die Struktur. Gut dran ist, wer sowohl multifunktional einsetzbare Mitarbeiter zur Verfügung hat, als auch Führungskräfte, die für die Einteilung und die Koordination parallel arbeitender Projektteams sorgen" (Haken & Schiepek, 2006, S. 650). Hier kommt zum Ausdruck, dass der Erfolg unternehmerischer Umstrukturierungen entscheidend von der Kompetenz und vor allem dem Wille der Mitarbeiter abhängt, die strukturellen Änderungen auch umzusetzen.

Wie wir mittlerweile wissen, kommt insbesondere für letzteres den mentalen Mustern der individuellen Akteure, ebenso wie den unausgesprochenen gemeinsamen Annahmen innerhalb der Organisation, eine zentrale Bedeutung zu. Diese Feststellung bringt uns schließlich zur Rolle der

Unternehmenskultur für den Aufbau einer lernenden Organisation und die Umsetzung von Talentmanagement 2.0. Diesbezüglich spricht auch Management Professor Angelo Kinicki über seine Erfahrungen mit der Umsetzung von Veränderungsprozessen in Unternehmen: „[...], when organizations implement strategic change or any kind of change, if the organizational culture is inconsistent with the change effort, it won't work. [...] if the culture is inconsistent with the goals and strategies a company is pursuing, the culture wins out. Or another way of saying it is: culture eats strategy for breakfast. They have to be consistent" (W.P. Carey School of Business, 2007).

Wer also vorhat, eine Organisation zu erschaffen, in deren Kern individuelles ebenso wie organisationales Lernen verankert ist, wird nicht daran vorbei kommen, sich mit der Organisationskultur zu beschäftigen. Im Gegenteil: Bevor man sich Gedanken über strukturelle Veränderungen macht, ist es zunächst einmal wichtig, sich mit den kulturellen Grundlagen der Firma zu beschäftigen. Andernfalls läuft das Vorhaben Gefahr, so zu enden, wie von Kinicki beschrieben: „it won't work". Zu groß sind die Blockaden in den Köpfen der Belegschaft, welche – bewusst oder unbewusst – einen entsprechenden organisationalen Wandel verhindern. In Bezug auf individuelles Lernen, insbesondere den Umgang mit Fehlern, schreiben Wüthrich et al.: „Das im Konzern spürbare Klima der Angst verhindert individuelles Lernen" (2009, S. 260). Dabei handelt es sich nicht nur um die Angst davor, Fehler zu begehen. In vielen Köpfen hat sich oftmals eine noch viel grundlegendere Angst festgesetzt: „to fear the fear of failure itself " (Argyris, 1999, S.132). Kulturell in Schule, Universität und Berufsleben über Jahrzehnte hinweg darauf konditioniert, dass Fehler Versagen entsprechen, hat sich diese Meta-Angst in den Köpfen der Menschen unbewusst eingeschlichen. Das hieraus folgende Verhalten ist es, was Argyris den so genannten *„doom loop zoom"* (Argyris, 1999, S. 132) nennt. Beim Gedanke an die bloße Möglichkeit, einen Fehler zu machen, verfallen Menschen dem von Argyris beschriebenen Angstgefühl, welches ihnen im Endzustand jegliche Handlungsfähigkeit raubt.

Vor diesem Hintergrund möchten wir die folgende Aussage Seth Godins besonders betonen: „Angesichts unserer starken, kulturell bedingten Wahrnehmungsverzerrung und negativen Einstellung gegenüber [Fehlern und] Versagen wird mir die folgende These kaum Fans bringen, aber ich denke, wir haben keine andere Chance, als energisch ein neues Konzept von Versagen zu verfolgen. [...]. Wenn Ihnen Ihre Firma am Herzen liegt, Ihre Kunden und Ihre Werte, dann werden Sie größte Sorgfalt darauf verwenden, Ihre Definition von Misserfolg zu überdenken" (Godin, 2011, S. 108). Es geht also um einen kulturellen Veränderungsprozess, welcher sich von unten nach oben durch die drei Ebenen der Organisationskultur erstrecken muss. „Während sich Fehler in den für die Leistungserstellung wichtigen Feldern eines Unternehmens nur innerhalb geringer Schwankungsbreiten manifestieren sollten, müssen im Rahmen von Innovationen Kontexte geschaffen werden, in denen Fehler erlaubt oder sogar erwünscht sind. Fehler sind, wie wir aus dem Entwicklungspsychologie wissen [...], für die Entstehung von Neuem unverzichtbar" (Haken & Schiepek, 2006, S. 643). Dieses Schaffen von Kontexten, in denen Fehler erlaubt oder gar erwünscht sind, bedarf einer entsprechenden Veränderung auf der untersten Ebene der Organisationskultur, auf Ebene der unausgesprochenen gemeinsamen Annahmen. Die Betonung liegt dabei auf „gemeinsam": „Wo Neid und Mißgunst herrschen und jeder des anderen Feind ist, kann kein Gefühl der Zusammengehörigkeit entwickelt werden. Dann wird jede Form des Austauschs mit anderen Menschen von der Notwendigkeit zur Selbstbehauptung und Selbstdarstellung bestimmt" (Hüther, 2007, S. 63f). Wer den Anspruch hat, eine lernende Organisation aufzubauen, kann es sich nicht leisten, entsprechenden Ballast in Form von andauernden „Ego-Spielchen" und Ellenbogenkultur mit sich herum zu tragen.

Hiermit soll das Leiden denn auch ein Ende haben. Stattdessen möchten wir uns nun wieder wirklich konstruktiv betätigen und mit den folgenden beiden Fragen beschäftigen: Kann man kontinuierliches Lernen und einen andauernden Veränderungsprozess stabilisieren? Und: Wie sähe eine entsprechende Organisationskultur aus, die diesen Zweck erfüllt?[47]

Auf die erste Frage geben Garvin et al. in dem 2008 erschienenen Artikel „Is Yours a Learning Organization?" eine klare Antwort: Ja. Durch die Arbeit an den drei, von ihnen beschriebenen Bausteinen kann Lernen in einer Organisation gefördert und ein anhaltendes Lernklima etabliert werden. Hierzu gehört das Fördern einer unterstützenden Lernumgebung ebenso wie die operative Umsetzung in konkreten Lernprozessen und -praktiken sowie ein Führungsstil, welcher individuelles und organisationales Lernen fördert.

---

47 Vgl. Schein, 2010b, S. 365.

Das von Garvin et al. entwickelte Tool zur Diagnose der drei Dimensionen besteht aus insgesamt 56 Fragen und wurde im Frühjahr 2006 mit 100 Managern, im Herbst 2006 erneut mit 125 weiteren Führungskräften durchgeführt. Dabei können vor allem die Fragen nach der Lernumgebung als Fragen nach der Organisationskultur verstanden werden. Doch auch die Fragen in den anderen beiden Blöcken beziehen sich oftmals auf kulturelle Artefakte im Sinne Scheins. Im Folgenden finden sich einige Beispiele für die von Garvin et al. verwendeten Fragen mit Bezug auf die jeweilige Organisationskultur (Garvin et al., 2008, S. 112f):

BUILDING BLOCK 1: Supportive Learning Environment

Item 3: People in this unit are usually comfortable talking about problems and disagreements.
Item 6: Differences in opinion are welcome in this unit.
Item 15: Despite the workload, people in this unit find time to review how the work is going.

BUILDING BLOCK 2: Concrete Learning Processes and Practices

Item 19: This unit experiments frequently with new ways of working.
Item 32: This unit frequently identifies and discusses underlying assumptions that might affect key decisions.
Item 47: This unit quickly and accurately communicates new knowledge to key decision makers.

BUILDING BLOCK 3: Leadership That Reinforces Learning

Item 50: My managers acknowledge their own limitations with respect to knowledge, information, or expertise.
Item 53: My managers encourage multiple points of view.
Item 54: My managers provide time, resources, and venues for identifying problems and organizational challenges.

Von den zentralen Erkenntnissen beider Studien möchten wir insbesondere die folgenden hervorheben:

„Leadership alone is insufficient" (Garvin et al., 2008, S. 115). Veränderungen im Führungsstil sind zwar eine notwendige, aber keine hinreichende

Bedingung für die Transformation zur lernenden Organisation. Insbesondere die kulturelle Dimension der lernenden Organisation als auch die konkreten Lernprozesse und -praktiken erfordern explizite und zielgerichtete Veränderungsmaßnahmen. „[...] installing formal learning processes and cultivating a supportive learning climate requires steps beyond simply modifying leadership behavior", so Garvin et al. (2008, S. 116).

Organisationen sind nicht homogen oder monolithisch. Unterschiede zwischen Abteilungen, insbesondere was Kultur und Führungsstil betrifft, müssen beachtet und erst genommen werden. „In most settings, a one-size-fits-all strategy for building a learning organization is unlikely to be successful" (Garvin et al., S. 116).

Es ist unzureichend, in einigen Teilaspekten besonders gut abzuschneiden, während in anderen Bereichen großer Nachholbedarf offenbart wird. Viele der teilnehmenden Unternehmen erzielten besonders hohe Werte bei den Aspekten „Openness to new ideas" und „education and training". Die Autoren der Studie weisen jedoch darauf hin, dass es sich hierbei höchstwahrscheinlich um Artefakte verstärkter Aktivität in den Bereichen „organisationale Optimierung" und „Personalentwicklung" handelt. Wichtiger ist, dass Unternehmen in den Bereichen besser abschneiden, wo ihre Wettbewerber Schwächen offenbaren.

Organisationales Lernen ist ein multidimensionaler Prozess. Jede der drei Dimensionen (Lernumgebung, Lernprozesse und Lernpraktiken sowie Leadership) gliedert sich wiederum in verschiedene Unterdimensionen. Unternehmen müssen sich davor in Acht nehmen, sich zu sehr auf eine der drei Dimensionen bzw. auf einzelne Unteraspekte zu konzentrieren.

Nachdem wir zu Beginn von Kapitel sechs bereits auf die besonderen Anforderungen an Führung für Talentmanagement 2.0 eingegangen sind und die letzten beiden Abschnitte im sechsten Kapitel den strukturellen Besonderheiten eines wertebasierten, organisch-mathetischen Talententfaltungsmanagements gewidmet haben, soll es nun abschließend um die kulturellen Faktoren gehen, welche für eine optimale Talententfaltung in Unternehmen unser Meinung nach notwendig sind.

## Grundzutaten für gesunde und leckere Lernkulturen

„I think that some people view culture as this soft, fuzzy thing that can't be managed, and it can be. It can be nurtured, managed and it should be nurtured and managed in the direction that the organization desires to help it meet its goals" (W.P. Carey School of Business, 2007). Die Kultur in Ihrem Unternehmen liegt nicht außerhalb Ihrer Einflussmöglichkeiten. Wie Angelo Kinicki betont, liegt in der Macht jedes Unternehmens, seine Kultur aktiv zu gestalten und zu verändern. Mit der Notwendigkeit hierfür haben wir uns im vorangehenden Kapitel beschäftigt. Nun soll es darum gehen, was es für den Aufbau einer gesunden Lernkultur bedarf.

Zunächst noch ein Hinweis: Auch beim Thema Unternehmenskultur gibt es keine „Best Practice"-Lösung, die sich mal eben aus dem Hut zaubern und implementieren lässt. Veränderungsprozesse auf Ebene unausgesprochener und oftmals gar unbewusster Annahmen bedürfen einer sorgfältigen und umfassenden Analyse, um im Anschluss daran mit tiefgreifenden und dauerhaften Maßnahmen umgesetzt werden zu können. Kultur ist das Produkt eines komplexen soziales Prozesses und damit in höchstem Maße abhängig von den beteiligten Akteuren, ihren Werten und Überzeugungen. Aus diesem Grunde ist Kultur immer spezifisch für die jeweilige Organisation zu verstehen. Die in Tabelle 5 enthaltenen Empfehlungen sind daher als Grundzutaten für Ihre ganz spezifische Lernkultur gedacht. Was Sie daraus in ihrer Organisation machen, kommt ebenso auf ihre Ausgangssituation an, wie auf die Möglichkeiten und den Wille zur Transformation.

| Kultureller Wert | Erläuterung und Bedeutung für die Lernkultur |
|---|---|
| Lernen zu Lernen | Alle Mitarbeiter sollten die Überzeugung teilen, dass Lernen grundsätzlich eine positive Sache ist und aktiv betrieben werden sollte. Es sollte Einigkeit darüber herrschen, dass man zunächst lernen muss zu lernen und es sich lohnt, Zeit dafür zu investieren. Menschen sollten den Unterschied zwischen Einzel- und Doppelschleifen-Lernen kennen und gewillt sein, auch Doppelschleifen-Lernen zu betreiben, d.h. ihre eigenen handlungsleitenden Motive zu hinterfragen. |
| Proaktives Verhalten | Innerhalb einer lernenden Organisation sollte die Meinung herrschen, dass der angemessene Umgang eines Menschen mit seiner Umwelt ein proaktiver ist. Ein Jeder sollte sich als proaktiven Lerner verstehen und stets die Absicht haben, Herausforderungen zu identifizieren und selbstständig zu lösen. Herausforderungen und Probleme als Lernmöglichkeiten zu sehen und aktiv zu suchen, sollte als wichtiger erachtet werden als das Finden einer konkreten Lösung im Einzelfall. |
| Eine positive Grundeinstellung gegenüber Menschen | Innerhalb der Organisation, insbesondere bei Führungskräften, sollte eine positive Grundeinstellung gegenüber Menschen herrschen. Es sollte der Glaube daran bestehen, dass Menschen lernen können und wollen, wenn ihnen die Möglichkeit und die hierfür nötigen Ressourcen gegeben werden. Hierzu gehört insbesondere das Gefühl psychologischer Sicherheit. |
| Eine gesunde, selbstbewusste Einstellung gegenüber der Zukunft | Innerhalb der Organisation muss der Glaube bestehen, dass man die eigene Zukunft ebenso wie die der Organisation aktiv gestalten und managen kann. Dies gilt insbesondere für eine zunehmend komplexere Umwelt. Menschen innerhalb der Firma sollten dabei zukunftsorientiert sein, ohne dem Prinzip „morgen wird sowieso alles besser" zu verfallen. |

| Kultureller Wert | Erläuterung und Bedeutung für die Lernkultur |
|---|---|
| Offene Kommunikation ohne Zurückhaltung von relevanten Informationen | Kommunikation und der stetige Austausch von Informationen sind von elementarer Bedeutung für das Lernen in Organisationen. Innerhalb der Organisation muss jeder die Möglichkeit haben, mit jedem anderen in Kontakt zu treten. Zudem sollte keiner die Absicht haben, anderen Informationen vorzuenthalten. Es sollte die Überzeugung herrschen, dass es erstrebenswert und positiv ist, dem anderen so gut es geht die Wahrheit und nichts als die Wahrheit zu erzählen. Für eine solche Offenheit bedarf es eines hohen Grades an gegenseitigem Vertrauen, welche wiederum auf einer ehrlichen und offenen Kommunikation beruht. |
| Verpflichtung gegenüber der Suche nach Wahrheit durch Pragmatismus und Nachfrage | Hierunter verstehen wir die Überzeugung, dass Lösungen für Probleme durch ein kollektives Verstehen der Situation gefunden werden können. Es sollte Offenheit herrschen gegenüber Nachfragen und anderen Interpretationen durch andere Menschen, unabhängig ihrer Position innerhalb des Unternehmens. Insbesondere Führungskräfte müssen sich ihres eigenen Wissenshorizonts bewusst sein, andere dazu ermutigen, ihr Wissen und ihre Sichtweise zu teilen und bereit sein, die eigene Meinung und Überzeugung zu hinterfragen. |
| Kulturelle Diversität | Kulturelle Diversität sollte innerhalb der Organisation geschätzt und gefördert werden. Unterschiedliche Hintergründe, Sicht- und Interpretationsweisen sollten als Chance und nicht als Bedrohung aufgefasst und behandelt werden. Dabei muss die Bildung von Subkulturen vermieden, der interkulturelle Austausch gefördert werden. |
| Systemdenken und Selbstreflexion | Systemisches Denken sollte innerhalb der Organisation gefördert und eingefordert werden. Es ist wichtig, dass jeder Mitarbeiter sich seiner Aufgabe und Bedeutung innerhalb der Organisation bewusst ist und sich selbst stets im Kontext des Gesamtsystems betrachtet. Zentral ist dabei die Fähigkeit und der Wille zur Selbstreflexion. Das Streben nach einem akkuraten Selbstbild und einem guten Verständnis der eigenen Position innerhalb komplexer sozialer Gefüge ist hierfür von entscheidender Bedeutung. |

Tabelle 5: Die acht Grundwerte einer gesunden Lernkultur.

Diese acht zentralen Werte bilden unserer Ansicht nach die Grundlage einer jeden gesunden Lernkultur. Den aufmerksamen Leser wird diese Auflistung dabei kaum überraschen. Die inhaltliche Überlappung mit Argyris und Schöns Modell II handlungsleitender Theorien ist offensichtlich und soll uns an dieser Stelle als Warnung dienen: Zu leicht läuft man beim Blick auf diese Tabelle Gefahr, zwar inhaltlich zuzustimmen und ihren Inhalt als vertretene handlungsleitende Theorie zu übernehmen, sich letztlich aber doch von anderen Werten leiten zu lassen, welche wiederum Model I von Argyris und Schön verdächtig nahe kommen.

Aus diesem Grund möchten wir erneut und nachdrücklich darauf hinweisen, dass Kultur tief verankert ist in unseren normativen und damit handlungsleitenden Werten, Überzeugungen und Annahmen. Veränderungen hierin bedürfen der kontinuierlichen Selbstreflexion und Arbeit. Nur dann werden auch ihre Mitmenschen die von Ihnen gewünschte Veränderung wahrnehmen. Hier empfiehlt es sich, sich nach dem Rat von General McChrystal zu richten und als gutes Beispiel voran zu gehen. Verkörpern Sie die Veränderung, die Sie in Ihre Unternehmenskultur tragen wollen.

# KAPITEL 8
## „Turn and burn" – Nicht leiden, machen!

Unternehmen werden sich, bedingt durch eine Vielzahl unterschiedlicher Faktoren, in den kommenden Jahren damit auseinandersetzten müssen, wie sie die Potentiale ihrer Mitarbeiter besser nutzen können. Für diese Herausforderung sowohl leistungsfähige als auch tragfähige Lösungen zu entwickeln, wird unserer Meinung nach nur dann gelingen, wenn es beim Verständnis menschlichen Potentials, beim Verständnis von Talenten, zu einem fundamentalen Umdenken kommt.

Wie wir vor allem im zweiten und fünften Kapitel gesehen haben, sind viele Unternehmen auch unter dem aktuellen Talent-Paradigma noch weit entfernt von einem strategisch ausgerichteten Talentmanagement im Sinne von Talentmanagement 1.0. Außerdem haben wir ausführlich diskutiert, mit welchen Einschränkungen diese Sicht auf die Vielfalt menschlicher Talente verbunden ist. Die Strategie der Komplexitätsreduktion, der Standardisierung und linearen Entwicklungspfade führt dazu, dass die allermeisten Unternehmen das Potential ihrer Mitarbeiter nicht voll ausschöpfen können. Die existierenden Talentmanagementprogramme basieren in vielen Fällen auf einer systematischen Unterschätzung und Unterforderung der Talente. Dies ist insbesondere deshalb so kritisch, weil eine zunehmend komplexere Umwelt von Unternehmen mehr Flexibilität, mehr Robustheit und mehr Diversität in ihren Kompetenzen abverlangt. „Specialize in the unpredictable!" scheint das Gegenteil dessen zu sein, was in den letzten Jahrzehnten optimiert wurde.

Management nach Best Practice Modellen funktioniert zwar für bekanntes Terrain, doch der Blick in die Zukunft war noch nie so schwer wie heute und es gibt keinerlei Grund anzunehmen, das werde sich in naher Zukunft ändern. Ein Blick auf die Veränderungen in der Fortune 500 Liste in den letzten 20 Jahren belegt diese Aussage eindrucksvoll. Neben den Nachteilen, welche Talentmanagement 1.0 für Unternehmen mit sich bringt, ist diese industrielle und auf Standardisierung ausgelegte Form von Stellenbesetzungsmanagement aber vor allem auch für die Talente frustrierend. Talente wünschen sich echte Möglichkeiten zur Entfaltung ihrer Talente und Unternehmen werden auf diese Wünsche und Entwicklungen reagieren müssen (vgl. Schmidt, 2011).

Basierend auf bekannten Erkenntnissen der Managementforschung, z.B. von Peter Drucker, Edgar Schein und Peter M. Senge, auf einem Talentbegriff, welcher die Vielfalt menschlichen Potentials würdigt, und mit einem Blick auf das Unternehmen als komplexes organisches und lernendes System haben wir unsere Vision für die Talententfaltung in Unternehmen entwickelt. Dieses wertebasierte, organisch-mathetische Talententfaltungsmanagement ist dabei keine bloße Weiterentwicklung bestehender Programme nach dem Schema Talentmanagement 1.0, sondern etwas gänzlich neues. In einem Umfeld zunehmender Komplexität und rapider Veränderungen bietet ein solches Talentmanagement 2.0 die Chance, die Energie, welche in der Vielfalt menschlichen Potentials steckt, in Unternehmen zu entfesseln und einen entscheidenden Wettbewerbsvorteil zu entwickeln.

Sicher, der Weg dorthin ist nicht einfach. Es geht um nicht weniger als die Transformation der impliziten gemeinsamen Annahmen innerhalb des Unternehmens und die damit verbundene Veränderung seiner Kultur. Dabei muss dieser Prozess auf den zentralen Werten eines Unternehmens und seiner Mitarbeiter basieren und in einer mittel- und langfristige Strategie für die umfassende Entfaltung menschlichen Potentials und gemeinsamer Hochleistung münden. Wir sprechen hier von einem, die gesamte Organisation umfassenden Prozess der Erneuerung.

Angesichts dieser Herausforderung mag man geneigt sein zu sagen: „Das ist ja alles schön und gut, was die da geschrieben haben, aber wie sollen wir so etwas bloß umsetzen?" Weitere mögliche Einwände sind z.B. „Wir werden nicht jeden davon überzeugen können", „Die Zeit ist noch nicht reif dafür" oder schlichtweg „Es wird nicht funktionieren" (vgl. Kotter, 2011, S. 66). In diesem Fall bringt es unserer Meinung nach nichts, nach weiteren Argumenten zu suchen. Eines muss man sich jedoch bewusst sein: „Entweder wir gestalten das selbst, oder wir werden zwangsläufig als Sachzwang gestaltet" (Wüthrich et al., 2009, S. 146). Oder mit anderen Worten: Wundern Sie sich nicht, wenn ihr Talentmanagement 1.0 in naher Zukunft nicht mehr so funktioniert wie bisher und sie „urplötzlich" zu entsprechenden reaktiven Maßnahmen gezwungen sind.

Aber es gibt Hoffnung, es gibt immer Hoffnung: In der Schule haben wir auf die Universität gehofft, da dort ja alles anders sein wird. Okay, ist so nicht eingetreten, doch in der Universität haben wir dann einfach auf die Arbeitswelt gehofft, da dort ja alles anders ist. Mhh. Nun – jetzt arbeiten wir hoffnungsvoll auf die Rente hin, da dort ja alles anders wird und wir endlich das Leben genießen können. Und wie kommen wir dorthin, wir erinnern uns: „So sitzen wir unsere Zeit einfach ab, flüchten in unsere eigenen Fantasiewelten oder quatschen mit unseren Nachbarn. 50 Minuten können endlos sein. Wer immer sich das einmal ausgedacht hat – Schule ist ein langer, langer Jammer" (Salcher, 2010, S. 207).

Damit es dazu nicht kommt, haben wir eine einfache Empfehlung für Sie: „Turn and burn". Dieser Ausdruck der Nordamerikanischen „Ice Road Trucker"[1] ist so schlicht wie prägnant: Umdrehen und Gas geben.

Der McKinsey-Weltchef Dominic Barton fordert in seinem Artikel „Zeit zu handeln" unmissverständlich: „Gehen [wir] einfach zur Tagesordnung über, will ich nicht wissen, was die Geschichtsschreiber später einmal über uns zu sagen haben. Die Zeit des Zauderns ist abgelaufen! Es ist Zeit zu handeln" (Barton, 2011, S.28). Oder wie wir es sagen würden: Nicht leiden, machen!

Und „mache viel aus deinen Talenten! Gehe bis an deine Grenzen. [...] Sei nicht stolz auf deine Talente, sondern auf das, was du aus ihnen gemacht hast!" (Todenhöfer, 2010, S. 206ff). Turn and burn. Bis an deine Grenzen: the outside edge. „Such dir Leute mit dem Zeug zum Mannschaftsspieler und zum Piraten" (Elliot & Simon, 2011, S. 87). Und sei selber ein Pirat. „Traue dich! Engagiere dich! Scheitere! Steh wieder auf! Versuche es nochmals! Scheitere wieder! Versuche es nochmals! Aber höre niemals auf weiterzugehen" (Salcher, 2010, S. 197).

That's it. Turn and burn. Nicht leiden, machen.

---

[1] Während der Wintermonate gefrieren Flüsse, Seen und Küstenbereiche in Kanada und Alaska. Die so genannten „Ice Road Trucker" transportieren in diesem Zeitfenster mit LKWs von bis zu über 100 Tonnen Gewicht die dringend benötigten Vorräte zu den abgelegenen Siedlungen und Ölbohrinseln.

# Literaturverzeichnis

Abraham, W.C. & Bear M.F. (1996): Metaplasticity: the plasticity of synaptic plasticity.
  Trends Neurosci, 19(4): 126-130.

Anderson, L. (1997): Argyris and Schön's theory on congruence and learning.
  Online verfügbar: Southern Cross University.
  URL: http://www.scu.edu.au/schools/gcm/ar/arp/argyris.html [Abfrage: 30.03.2011].

Amabile, T.M. & Kramer, S.J. (2010): Was Mitarbeitern wirklich hilft.
  Harvard Business manager, 32(5): 36-38.

Argyris, C. (1957): Personality and Organization.
  New York: HarperCollins.

Argyris, C. (1962): Interpersonal Competence and Organizational Effectiveness.
  Homewood, IL: Dorsey Press.

Argyris, C. (1964): Integrating the Individual and the Organization.
  New York: Wiley.

Argyris, C. (1968): Conditions for Competence Acquisition and Therapy.
  Journal of Applied Behavioral Science, 4: 147-177.

Argyris, C. (1974): Behind the front page.
  San Francisco, CA: Jossey-Bass.

Argyris, C. (1980): Inner contradictions of rigorous research.
  San Diego, CA: Academic Press.

Argyris, C. (1982): Reasoning, learning, and action – individual and organizational.
  San Francisco, CA: Jossey-Bass.

Argyris, C. (1985): Strategy, change and defensive routines.
  New York: Harper Business.

Argyris, C. (1986): Skilled incompetence.
  Harvard Business Review, 64(5): 74-79.

Argyris, C. (1990): Overcoming Organizational Defenses –
  Facilitating organizational Learning.
  Needham, MA: Allyn & Bacon.

Argyris, C. (1991): Teaching Smart People How To Learn.
  Harvard Business Review, 69(3): 99-109.

Argyris, C. (1994): Good Communication That Blocks Learning.
  Harvard Business Review, 72(4): 77-85.

Argyris, C. (1996): Knowledge for Action –
A Guide to Overcoming Barriers to Organizational Change.
San Francisco, CA: Jossey-Bass.

Argyris, C. (1997): Wissen in Aktion – Eine Fallstudie zur lernenden Organisation.
Stuttgart: Klett-Cotta.

Argyris, C. (1999): On Organizational Learning.
2. Aufl., Malden, MA: Blackwell.

Argyris, C. (2000): Flawed advice and the management trap.
New York: Academic Press.

Argyris, C. (2001): Good Communication That Blocks Learning.
In: Harvard Business Review on Organizational Learning, S. 87-109.
Boston: Harvard Business School Press.

Argyris, C. (2002): „Double-Loop Learning, Teaching, and Research.
Academy of Management Learning and Education, 1: 206-219.

Argyris, C. (2008): Teaching Smart People How To Learn.
In: Harvard Business Review Classics. Boston: Harvard Business Press.

Argyris, C. (2010): Organizational Traps – Leadership, Culture, Organizational Design.
Oxford: Oxford University Press.

Argyris, C. & Schön, D.A. (1974): Theory in practice – increasing professional effectiveness.
San Francisco, CA: Jossey-Bass.

Argyris, C. & Schön, D.A. (1978): Organizational Learning – A Theory of Action Perspective.
Reading, MA: Addison-Wesley.

Argyris, C. & Schön, D.A. (2006): Die Lernende Organisation –
Grundlagen, Methode, Praxis.
3. Aufl., Stuttgart: Klett-Cotta.

Argyris, C., Putnam, R. & Smith, D. (1985): Action science –
concepts, methods, and skills for research and intervention.
San Francisco, CA: Jossey-Bass.

Arth, B. (2009): Talent-Mobility: The New Era of Talent Management.
Online verfügbar: Bersin Associates. URL: http://www.bersin.com/Blog/post/Talent-Mobility-The-New-Era-of-Talent-Management.aspx [Abfrage: 17.12.2010].

Baran, P. (1991): Werte.
In: Europäische Enzyklopädie zu Philosophie und Wissenschaften.
Hrsg. v. Sandkühler, H.J., Hamburg: Felix Meiner, 2001, S. 805.

Barton, D. (2011): Zeit zu handeln.
Harvard Business manager, 33(5): 18-28.

Bateson, G. (1972): Steps to an Ecology of Mind.
San Francisco, CA: Chandler-Publishing Co.

Bauer, J. (2006): Warum ich fühle, was du fühlst –
Intuitive Kommunikation und das Geheimnis der Spiegelneurone.
10. Aufl., München: Heyne.

Bear, M.F. (2003): Bidirectional synaptic plasticity: from theory to reality.
Phil. Trans. R. Soc. Lond. B 358: 649-655.

Bear, M.F., Connors, B.W. & Paradiso, M.A. (2009): Neurowissenschaften –
Ein grundlegendes Lehrbuch für Biologie, Medizin und Psychologie.
3.Aufl., Heidelberg: Spektrum.

Berger, L.A. & Berger, D.R. (2004): The Talent Management Handbook – Creating
Organizational Excellence by Identifying, Developing, and Promoting Your Best People.
New York: McGraw-Hill.

Betz, D. & Breuninger, H. (1998): Teufelskreis Lernstörung –
Theoretische Grundlegung und Standardprogramm.
5. Aufl., Weinheim: Betz.

Binder, G. & Bashe, P. (2008): Science lessons –
What the Business of Biotech Taught Me About Management.
Boston: Harvard Business Press.

Bohm, D. (1994): Thought as a system.
London: Routledge.

Bohm, D. (2008): Der Dialog – Das offene Gespräch am Ende der Diskussion.
5. Aufl., Stuttgart: Klett-Cotta.

Brown, R.E. & Milner, P.M. (2003): The legacy of Donald O. Hebb:
more than the Hebb Synapse.
Nature Reviews Neuroscience 4(12): 1013-1019.

Bryan, L.L. & Joyce, C.I. (2007): Mobilizing Minds –
Creating Wealth from Talent in the 21st-Century Organization.
New York: McGraw-Hill.

Butler, T. (2007): Getting Unstuck – How Dead Ends Become New Paths.
Boston: Harvard Business School Press.

Capgemini (2004): HR-Barometer 2004/2006 –
Bedeutung, Strategien, Trends in der Personalarbeit.
Online verfügbar: Capgemini. URL: http://www.at.capgemini.com/m/at/tl/HR-Barometer_2004_2006.pdf [Abfrage: 17.12.2010].

Capgemini (2007): HR-Barometer 2007 –
Bedeutung, Strategien, Trends in der Personalarbeit.
Online verfügbar: Capgemini. URL: http://www.de.capgemini.com/m/de/tl/HR-Barometer_2007.pdf [Abfrage: 17.12.2010].

Capgemini (2009): HR-Barometer 2009 –
Bedeutung, Strategien, Trends in der Personalarbeit.
Online verfügbar: Capgemini. URL: http://www.de.capgemini.com/m/de/tl/HR-Barometer_2009.pdf [Abfrage: 17.12.2010].

Capgemini (2011): HR-Barometer 2011 – Bedeutung, Strategien, Trends in der
Personalarbeit – Schwerpunkt: Organisationsdesign und -entwicklung
Online verfügbar: Capgemini. URL: http://www.de.capgemini.com/insights/publikatio nen/hr-barometer-2011/?d=B6859228-281D-33C3-0643-F4A3705869D9
[Abfrage: 28.07.2011]

Chambers E.G., Foulon, M., Handfield-Jones, H., Hankin, S.M. & Michaels III., E.G. (1998):
The War for Talent.
In: The McKinsey Quarterly, 35(3): 44-57.

Chandler, A. (1962): Strategy and Structure: Chapters in the History of the
Industrial Enterprise.
Cambridge: M.I.T. Press.

Cheese, P., Thomas, R.J. & Craig, E. (2008): The Talent Powered Organization –
Strategies for Globalization, Talent Management and High Performance.
London: Kogan Page.

Chott, P.O. (1998): Die Entwicklung des Mathetik-Begriffs und seine Bedeutung
für den Unterricht der (Grund)Schule.
PÄDForum 11(H4): 390-396.

Chott, P.O. (2001): Lernen lernen – Lernen lehren:
Mathetische Förderung von Methodenkompetenz in der Schule.
Weiden: Schuch.

Chott, P. O. & Schutz T. (2005): Das „etwas andere Lernen" am Heidelberger Life-Science Lab.
Die Schulleitung, 2005 H1: 33-34.

Christensen, C.M. (2011): Der Sinn des Lebens.
Harvard Business manager, 33(1): 26-36.

Cichon, W. (2011): Seminare bringen nichts.
Harvard Business manager, 33(2): 14-15.

Cole, T. (2010): Unternehmen 2020 – Das Internet war erst der Anfang.
München: Hanser.

Collings, D.G. & Mellahi, K. (2009): Strategic Talentmanagement:
A review and research agenda.
Human Resource Management Review, 19(4): 304-313.

Comenius, J. A. (1680): Spicilegium Didacticum Artium Discendi ac Docendi Summam
brevibus Praeceptis exhibens. è MSStis Cl. J.A. Comenii collectum & editum à
C.[hristiano] V.[ladislao] N[igrino]. Amstelodami Typis Christophori Cunradi.
[in der Übersetzung von C.Th. Lion in: „Joh. Amos Comenius' Pädagogische Schriften.
Dritter Band: I. Der Mutter Schul, II. Didaktische Ährenlese". Hrsg. von C.Th. Lion
[1898], 2. Aufl. Langensalza 1907: 71-96].

Coyne, K., Clifford, P.G. & Dye, R. (2010): Querdenken mit System –
Wie effektives Brainstorming funktioniert.
Harvard Business manager, 32(10): HBM-Audio.

Czichos, J. (2004): What's so funny about Microbiology? Deutsche Ausgabe.
7., erw. Aufl. Ettlingen: Joachim Czichos (Selbstverlag).

Davenport, T.H., Harris, J. & Shapiro, J. (2010): Talente richtig analysieren.
Harvard Business manager, 32(12): 80-90.

Deloitte (2007): Managing the Talent Crisis in Global Manufacturing –
Strategies to Attract and Engage Generation Y.
Online verfügbar: Deloitte. URL: http://www.deloitte.com/assets/Dcom-Global/
Local%20Assets/Documents/dtt_dr_talentcrisis070307.pdf [Abfrage: 17.12.2010].

Dörner, D. (2010): Die Logik des Misslingens
Strategisches Denken in komplexen Situationen.
9. Aufl. d erw. Neuausgabe von 2003, Reinbek: rororo science.

Dorsey, J.R. (2010): Y-Size Your Business –
How Gen Y Employees Can Save You Money and Grow Your Business.
Hoboken: John Wiley & Sons.

Drucker, P.F. (1993): Post-capitalistic society.
Oxford: Butterworth-Heinemann.

Drucker, P.F. (2011): Managing Oneself.
In: The Essentials – HBR's 10 Must Reads.
Boston: Harvard Business Review Press, 2011, S. 43-62.

Eckert, H. & Schiepek, G. (2005): Management Komplexer Systeme.
In: Selbstorganisation managen – Beiträge zur Synergetik der Organisation.
Hrsg. v. Meynhardt, T. & Brunner, E.J., Münster: Waxmann, 2005, S. 65-82.

Elliot, J. & Simon, W.L. (2011): Steve Jobs – iLeadership:
Mit Charisma und Coolness an die Spitze.
München: Ariston.

Enaux, C. & Henrich, F. (2011): Strategisches Talent-Management –
Talente systematisch finden, entwickeln und binden.
Freiburg: Haufe-Lexware.

Erpenbeck, J. & Brenninckmeijer, B. (2007): Werte als Kompetenzkerne des Menschen –
Das WERDE System: Erfassung der Kompetenz-Wert-Kombinationen von Personen.
In: Kompetenzmanagement – Methoden, Vorgehen, KODE und KODEX im Praxistest.
Hrsg. v. Heyse, V. & Erpenbeck, J., Münster: Waxmann, S. 251-291.

Erpenbeck, J. & Heyse, V. (2007): Die Kompetenzbiographie –
Wege der Kompetenzentwicklung.
2., akt. und überarb. Aufl., Münster: Waxmann.

Fulmer, R.M. & Bleak, J.L. (2008): The Leadership Advantage – How the Best Companies
Are Developing Their Talent to Pave the Way for Future Success.
New York: Amacom.

Garvin, D.A. (2008): Building a Learning Organization: The Idea in Brief – the core idea.
Boston: Harvard Business School Publishing Corporation.

Garvin, D.A., Edmondson, A.C. & Gino, F. (2008): Is Yours a Learning Organization?
Harvard Business Review, 86(3): 109-116.

Godin, S. (2011): Versagen als Chance.
Harvard Business manager, 33(1): 108-109.

Gosling, J. & Mintzberg, H. (2003): The five minds of a manager.
Harvard Business Review, 82(11): 54-63.

Graf, G. & Laske, S. (2010): Best of Talent Management: Nichts für Kurzsichtige.
Personalwirtschaft, 37(12): 18-22.

Graf, G. & Sonnert, M. (2011): Die Suche nach „Talent-Nuggets".
Personalmagazin, 13(1): 30-32.

Graf, G., Laske, S. & Tschofen, D. (2010): Konzeptionelle Grundüberlegungen zum strategischen Talent Management – Talent Management is a journey, not a destination. In: Handbuch PersonalEntwickeln. 144. Erg.-Lfg., November 2010, Kapitel 7.49.

Gründemann, J. & Häusser, M. (2010): A plastic axonal hotspot. Nature 465(7301): 1022-1023.

Haken, H. (2005): Die Rolle der Synergetik in der Managementtheorie: 20 Jahre später. In: Selbstorganisation managen – Beiträge zur Synergetik der Organisation. Hrsg. v. Meynhardt, T. & Brunner, E.J., Münster: Waxmann, 2005, S.17-18.

Haken, H. & Schiepek, G. (2006): Synergetik in der Psychologie – Selbstorganisation verstehen und gestalten. Göttingen: Hogrefe.

HayGroup (2010): The changing face of reward. Online verfügbar: HayGroup. URL: http://www.haygroup.com/Downloads/ww/misc/CFR_global_report.pdf [Abfrage: 17.12.2010].

Hebb, D.O. (1949): The Organization of Behavior – a neuropsychological approach. New York: Wiley.

Heidrick & Struggles (2007): Mapping Global Talent: Essays and Insights. Online verfügbar: Heidrick & Struggles. URL: http://www.heidrick.com/PublicationsReports/PublicationsReports/MappingTalentGlobal.pdf [Abfrage: 17.12.2010].

Herzberg, F. (2003): One More Time – How Do You Motivate Employees? In: Harvard Business Review Classics. Boston: Harvard Business Press, 2008.

Hewlett, S. A., Sherbin, L. & Sumberg, K. (2009): How Gen Y and Boomers Will Reshape Your Agenda. Harvard Business Review, 87(7-8): 71-76.

Heyse, V. (2007): Strategien – Kompetenzanforderungen – Potentialanalysen. In: Kompetenzmanagement – Methoden, Vorgehen, KODE und KODEX im Praxistest. Hrsg. v. Heyse, V. & Erpenbeck, J., Münster: Waxmann, S. 11-179.

Heyse, V. & Ortmann, S. (2008): Talentmanagement in der Praxis – Eine Anleitung mit Arbeitsblättern, Checklisten, Softwarelösungen. Münster: Waxmann.

Hüther, G. (2007a): Bedienungsanleitung für ein menschliches Gehirn. 7. Aufl., Göttingen: Vandenhoeck & Ruprecht.

Hüther, G. (2007b): Biologie der Angst – Wie aus Streß Gefühle werden. 8. Aufl., Göttingen: Vandenhoeck & Ruprecht.

Hüther, G. (2008): Die Macht der inneren Bilder – Wie Visionen das Gehirn, den Menschen und die Welt verändern. 4. Aufl., Göttingen: Vandenhoeck & Ruprecht.

Hume, D. (1748): An Enquire Concerning Human Understanding, IV. Sceptical Doubts concerning the Operations of the Understanding – Part II.

IBM (2007): Unlocking the DNA of the Adaptable Workforce –
The Global Human Capital Study 2008.
In: DVD zum Jahrbuch Personalentwicklung 2009.
Hrsg. v. Schwuchow, K. & Gutmann, J., Köln: Luchterhand.

Johnson Controls (2010): Generation Y and the Workplace – Annual Report 2010.
Online verfügbar: Johnson Controls. URL: http://www.johnsoncontrols.de/publish/etc/medialib/jci/be/global_workplace_innovation/oxygenz.Par.41451.File.dat/Oxygenz%20Report%20-%202010.pdf [Abfrage: 16.04.2011].

Kandel, E. R. & Tauc L. (1965): Heterosynaptic Facilitation in Neurones of the Abdominal Ganglion of Aplysia Depilans.
J. Physiol. 181: 1-27.

Komm, A., Putzer, L., & Cornelissen, N. (2007): So funktioniert Führungskräfteentwicklung.
Harvard Business manager, Sonderdruck Juni 2007: 1-5.

Kotter, J.P. (2011): So bringen Sie Ihre Ideen durch.
Harvard Business manager, 33(3): 64-73.

King, B., Lambsdorff, M. & Zhu, C. (2009): Wooing Generation Y – How to attract, nurture, and retain this confident and demanding new generation of talent.
The Focus, 13(1): 70-74.

KrazeeXXL (2009): To clarify the Borg "Paradoxon".
Online verfügbar: Birth of the Federation Forum Index, General Chat, 17.02.2009, 09:46, edited 2 times in total. URL: http://armadafleetcommand.com/botf/modules.php?name=Forums&file=viewtopic&p=9454 [Abfrage: 27.12.2010].

Lasko, W.W. (2001): Motivation und Begeisterung –
Entdecken und aktivieren Sie Ihre Talente.
2., überarb. Aufl., Wiesbaden: Gabler.

Latham, J. L. (1790): Index ornithologicus, sive Systema ornithologiae; complectens avium divisionem in classes, ordines, genera, species, ipsarumque varietates: adjectis synonymis, locis, descriptionibus, &c.
Vol. II, 467-920, London.

Lawler III., E.E. (2008): Talent – Making People your competitive advantage.
San Francisco, CA: Jossey-Bass.

Leitl, M., Meifert, M. & Sackmann, S. (2011): Zwischen Wunsch und Wirklichkeit.
Harvard Business manager, 33(4): 8-11.

Liebsch, B. (2011): Phänomen Organisationales Lernen – Kompendium der Theorien individuellen, sozialen und organisationalen Lernens sowie interorganisationalen Lernens in Netzwerken.
München: Hampp.

Lunsford, S. (2009): Survey Analysis: Employee Motivation by Generation Factors.
Online verfügbar: achieveglobal. URL: http://www.achieveglobal.co.nz/_literature_50737/Employee_Motivation_by_Generation [Abfrage: 17.12.2010].

Luz, U. (1997): Das Evangelium nach Matthäus, 3. Teilband, Mt 18-25, Evangelisch-Katholischer Kommentar zum Neuen Testament (EKK) I/3.
Einsiedeln/Neukirchen-Vluyn: Benziger/Neukirchener.

Lübbe, H. (2003): Im Zug der Zeit – Verkürzter Aufenthalt in der Gegenwart.
3., überarb. und erw. Aufl., Heidelberg: Springer.

Martin, J. & Schmidt, C. (2010): So funktioniert Talentmanagement.
Harvard Business manager, 32(7): 27-36.

Maturana, H.R. & Varela, F.J. (2009): Der Baum der Erkenntnis –
Die biologischen Wurzeln menschlichen Erkennens.
2. Aufl., Frankfurt am Main: Fischer.

McChrystal, S. (2011): Listen, learn ... then lead.
Online verfügbar: TED. URL:
http://www.ted.com/talks/lang/eng/stanley_mcchrystal.html [Abfrage: 09.04.2011].

Meister, J.C. & Willyerd, K. (2010): Mentoring Millennials,
Harvard Business Review, 88(5): 68-72.

Melendez, J. (2008): Die Peanuts – Der große Kürbis.
Remastered Deluxe Edition (DVD), Hamburg: Warner Bros.

Meynhardt, T. (2005): Wertwissen – mehr Sicherheit gibt es nicht.
In: Selbstorganisation managen – Beiträge zur Synergetik der Organisation.
Hrsg. v. Meynhardt, T. & Brunner, E.J., Münster: Waxmann, 2005, S.47-63.

Mintzberg, H. (2009): Managing.
San Francisco, CA: Berrett-Koehler.

Mintzberg, H. (2010): Managen.
Offenbach: GABAL.

Mitra, S. (2010): The child-driven education.
Online verfügbar: TED. URL: http://www.ted.com/talks/lang/eng/sugata_mitra_the_child_driven_education.html [Abfrage: 15.11.2010].

Mitra, S. & Dangwal, R. (2010): Limits to self-organising systems of learning –
the Kalikuppam experiment.
British Journal of Educational Technology, 41(5): 672–688.

Mitra, S., Dangwal, R., Chatterjee, S., Jha, S., Bisht, R.S. & Kapur, P. (2005): Acquisition of computing literacy on shared public computers – Children and the "hole in the wall"
Australasian Journal of Educational Technology, 21(3): 407-426.

Monty Python (1975): Monty Python and the Holy Grail – Burn the Witch.
Online verfügbar: Monty Python. URL: http://www.montypython.net/scripts/HG-witchscene.php [Abfrage: 29.01.2011].

Morriss, A., Ely, R.J. & Frei, F.X. (2011): Das Ego überwinden.
Harvard Business manager, 33(3): 36-41.

Nahapiet, J. & Ghoshal, S. (1998): Social capital, intellectual capital, and the organizational advantage.
The Academy of Management Review, 23(2): 242–266.

Pink, D. (2010): Drive: The surprising truth about what motivates us.
Online verfügbar: Royal Society for the encouragement of Arts, Manufactures and Commerce (RSA). URL: http://www.thersa.org/events/vision/vision-videos/dan-pink-drive [Abfrage: 20.04.2011].

PriceWaterhouseCoopers (2010): Talent Mobility 2020 –
  The next generation of international assignments.
  Online verfügbar: PriceWaterhouseCoopers. URL: http://www.pwc.com/gx/en/managing-tomorrows-people/future-of-work/pdf/talent-mobility-2020.pdf
  [Abfrage: 17.12.2010].
Reiter, M. (2010): Klardeutsch. Neuro-Rhetorik nicht nur für Manager.
  2., erw. Aufl., München: Hanser.
Rensing, L., Koch, M., Rippe, B. & Rippe, V. (2006): Menschen im Stress –
  Psyche, Körper, Moleküle.
  München: Elsevier.
Rixhon, P. (2011): Das Glück der Suchenden.
  Harvard Business manager, 33(1): 101-106.
Robert Half (2008): Global Financial Employment Monitor 2008 – 2009.
  Online verfügbar: Robert Half. URL: http://www.roberthalf.ch/EMEA/2008%20GFEM_final.pdf [Abfrage: 17.12.2010].
Robinson, K. (2008): Changing Paradigms –
  How we implement sustainable change in education.
  Online verfügbar: Royal Society for the encouragement of Arts, Manufactures and Commerce (RSA). URL: http://www.thersa.org/events/audio-and-past-events/2008/rsa-edge-lecture-with-sir-ken-robinson/Transcript--Sir-Ken-Robinson.pdf
  [Abfrage: 17.12.2010].
Robinson, K. & Aronica, L. (2010): In meinem Element:
  Wie wir von erfolgreichen Menschen lernen können, unser Potential zu entdecken.
  München: Goldmann Arkana.
Rosenstiel, von, L. (2007): Unternehmerische Werte und personelle Kompetenzen.
  In: Strategisches Kompetenzmanagement.
  Hrsg. v. Jochmann, W. & Gechter, S., Heidelberg: Springer, 2007, S.47-59.
Russel, W. & Branch, T. (1979): Second Wind: Memoirs of an Opinionated Man.
  New York: Random House.
Rust, H. (2011): Karriere beim Fussvolk.
  Harvard Business manager, 33(1): 111.
Salcher, A. (2010): Der talentierte Schüler und seine Feinde.
  München: Goldmann.
Schaller, K. (2004): Johann Amos Comenius – Ein pädagogisches Porträt.
  Weinheim: Beltz.
Schein, E.H. (2010a): Organisationskultur –
  „The Ed Schein Corporate Culture Survival Guide".
  3. Aufl., Bergisch Gladbach: Edition Humanistische Psychologie (EHP).
Schein, E.H. (2010b): Organizational Culture and Leadership.
  4., Aufl., San Francisco, CA: Jossey-Bass.
Schmidt, C. (2011): Der Kampf um Talente in China.
  Harvard Business manager, 33(5): 6-9.

Scholz, C. (2003): Spieler ohne Stammplatzgarantie –
Darwiportunismus in der neuen Arbeitswelt. Weinheim: Wiley-VCH.

Schutz, T. (2002): Can they think for themselves? The Heidelberger Life-Science Lab.
In: Current Cancer Research 2002. Hrsg. v. Deutsches Krebsforschungszentrum (dkfz).
Darmstadt: Steinkopff, New York: Springer: 292-297.

Schwank, B. (1992): τάλαντον – Talent.
In: Exegetisches Wörterbuch zum Neuen Testament Bd. 3.
Hrsg. v. Balz, H. & Schneider, G., Stuttgart: Kohlhammer, S.795-796.

Senge, P.M. (1990): The Fifth Discipline. The art and practice of the learning organization.
London: Random House.

Senge, P.M. (2008): Die fünfte Disziplin – Kunst und Praxis der lernenden Organisation.
Stuttgart: Schäffer-Poeschel.

Senge, P.M., Scharmer, C.O., Jaworski, J. & Flowers, B.S. (2010):
Presence – exploring profound change in people, organizations and society.
4., Aufl., London: Brealey.

Seung, S. (2010): I am my connectome.
Online verfügbar: TED. URL: http://www.ted.com/talks/sebastian_seung.html
[Abfrage: 16.04.2011].

Spiegel-online (2011a): Junge Ökonomen –
Den Job bekommt der Karrierist, nicht der Querdenker.
Online verfügbar: Spiegel. URL: http://www.spiegel.de/karriere/berufsstart/0,1518,749462,00.html [Abfrage: 07.04.2011].

Spiegel-online (2011b): Porsche-Chef Müller –
Top-Talente erkennt man nicht im Bewerbungsgespräch.
Online verfügbar: Spiegel. URL: http://www.spiegel.de/karriere/berufsstart/0,1518,755514,00.html [Abfrage: 15.04.2011].

Steinweg, S. (2009): Systematisches Talent Management – Kompetenzen strategisch einsetzen.
Stuttgart: Schäffer-Poeschel.

Sujansky, J.G. & Ferri-Reed, J. (2009): Keeping the Millennials: Why Companies are losing Billions in Turnover to this Generation – and what to do about it.
Hoboken: John Wiley & Sons.

Taleb, N.N. (2008): Der Schwarze Schwan – Die Macht höchst unwahrscheinlicher Ereignisse.
München: Hanser.

Taleb, N.N. (2010): Der schwarze Schwan – Konsequenzen aus der Krise.
München: Hanser.

The Boston Consulting Group (2010): Creating People Advantage 2010 –
How Companies Can Adapt Their HR Practices for Volatile Times.
Online verfügbar: The Boston Consulting Group. URL: http://www.bcg.com/documents/file61338.pdf [Abfrage: 17.12.2010].

Thomas, M. (2003): Internes Headhunting: Talente entdecken – Führungskräfte entwickeln.
Leonberg: Rosenberger.

Todenhöfer, J.(2010): Teile dein Glück – ...und du veränderst die Welt! –
Fundstücke einer abenteuerlichen Reise.
München: C. Bertelsmann.

Trost, A. (2008): Personal – der unterschätzte Faktor.
Harvard Business manager, 30(1): 116-117.

Tulgan, B. (2009): Not Everyone Gets A Trophy – How to Manage Generation Y.
San Francisco, CA: Jossey-Bass.

Vester, F. (2008): Die Kunst vernetzt zu denken: Ideen und Werkzeuge für einen neuen Umgang mit Komplexität – Der neue Bericht an den Club of Rome.
7. Aufl., München: dtv.

W.P. Carey School of Business (2007): Podcast: 'Culture Eats Strategy for Breakfast'.
Online verfügbar: Knowledge@W.P. Carey. URL: http://knowledge.wpcarey.asu.edu/article.cfm?articleid=1506 [Abfrage: 15.04.2011].

Watzlawick, P. (2009a): Anleitung zum Unglücklichsein.
15. Aufl., München: Piper.

Watzlawick, P. (2009b): Wie wirklich ist die Wirklichkeit? – Wahn, Täuschung, Verstehen.
7. Aufl., München: Piper.

Watzlawick, P., Beavin, J.H. & Jackson, D.D. (2007): Menschliche Kommunikation – Formen, Störungen, Paradoxien.
11., unver. Aufl., Bern: Huber.

Weick, K.E. & Sutcliffe, K.M. (2010): Das Unerwartete managen – Wie Unternehmen aus Extremsituationen lernen.
Stuttgart: Schäffer-Poeschel.

Williams, B. (1979): Internal and External Reasons.
In: Moral Luck. Cambridge: Cambridge University Press, 1981, S. 101-113.

Winkel, R. (1996): Mathetica, d.h. Lernkunst.
In: Comenius in unserer Zeit. Hrsg. v. Golz, R., Korthaase, W. & Schäfer, E., Hohengehren: Schneider, 1996, S.130-148.

World Economic Forum (2010): Stimulation Economies through Fostering Talent Mobility.
Genf: World Economic Forum.

Wüthrich, H.A., Osmetz, D. & Kaduk, S. (2009): Musterbrecher – Führung neu leben.
3., überarb. u. erw. Aufl., Wiesbaden: Gabler.

# Abbildungsverzeichnis

Abbildung 1: Mosers Kreisproblem, Ausgangsstadium ............ 41
Abbildung 2: Mosers Kreisproblem, zwei Flächen ................... 41
Abbildung 3: Mosers Kreisproblem, vier Flächen ................... 42
Abbildung 4: Mosers Kreisproblem, acht und 16 Flächen ......... 42
Abbildung 5: Mosers Kreisproblem, 31 Flächen. ..................... 42
Abbildung 6: strategische HR-Themen 2002 – 2004 ............... 47
Abbildung 7: strategische HR-Themen 2004 – 2006 ............... 47
Abbildung 8: BCG-Studie zu kritischsten HR-Themen 2010 .. 49
Abbildung 9: Amöben sind doof .............................................. 68
Abbildung 10: Phasen strategischen Talentmanagements ......... 103
Abbildung 11: Studienteilnehmer Graf et al. zu TM 1.0 ........... 104
Abbildung 12: Reifegrad TM 1.0 nach Branchen ..................... 105
Abbildung 13: Gesamtranking Reifegrad TM 1.0 .................... 107
Abbildung 14: Innovationskraft und Kompetenz ..................... 147
Abbildung 15: Die erweiterte Talentraute ................................ 147
Abbildung 16: Entwicklungsraum für individuelle Talente ........ 148
Abbildung 17: Talententfaltungsmanagement als Lern-Raum .... 149
Abbildung 18: Talententfaltungsmanagement mit Talenten ...... 149
Abbildung 19: Leitwerte-Aktionsstrategien-Konsequenzen ...... 159
Abbildung 20: Einzelschleifen-Lernen .................................... 160
Abbildung 21: Einzelschleifen- und Doppelschleifen-Lernen .... 160
Abbildung 22: Archetyp 2: Problemverschiebung .................... 167
Abbildung 23: Problemverschiebung, Kopfschmerzen ............. 168
Abbildung 24: Problemverschiebung, Technologiegläubigkeit ... 168

# Tabellenverzeichnis

Tabelle 1: Industrielles vs. Organisches Talentmanagement ...... 116
Tabelle 2: Charakteristika von Modell I ................................. 162
Tabelle 3: Charakteristika von Modell II ................................ 163
Tabelle 4: Soziale Tugenden von Modell I und Modell II .......... 179
Tabelle 5: acht Grundwerte gesunder Lernkulturen ................. 201

Über die Autoren:

Leon Jacob

Jahrgang 1988, hält einen Bachelor of Arts in Philosophy&Economics und studiert Management Psychology, MSc an der University of Nottingham mit Spezialisierungen in Social Capital und Organisational Learning. Seine Kompetenzbasis beruht auf mehr als 10 Jahren Erfahrung in verschiedenen Begabtenförderprogrammen und Akademien als Teilnehmer ebenso wie in leitenden Funktionen.

Dr. rer.nat. Thomas Schutz

Jahrgang 1969, ist promovierter Mikro- und Molekularbiologe, zertifizierter Lernpädagoge und lizensierter Analyst, Trainer und Berater für Talent- und Kompetenzdiagnostik und -entwicklung. Selbstständiger Personalberater seit 2007. Schwerpunkte: individuelles, kollektives und organisationales Selbstorganisiertes Lernen; Kompetenz-basierte Lern- und Selbstorganisationsprozesse in (Management-)Teams (multimodale Führungskompetenz); Konzeption und Implementierung strategieumsetzender Lern- und Talententfaltungsarchitekturen.

Kontakt zu den Autoren:
TM2.0@LernDichGluecklich.de